개정판

외식조리원가관리

송수근 · 백남길 공저

Foodservice COST CONTROL

백산출판사

머리말

미국 레스토랑연합회는 1960년대 이후 30년 동안의 외식창업과 폐업을 분석한 보고서를 발표하였다. 외식경영에 있어 모든 원가와 판매관리비, 경비를 지출하고 세금을 납부한 후 기업의 이익은 매출액의 0.5%에서 3% 정도인 것으로 나타났다. 성공하는 외식기업과 경영에 실패하여 퇴출하는 기업의 차이는 매출액의 3% 범위 내에서 결정된다는 것이다. 이러한 작은 차이가 레스토랑의 성공과 실패를 좌우한다.

성공적인 외식경영은 매출의 증가와 이익을 달성하기 위한 원가관리를 얼마만큼 효율적으로 실행하느냐에 따라 달라진다. 외식경영자들은 매출 증가를 통한 이익증대를 기대하기 어려울 경우 효율적인 원가관리를 통해 이익을 더 올릴 수 있다. 원가관리는 특정 시기에 전 부서의 구성원 모두에게서 이루어져야 한다. 현재와 같은 시스템은 기업의 사활에 직접 영향을 미치는 요소로 원가관리의 중요성으로 제시된다. 따라서 효율적인 원가관리는 기업 내 전 구성원들이 참여하여, 전 분야의 직원들을 총망라하여 지속적으로 이루어져야 한다.

본서는 외식기업의 효율적인 원가관리에서 요구되는 중요성과 필요성, 조업도-이익분포, 손익분기점 계산, 원가율, 표준과 표준화, yield 분석, 메뉴분석과 평가, 메뉴별 손익분석, 가격 결정법, 식재료 구매관리 등에 대해 기술하여 실무에 활용하는데 도움을 주고자 하였다. 앞으로도 관심있는 외식전문가님들의 조언과 질책을 참고하여 실제 레스토랑 경영에 도움이 되는 지침서가 될 수 있도록 수정·보완하여 좋은 교재가 되도록 노력하겠습니다.

끝으로, 원가관리를 공부하는 학생들에게 도움이 되고, 효율적인 메뉴관리와 원가관리, 손익분기점 계산과 일간, 주간 매출액 결정을 원하시는 경영자들에게 조금이라도 도움이 되었으면 합니다. 이 책의 출간을 위해 수고를 아끼지 않으신 백산출판사 대표님과 관계 직원들의 노고에 감사드립니다.

2016년 8월

송수근·백남길 드림

차 례

Chapter 1 원가관리의 의의 ······ 7

1. 원가관리의 의의 ······ 9
2. 원가관리의 중요성 ······ 16
3. 원가에 대한 선입견 ······ 19
4. 외식기업의 특성 ······ 21
5. 원가마인드의 변화 ······ 25
6. 원가관리 조직과 직무 ······ 27

Chapter 2 원가구성과 분류 ······ 35

1. 원가의 개념정의 ······ 37
2. 원가의 구성 ······ 39
3. 원가의 분류 ······ 41

Chapter 3 원가 – 조업도 – 이익 관계 ······ 51

1. 원가–조업도–이익(CVP) 관계 ······ 53
2. 변동률과 공헌율 ······ 56
3. 손익분기점(BEP ; break–even point) ······ 59
4. '대한 Restaurant'의 CVP 분석 ······ 1·6
5. 손익분기점 그래프 ······ 67
6. 판매해야 될 메뉴 수(단위 수; 서빙해야 할 고객 수) ······ 71
7. 손익분기점 수정 ······ 74

Chapter 4 원가율 ······ 85

1. 회계기준과 외식기업 ······ 87
2. 식재료 원가율 ······ 89
3. 식재료 원가의 종류 ······ 91

4. 노무비 ······ 95
5. 회전율(turnover rate) ······ 100

Chapter 5 식재료 분류 ······ 107

1. 식재료의 분류와 종류 ······ 109
2. 식재료 관능검사 ······ 127
3. 저장고에 의한 분류 ······ 130

Chapter 6 식재료 원가관리 ······ 137

1. 식재료 원가에 대한 잘못된 인식 ······ 139
2. 식재료 원가관리 ······ 140
3. 표준과 표준화 ······ 141
4. 표준의 분류 ······ 144

Chapter 7 표준수율과 원가율 ······ 155

1. 표준수율(standardized yields) ······ 157
2. 식재료 원가율 ······ 158
3. 공헌이익 문제점 ······ 163

Chapter 8 yield 분석 ······ 173

1. 수율(yield) ······ 175
2. 수율(yield)과 편의식품 ······ 177
3. 식재료 조리 시 원가계산 ······ 179
4. prime rib의 원가계산 ······ 182
5. 식재료별 수율(yield)과 원가계산 ······ 191

Chapter 9 메뉴 및 차림표 ······ 199

1. 메뉴의 역할 ······ 202
2. 메뉴관리 ······ 205
3. 메뉴디자인과 심리학 ······ 212
4. 메뉴의 평가 ······ 221

Chapter 10 **메뉴분석** ······ 231

1. 메뉴분석의 의미 ······ 233
2. 메뉴분석 모형과 실전사례 ······ 236
3. 목표가치 분석 ······ 264

Chapter 11 **메뉴가격 결정방법** ······ 269

1. 가격결정 원리 ······ 271
2. 가격인식 ······ 272
3. 판매가격 결정 ······ 274
4. 식재료 원가율과 가격결정 ······ 277
5. 가격결정방법 ······ 278
6. 가격결정과 간접원가 ······ 283
7. 가격 조정 ······ 287
8. 가격 할인 ······ 290

Chapter 12 **식재료 구매관리** ······ 301

1. 식재료 원가관리 ······ 303
2. 구매관리 ······ 305
3. 공급자 관리 ······ 312
4. 경제적 주문량 결정 ······ 315
5. 구매관리양식 ······ 317

Chapter 13 **검수 · 저장 · 출고와 재고관리** ······ 321

1. 검수관리 ······ 323
2. 저장관리 ······ 326
3. 출고관리 ······ 328
4. 재고관리 ······ 329

참고문헌 ----- 339

Chapter 1

원가관리의 의의

예전의 나는 열심히 일하면 좋은 일이 생길 것이라 배웠지만
지금의 나는 현명하게 일할수록 더 좋은 일이 생긴다고 믿게 되었다.

– *Kenneth Blanchard*(미국 작가)

[Chapter 1] 원가관리의 의의

무슨 일이든지 조금씩 차근차근 해나가면 그리 어렵지 않다.
– Henry Ford (미국 공학기술자)

1. 원가관리의 의의

1) 원가관리의 필요성

원가관리는 모든 산업에서 관리되어야 할 기본적인 요소로 최고 경영자를 비롯하여 관리자, 직원 모두의 마음속에 갖추어야 할 신념이자 철학이다. 외식업은 선진국으로 갈수록 고부가 산업으로 인정되면서 각 국가마다 경쟁적으로 새로운 메뉴를 개발하거나 스타 셰프(chef)를 양성하기 위해 다양한 지원정책을 장려하고 있다. 하지만 글로벌 경기불황과 영국의 브렉시트(Brexit) 탈퇴 등 외부환경의 변화에 따라 하나의 공동체가 붕괴되면서 새로운 혁신적 사고를 원하게 되었다. 이러한 와중에 농업생산량의 부족과 농촌인구 고령화, 유통 및 물류비 상승에 따른 식재료비 증가, 유가와 수송비, 냉동보관비, SNS를 통한 고객관리비, 인건비, 임대료, 각종 세금과 공과금, 기타 경비 등의 증가는 채산성 악화로 세전소득(pretax income)은 갈수록 줄어들고 있다. 특히 판매비와 일반 관리비의 증가는 원가상승의 직접 원인으로 효율적인 경영관리를 하는 데 위협요소가 된다.

원가가 차지하는 식재료비와 판매비, 관리비, 홍보비, 제세공과금 등의 비중은 갈수록 높아지면서 외식업계 전체의 생존을 위한 대책과 지혜가 필요하다. 경기불황과 물가 및 인건비상승 등은 새로운 패러다임(paradigm)을 요구한다. 때문에 호텔 및 패밀리 레스토랑, 프랜차이즈 기업, 단체급식, 뷔페, 개인독립점포 등은 원가관리의 중요성을 인식하면서 직원교육을 강화하고 있다. 하지만 쉬운 해결책을 제시하지 못하고 있다.

정기적으로 나타나는 구제역이나 조류인플루엔자(Avian Influenza), 식중독, 녹조현상 등은 성장을 둔화시키고 있다. 국가마다 나타나는 이상고온 현상과 폭우, 가뭄, 태풍, 허리케인, 쓰나미 등의 재해는 외식업 경영의 절대적 위협요인이 된다. 이에 따라 곡류, 채소, 축산물 등의 가격폭등으로 이어져 돈을 주고도 살 수 없는 품목이 생기고 있다.

재료비 외에 시설과 장비, 인력관리, 현금력 등에서도 원가절감 요소는 생긴다. 식재료의 대란이 지속될수록 생산 농업과 공급자, 판매자 간의 관계가 중요하다. 예를 들어 공급자와 원활한 관계가 유지된다면 적정한 가격에 질 높은 품질을 우선적으로 공급받을 수 있다. 하지만 평소에 소원하였다면 자신의 이익을 위해 다른 거래처로 이동하거나 거래 중단을 예고할 것이다. 이러한 사례는 대기업이 아닌 소기업에서는 자주 발생한다. 기업은 월말이나 연말이 되면 이월상품을 소진시켜 현금을 확보하려 한다. 저가격의 정보는 공급자와의 원활한 관계에서 유지될 수 있지만 현금력이 있어야 즉각적으로 구매할 수 있다. 이러한 와중에도 인건비는 계속적으로 상승하며, 쓸 만한 직원을 구할 수 없어 사업을 계속해야 할지 고민하는 경영자들도 있다. 따라서 계속적인 성장과 유지를 위한 윈윈(win-win)전략이 필요하다.

첫째, 식재료 생산의 근간인 농업이 중요하다. 어떠한 지역의 식재료를 사용할 것인가에 따른 원산지표시와 지리적 표시, 이력추적시스템, 생산에서 소비자의 식탁에까지 올라오는 거리를 나타내는 푸드 마일리지(food mileage), 어떠한 장소에서 식사할 것인가에 대한 위치와 접근성, 분위기, 좋은 음식은 약과 같아서 몸을 보양할 수도 신체를 위해할 수도 있다는 약식동원(藥食同源) 등으로 요리를 위한 원재료가 주목받고 있다. 최근 지역에서 생산한 농산물을 그 지역에서 소비하는 지산지소(地産地消)운동은 일본의 농업위기를 해결하는 방법으로 시작되어 전 세계적으로 확산되었다. 생산농민들이 직접 판매하는 방식으로 지역생산물을 지역에서 소비하는 대표적인 운동이다.

우리나라는 오래전부터 지역단체와 단위농협, 아파트 부녀회와 주민자치단체 등이 자매결연을 맺어 직거래 장터를 활성화시키고 있다. 농촌의 도로가에서 볼 수 있는 직판소는 농민들이 직접 판매함으로써 품질과 위생, 청결로 안전한 식재료 판매에 따른 소득원이 되고 있다. 도심의 아파트마다 들어선 알뜰장이나 신선채소, 과일 등을 낭일에 소진시키는 소배 프랜차이즈짐, 유기농 프랜차이즈점들이 비쁜 도시인들의 생활을 변화시키고 있다. 이러한 식재료는 일반 식재료보다 싸게 팔거나, 비싸게 판매하는 등 차별화한 점포들이 많아지고 있다. 생산자의 이름과 품질등급, 질병관리, 연락처, 사진 등에 따른 이력추적시스템을 활용하여 신뢰성을 높인다. 현장에서 스마트폰으로 애플리케이션을 다운받아 Bar code 및 QR코드를 통해 확인할 수 있다. 도시의 주부들은 생산의 전 과정을 바로 확인할 수 있기 때문에 안전한 구매로 가족의 건강을 책임지고 있다. 반면에 농민들은 안정된 수익으로 상품의 품질을 결정하는 모양이나 크기, 당도, 색감, 신선도 등을 일정하게 유지하면서 생산에 전념할 수 있다.

둘째, 공급업체와 수평적 관계를 유지해야 윈윈할 수 있다. 기업 경영자들은 공급업체를 철저하게 갑과 을의 관계로 인식한다. 공급자의 지위와 역할, 지식을 활용한 시장정보와 경쟁자 상황을 파악하는 것이 그 어느 때보다 중요해졌다. 모두가 그런 것은 아니지만 자신만의 이익을 추구하기 위해 무조건적으로 가격 낮추기를 강요하거나 현금 결제를 빌미로 가격을 낮추는 행위, 장기 미수금으로 공급자의 경영에 어려움을 가중시키기도 한다. 이는 대기업이나 소매업 모두에게 해당되기 때문에 상생을 위한 공생관계가 절실히 요구된다(식품외식경제, 2015).

셋째, 직원을 행복하게 해야 고객이 행복해진다. 서비스업종 직원들의 직무 역할과 능력에는 차이가 있기 때문에 관리가 중요하다. 소비자들은 가격대비 혜택과 자신의 가치를 따진다. 고객과의 접점에서 상호작용하는 직원들의 자세와 태도는 고객을 실망시키기도, 감동시키기도 한다. 고객을 만족시켜 재방문 횟수를 늘리거나 고정고객을 만드는 것은 서비스능력과 마인드, 지식, 경험, 유연한 사고력, 고객이해 등에서 가능하다. 많은 경영자들은 "직원을 행복하게 하면 고객이 행복해져 기업이 성장할 수 있다"라고 이야기한다.

현장에서는 가족이란 표현을 쓰지만 철저한 주 · 종 관계로 인격이 무시되거나 대우받지 못하는 경우도 있다. 말과 행동을 무례하게 하는 상급자가 있는가 하면 배타적인 수직적 문화로 소속감을 가지지 못하게 하여 상호 간에 불신을 쌓기도 한다. 한편 기업 및 경영관리자들 중 일부는 직위를 이용하여 개인적 실리를 추구하는 이기적인 직원도 있다. 따라서 상호 공존할 수 있는 분위기와 잘못된 관행을 개선시켜 함께 잘살 수 있는 문화를 만들어야 한다.

넷째, 나 혼자는 살아갈 수 없다. 최근 2~3세에게 기업을 물려주는 사례들이 늘어나면서 사회적으로 물의를 일으켜 많은 사람들에게서 공분을 사고 있다. 이들로 인해 평생 몸 바쳐 일군 일터가 계속적으로 성장하는 데 제약이 된다. 다 함께 살아가는 상생은 이 시대의 화두로 이는 동반성장과 사회적 책임 및 역할 속에서 가능하게 된다.

"빨리 가려면 혼자 가고 멀리 가고 오래 가려면 함께 가라"는 선인들의 지혜는 공급업체를 비롯하여 직원, 고객, 이웃 등을 배려하라는 것이다. 직원 한 사람 한 사람을 귀하게 여겨 비즈니스 파트너로 존중하며, 잘살 수 있다는 정신이 가득할 때 기업은 계속적으로 성장할 수 있다.

2) 원가관리와 숫자놀이

원가관리는 숫자놀이(numbering game)라 한다. 숫자에 주의를 기울이는 것은 과거의 기록과 자료를 통해 매출액과 이익, 손실을 파악할 수 있기 때문이다. 숫자를 기록하고 관리한다는 것은 회계 및 재무담당자, 경영관리자, 분석사 등에서만 필요하다고 인식하는 경우가 많다. 원가관리란 회계적 업무 외에도 일상생활 속에서 일어난다. 서비스업의 준비단계부터 접객과정의 교환을 통해 용역과 재화가 발생하게 된다.

외식기업 업무는 직원 한 사람 한 사람이 고객과 직접 대면하는 상호 간의 교류를 통해 이루어진다. 이러한 역할차원에서 회계적 숫자는 발생하며, 이를 기록하는 것이다. 메모하고 기록하는 과정에서 구체적인 수입과 지출 상황을 파악할 수 있다. 기록은 숫자들의 조합으로 잘 조직화되어 해석된 후 비교하거나 평가자료로 활용된다. 특정시간과 요일, 일, 주간, 월간, 분기, 연간 매출액의 비교와 그에 따른 원가는 인건비, 복리후생비, 임차료, 감가상각비, 보험료, 광고 선전비, 연구비, 제세공과금 및 판매관리비 등 점포운영에서 발생하는 기록을 통해 이해관계자들의 결정을 돕게 된다.

외식기업 상품을 판매하는 과정에 발생하는 숫자들의 합계액은 다른 사람에게 위임되거나 전가될 수 없다. 경영관리자들은 외부 이해관계자들이 알기 전에 경영과정에서 발생하는 전반적인 업무와 매뉴얼을 파악해야 한다. 직원 개개인의 특성과 지식, 경험, 인성을 잘 파악하고 있다는 것은 관리차원에서 통솔력과 리더십으로 발휘된다. 이러한 기록은 사실적이며 일관성, 명확성으로 기업 목표와 일치할 때 그 해답을 얻을 수 있다. 재무적 사실과 경영성과는 숫자를 통해 직원들과 공유하며 이해하는 과정에서 원가절감을 가능하게 한다.

보고서는 경영진과 관리자, 직원을 비롯하여 주주와 투자자, 금융, 공급자, 정부, 시민단체 등에게 백분율로 표시되어 제공할 수 있다. 원가요소의 확인은 번거롭거나 복잡하지만 계속적으로 발생하는 매출액과 주간, 월간, 분기별, 연간 매출액을 기록하고 분석함으로써 효율적인 경영을 할 수 있다. 결과적으로 점포에서 이루어지는 모든 활동과 경영성과의 밑그림으로 제시되며, 과거의 기록과 사실들을 바탕으로 미래에 발생할 수 있는 수요를 예측할 수 있다.

숫자에 대한 기록과 이해는 관리기능(management function)을 의미한다. 설계된 목표를 달성하는 과정에서 발생하며, 이를 바탕으로 예상 수익을 예측하거나 기대, 조절할 수 있다. 노동에 대한 생산성의 향상은 주문과 구매, 검수, 저장, 재고관리, 불출, 주방의 다듬기 등을 통한 관리과정과 원가관리 기능을 원만하게 수행할 수 있을 때 가능하게 된다.

【통계로 보는 외식사업 실태】

통계로 보는 대한민국의 외식사업 실태 자료에 의하면 지난 50년간 가계 식료품비 지출 중 외식비 비중은 60년의 1.3%에서 08년에는 48.9%로 38배나 증가하였다. 최근 글로벌 경제위기로 전체적인 성장은 주춤하였지만 11년 47.5%에서 15년 46.6%로 조금 떨어진 결과를 나타내고 있다. 외식업체 수는 지난 60년보다 37배나 많아졌다. 외식비용은 전체 소비액의 12.87%인 32만 9,913원으로 나타났다(동아일보, 2016).

일반 음식점 1곳당 인구 수(11년 기준)는 83명에서 15년 114명으로 60년대와 비교할 때 1/14 수준으로 경쟁이 치열해졌음을 의미한다. 대표적 외식 메뉴인 짜장면 가격은 65년도 35원에서 08년에는 3,700원으로 108배, 15년에는 5,000~6,000원으로 150배 증가하였다. 소득수준의 향상과 여성의 경제활동 증가에 힘입어 식료품 중 외식비가 차지하는 비중은 갈수록 증가하였다. 국내 외식시장 규모는 90년대 18조 원에서 08년 49조 원, 11년 말 47조 원으로 떨어졌지만 15년 현재 68조 원으로 성장하였다(통계청, 2015년).

외식업은 양적인 성장과 함께 소비의 다양화와 고급화, 차별화에 따른 건강 지향성 확대로 질적 성장을 함께 이루었다. 하지만 업체 난립으로 개별 점포의 매출은 하락하고 있으며, 운영에 들어가는 원재료비와 인건비, 판매 촉진비, 기타 경비 등 원가 요소는 급격히 상승하여 경영의 어려움을 호소하고 있다.

중소기업특별위원회가 실시한 '자영업자 경영실태 조사'에 따르면 이익을 내는 자영업자는 8.4%에 불과하며, 생계를 유지하는 업체는 64%, 임대료 및 관리비조차 내기 힘든 업체는 26.4%로 그 심각성을 나타내고 있다. 산업별로 도소매 및 음식숙박업이 178만 명(30.9%), 연령별로는 50대가 179만 명(31.1%), 학력별로는 대졸 이상이 170만 명(29.7%), 고졸 240만 명(41.7%), 중졸 이하 164만 명(28.6%) 순으로 나타났다. 월평균 매출액 400만 원 이하가 전체의 43.4%, 월평균 순이익 100만 원 이하가 27.0%로 경영상태가 어려운 실정이다(국회예산정책처, 2016).

2015년 말 전국의 음식점과 주점 수를 약 65.57만 개로 볼 때, 일본의 2배, 미국의 6배에 해당하는 수치이다. 약 68조 원의 시장 규모를 고려한 1개 점포의 월평균 매출액은 약 800만 원으로 식재료비와 임대료, 인건비 등을 고려하면 순이익은 불가능하다. 이러한 열악한 환경 속에서도 생존의 몸부림은 계속되고 있다. 불황에 따른 실업률 증가와 퇴직연령의 하락 등 베이비부머세대들이 창업에 뛰어들면서 경쟁은 더욱 심화되고 있다. 음식점은 현금수입 업종으로 타 산업보다 수익률이 높다는 잘못된 인식과 특별한 지식과 경험, 노하우 없이도 성공할 수 있다는 오해로 준비 없이 뛰어들고 있다. 하지만 이익을 내기가 쉽지 않다는 현실적 문제에 직면하면서 충분한 조사와 분석, 전문적인 지식, 경영능력을 필요로 한다.

첫째, 사업 특성상 장시간 근무가 요구된다. 휴식하지 못해 피로가 쌓이면서 잔병의 원인이 된다. 건강한 정신과 신체적 조건, 서비스 마인드를 필요로 한다.

둘째, 가족과의 크고 작은 생활고 문제로 불협화음이 생길 수 있다. 가족경영은 타인이 대신할 수 없는 긍정과 부정적인 면을 함께 가진다. 주 80시간 이상 함께 또는 교대로 일하므로 가족들과 즐길 수 있는 시간적 여유가 없다. 특히 자녀문제와 부모, 형제간 분쟁이 심화되고 있다. 대가족이 함께 운영한다면 아버지의 역할과 통제하에 위계질서가 성립되어 성공 가능성이 높아지겠지만 그렇지 못한 경우 불화의 원인이 된다.

셋째, 사업 초기의 계획과 다른 결과로 실패를 맛볼 수 있다. 집이나 토지, 상가, 기타 담보물의 부족은 친·인척 등에게 차입한 자금에서 한 가정의 재정적 위험을 가중시켜 주변 사람들에게까지 피해를 준다.

넷째, 음식점을 창업하려는 예비자들은 자신이 가지고 있는 창업가적인 마인드와 전문성, 능력, 개성, 성격, 자질 등을 객관적으로 파악하지 못하고 있다. 친절함과 침착함, 문제발생 대응력, 인내력, 낮은 자세로의 서비스, 지칠 줄 모르는 정신력과 건강, 스스로 통제할 수 있는 인내력과 도전정신, 열정 등이 있어야 한다. 이러한 조건이 충족되었을 때 창업을 위한 보증금과 임대료, 감가상각비, 인건비, 재료비, 광고비, 기타 경비 등을 확인할 수 있다. 이를 충당하기 위해서는 더 많은 노력과 학습을 통해 내점 고객의 성향과 타깃 고객층 분석, 회전율, 메뉴분포, 신제품개발, 고객관리 등을 할 수 있어야 한다.

다섯째, 경영과정에서 발생할 수 있는 어려움과 시련 등의 위협요인을 극복하기 위해서는 열정과 끈기와 신념이 있어야 한다. 성공한 기업가들은 대부분 활력이 넘치고, 끈기 있으며, 문제가 발생하였을 때 이를 원만하게 해결하는 능력이 있다. 최근 프랜차이즈 기업을 비롯한 정부 및 자치단체에서는 젊음과 열정, 도전정신으로 어려움에 굴하지 않는 창업가를 모집하였다. 예를 들어 스마트 인큐베이터에서 열리는 '서울벤처인큐베이터 Start-Up Day'행사는 구로구와 (사)벤처기업협회가 역량 있는 창업가를 선발하여 사회 전반적인 분위기 조성을 위해 경진대회를 진행하였다(구로구청, 2014).

여섯째, 음식에 대한 전문적인 지식과 경험을 충분히 가져야 한다. 식재료의 기능과 특성, 영양, 보완재 등을 파악하여 고객에게 설명할 수 있어야 한다.

일곱째, 외식업은 실패 확률이 높은 만큼 기회도 많다. 특정 인기메뉴의 개발은 시장성과 성장성, 발전성으로 돈과 명예 등 계속적인 수익을 창출할 수 있다. 인터넷과 모바일을 이용한 SNS(social network service)의 발달은 아이디어를 곧바로 상용화할 수 있어 누구에게나 기회가 된다. 짧은 시간 많은 사람들에게 자사의 우수성을 알릴 수 있으며, 마케팅 촉진전략으로 지구촌 곳곳에 진출할 수 있다. 이러한 결과물은 1~2년 또는 그 이상이 걸릴 수도 있지만 빠르게 전파할 수 있는 신속성을 가진다.

예를 들어 10년 이상 사업을 계속하는 점포는 7.3%에 불과하다. 전체 음식점 가운데 문을 연지 6개월 안에 장사를 그만두는 곳이 15%나 된다. 1년간의 생존율은 59.8%, 2년 46.3%, 3년 38%, 4년 33.4%, 5년 30.9%로 나타났다(주간동아, 2016). 이와 같이 개인점포들의 경쟁력은 갈수록 떨어지고 있다.

마지막으로, 직원들의 이직률이 높다. 노동강도에 비해 급여 및 복지수준이 낮으며, 근무환경이 열악하다. 자신의 감정과 상관없이 최상의 서비스를 제공해야 하는 정신적 스트레스는 장기근속을 방해한다. 음식점 간의 잦은 이동으로 경력을 인정받고 높은 급여를 결정하는 데 유리하다는 잘못된 편견도 이직률을 높이는 원인이 된다. 따라서 원가관리는 마케팅 촉진전략을 수행하는 것으로 외식기업 경영에서 필수요소임을 명심해야 한다.

2. 원가관리의 중요성

기업의 경영주체가 영리적이든 비영리적이든 간에 원가는 항상 발생하게 된다. 목표달성을 위한 매출액 관리에서 운영관리, 직원관리 등에 들어간 비용의 차액에서 이익을 계산할 수 있다. 원가를 나타내는 공식은 총 매출액에서 총 비용을 차감한 금액이 이익 또는 손실이 된다.

1) 원가관리를 통한 이익증대

원가부문의 절감은 이익구조에 중요한 영향을 미친다. 효율적인 관리를 통해 이익을 증대시키거나 실현할 수 있는 방법은 크게 세 가지로 제시할 수 있다.

첫째, 매출액을 증가시키는 방법이다. 적은 마진으로 다량의 판매를 통해 매출을 극대화시키는 박리다매(薄利多賣 : small profit and quick return)전략을 말한다. 이러한 가격은 시장가격을 왜곡하거나 경쟁자와 마찰을 유발할 수 있기 때문에 기간을 정해놓고 한시적으로 운영하는 것이 효과적이다.

둘째, 정상적인 가격으로 매출액을 늘리는 방법이다. 고객의 인기를 통해 입소문으로 매출액을 증가시키는 방법이다. 구전에 의해 자연스럽게 전파되기 때문에 많은 경영자들이 꿈꾸는 이상적인 경영전략이라 하겠다.

셋째, 원가관리를 통해 지출비용을 줄여 실제 이익을 증가시키는 방법이다. 원재료를 구매하는 과정에서 공급자 선택과 주문, 검수, 저장, 재고관리, 불출, 다듬기, 요리과정, 서빙 등에서 발생할 수 있는 원가요소를 줄이는 것이다. 외식점포 경영은 매출과 원가관리를 어떻게 관리하고 효율적으로 실행하느냐에 따라 이익이 달라진다. 원가는 매출과 이익의 차액으로 원가율이 낮다는 것은 높은 이익률을 의미한다. 결론적으로 매출증대를 통해 이익을 실현하기 어려울 경우 원가관리를 통해 이익을 증대시킬 수 있다. 더 많은 이익을 추구하는 경영방법은 원가절감에서 시작된다.

2) 원가관리 사례

'대한 Restaurant'의 기간 중 총 매출액은 500,000원(100%)이다. 식재료 원가는 150,000원(30%), 인건비는 200,000원(40%), 기타 경비가 125,000원(25%)이면 기간 중 이익은 얼마인가?

해설 1

이익은 25,000원이 되며 매출액의 5%이다. 이를 정리하면 〈표 1-1〉과 같다.

〈표 1-1〉 대한 Restaurant의 영업성과

매출	500,000	100%
식재료 원가	150,000	30%
인건비	200,000	40%
기타 경비	125,000	25%
이익	**25,000**	**5%**

〈표 1-1〉에서 제시한 '대한 Restaurant'의 영업성과에서 구성원 모두 일치단결하여 3%(4,500원)의 원가절감을 달성하였다면 이익률은 어떻게 변할 수 있을까?

해설 2

4,500원의 원가가 절감된 '대한 Restaurant'의 새로운 식재료 원가는 최초 원가 150,000원에서 4,500원이 감소된 145,500원이 된다. 변화된 식재료 원가율은 29.1%(145,500원/500,000원)가 된다. 반면 이익은 최초 25,000원에서 4,500원이 증가한 29,500원으로, 매출 대비 이익률은 5.9%(29,500원/500,000원)가 된다.

이익은 4,500원이 증가한 29,500원이지만, 변화한 비율은 25,000원에서 29,500원으로 증가하였기 때문에 18%가 증가한 것이다(4,500원/25,000원 ; 29,500원/25,000원). 원가절감으로 기대되는 추가 이익(4,500원)을 매출증가를 통해 달성하려면 어느 정도의 매출액을 증가시켜야 이루어질 수 있을까?

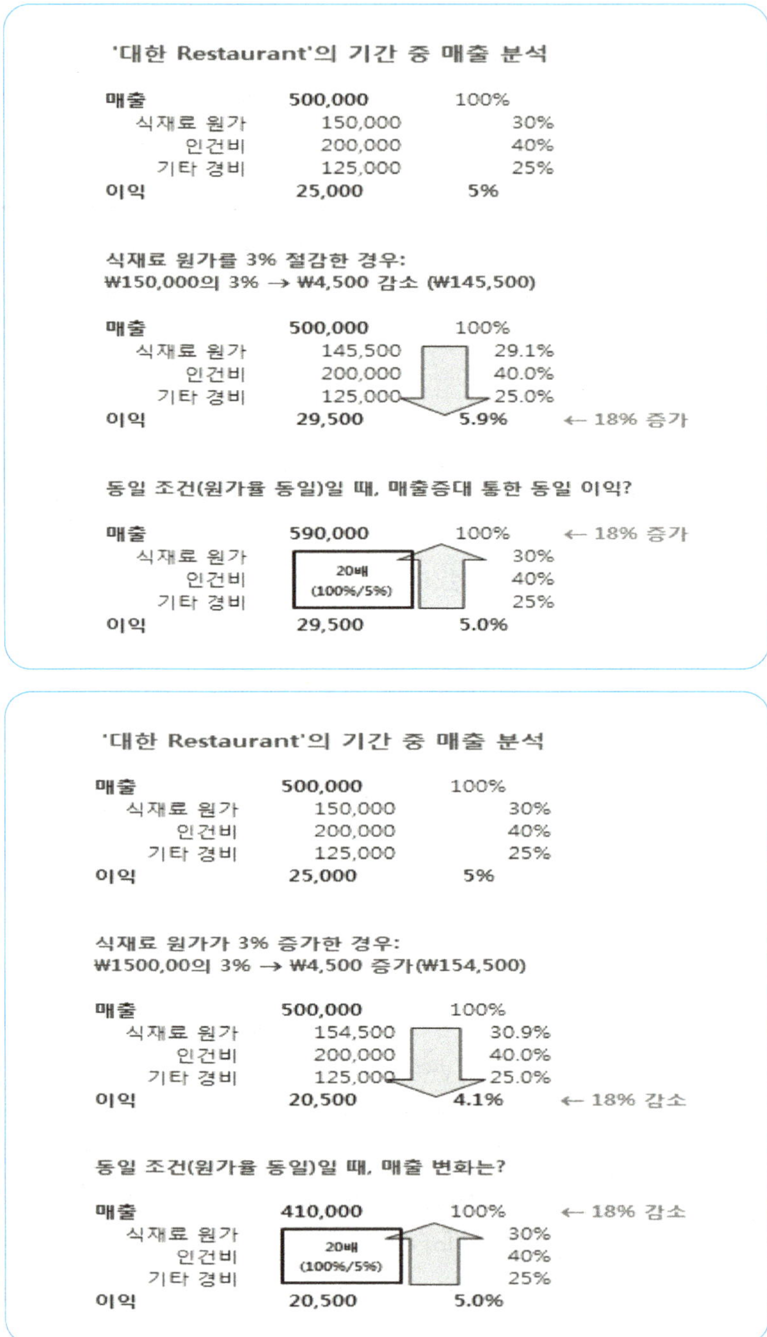

〈그림 1-1〉 원가변화에 따른 이익 및 매출변화

'대한 Restaurant'은 매출 500,000원을 통해 25,000원의 이익을 실현하면서 매출에 대한 5.0%(25,000원/500,000원)의 이익률을 보였다. 각종 원가와 비용, 경영활동 등 다른 조건이 동일하다면, 순수하게 매출변화를 통해 29,500원의 이익을 실현하기 위해서는 29,500원의 20배(100%/5% ; 최초 500,000원/25,000원)인 590,000원의 매출을 올려야만 가능하다. 금액 면에서 90,000원의 추가 매출이 발생하지만 500,000원에 비하면 18%의 매출 증가를 통해서 가능한 비율이다.

'대한 Restaurant'의 객단가와 관련하여 서빙해야 할 고객 수는 새로운 매출 590,000원을 올리기 위해 고객이 18% 증가해야 한다. 이는 기존 고객 5명당 1명의 새로운 고객을 끌어들일 때 가능한 것으로 현실적으로 어려운 일이다. 특히 외식기업 현장은 포화상태로 비슷한 업태끼리의 경쟁이 치열하다. 때문에 판매관리비의 증가 없이는 매출증가를 기대하기 어렵다. 원가관리는 이러한 현실에서 시작되며, 각종 원가와 비용을 줄여서 이익을 증가시킬 수 있다. 따라서 원가관리를 잘 하면 '대한 Restaurant'의 사례에서 보듯이 총매출의 1%에도 미치지 않는 원가절감으로 18%의 매출증가와 이익을 가져올 수 있다.

원가상승은 반대의 효과를 나타내기도 한다. 원가의 3%인 4,500원이 증가하였을 때, 매출액의 1%도 되지 않는 원가의 증가로 이익은 18%(20,500원 / 25,000원)나 감소할 수 있다. 이익을 고려하지 않는 병원, 학교, 기업, 시설 및 단체급식일 경우 효율적인 원가관리를 통해 비용을 줄임으로써 고객 서비스를 강화할 수 있다. 이를 직원복지에 활용한다면 더 많은 만족과 혜택으로 추가적인 수익을 기대할 수 있다. '대한 Restaurant'의 원가 변화에 따른 이익과 동일한 효과의 매출 변화는 〈그림 1-1〉과 같다.

3. 원가에 대한 선입견

기업 경영자들은 원가관리의 중요성에 대하여 얼마나 심각하게 고민하고 있을까? 대다수의 사람들은 숫자를 싫어한다는 이유로 외면하는 경향이 있다. 회계 담당자들이나 경리과, 총무과 등 계산부서나 담당자만 알아야 할 업무 정도로 생각한다. 하지만 원가관리를 꼭 알아야 될 사람들은 현장의 최일선 직원이나 관리자, 조리사, 보조 등인데 이들은 자신과 관련이 없으며, 알 필요가 없다고 생각한다.

2015년 대한민국 경제력은 GDP 15,606억 달러로 세계 13위 경제대국이며 교역 1조 4,351억 달러로 세계 8위 무역대국, 시가총액 1.2천억 달러의 세계증시 10위, 파생

상품 거래 5경 원, 자동차 생산국 세계 5위, 휴대폰, 조선, 반도체 해외건설플랜트 특허출원 1위, 고등교육 이수율, 세계수학올림피아드 1위, 국가브랜드 가치 1,770조 원 세계 9위, 1인당 GDP(per capita) 30,808$로 29위, 구매력 평가(PPP: purchasing power parity) 37,413$로 29위를 차지하였다(IMF, 2015). 눈부신 성장을 할 수 있었던 것은 원가에 대한 경쟁력이 있었기 때문이다. 아무리 우수한 품질을 생산하더라도 원가가 높게 책정되었다면 세계적인 경쟁력을 가지기가 어렵다. 이러한 평범한 진리를 깨닫지 못하거나 소홀한 사람들이 있기 때문에 그 중요성이 제시된다.

그렇다면 왜 이러한 현상이 나타날까?

원가 계산이 복잡하거나 익숙지 않은 용어를 직접 활용하는 데 어려움이 있기 때문이다. 듣는 것만으로 이해할 수 없으며, 실제 그 내용을 파악하여 가감승제로 계산할 수 있어야 한다. 하지만 창업을 염두에 둔 예비자라면 문제는 달라진다. 산술적인 원리를 파악해야 하며, 쉽게 풀 수 없다면 주변의 전문가를 통해 조언을 받아야 훗날 실패를 줄일 수 있다. 숫자로 이루어져 있기 때문에 익숙하지 않거나 수학을 잘못하였던 기억 때문에 회피하려는 선입견은 버려야 한다.

1) 경영자들이 원가관리를 기피하는 이유

기업 경영자들은 현장의 기술자나 관리자보다 OR(operations research)에 주목하고 있다. OR은 과학적인 방법으로 수학이나 행동과학 도구인 컴퓨터 체계(system)를 활용하여 어려운 문제들을 쉽게 해결하거나 관리하는 것을 의미한다. 원가계산보다 훨씬 복잡한 숫자와 계산식을 이용하여 경영에 필요한 의사결정을 내린다. 이들이 선호하는 이유는 원가계산에 대한 잘못된 선입견이 있기 때문이다.

첫째, 원가란 회계 및 재무, 총무, 경리과 담당자들이 하는 업무로 수익과 비용에 대한 손익계산을 기록한 보고서로 생각한다. 현장의 실무자나 관리자는 알 필요가 없다는 인식을 가지지만 실제 계산의 주체는 현장의 직원들이 되어야 한다. 이해관계자들의 필요에 의해 제출하거나 그들의 고유영역으로 생각하면 안 된다. 실제 원가를 계산하고 기록하는 당사자는 현장의 관리자와 팀장, 서빙, 조리사, 보조 등이다. 이들은 업무에서 일어나는 주문과 검수, 재고관리, 다듬기 등 식재료의 생산에서부터 식탁에 올라가는 과정에서 발생하는 전기, 수도, 가스비, 비품, 소모품 등을 포함한다.

둘째, 원가를 잘못 계산하여 활용하고 있다. 투자자들의 의사결정에 필요한 정보 제공 목적도 있지만 현재 또는 미래에 발생하게 되는 원인규명과 운영과정의 통제, 조정, 관리 차원에서 활용되어야 한다. 다수의 직원들은 과거의 경영성과에 대한 기록이나 회계보고서 정도로 인식하고 있다.

셋째, 정확한 원가계산과 손익분석에 의한 과학적 경영관리보다 접대나 로비, 인적 관계 등에 의존하는 경향이 높다. 각종 원가계산과 조사분석을 통해 축적된 지식에 의존하기보다 경험에 의존하기 때문에 신뢰성이 떨어진다. 자료 불신은 가중되며, 직감과 경험에 의한 경영으로 과학적 방법이 무시되는 현상을 초래한다.

넷째, 과거에는 임금을 비롯한 각종 식재료 원가가 전반적으로 낮았기 때문에 특별히 신경을 쓰지 않더라도 경영에서 어려움을 발견하지 못했다. 하지만 글로벌 경제상황은 한 국가만의 문제가 아니라 전 세계적인 연쇄반응으로 누구나 예외일 수는 없어 그 어려움은 가중된다.

4. 외식기업의 특성

외식기업은 요리를 생산하는 과정에서 식재료와 인건비, 물리적 환경 내에서 서비스를 제공하기 때문에 메뉴 외, 인테리어 시설이나 분위기, 접객태도 등 고유한 특성에서 영향을 미친다.

1) 생산적 특성

(1) 생산과 판매의 동시성

외식기업 상품은 메뉴를 통해 판매가 이루어진다. 완성된 메뉴는 오랜 시간 보존의 한계로 부패 위험성을 가지고 있다. 미리 만들어 놓고 판매할 수 있는 생필품과 달리 고객의 주문과 동시에 조리가 시작된다. 같은 장소에서 판매가 이루어지기 때문에 짧은 시간 고객의 직간접적인 대면과 관찰 속에서 평가된다. 즉석에서 조리된 요리는 신선한 맛과 청결, 위생, 직원들의 세련된 접객태도와 매너 등으로 평가된다.

최근에는 사전예약을 원칙으로 하면서 시간과 장소, 공간적 혜택을 효율적으로 활용하는 문화가 정착되고 있다.

(2) 수요예측의 어려움

고객의 이용목적에 따라 선택하는 위치나 장소, 분위기, 크기, 종류, 교통편 등 레스토랑 선호도는 다를 수 있다. 같은 음식점 내에서도 고객 기호를 고려한 메뉴선택에는 호불호(好不好)가 분명하다. 계절과 날씨, 요일 등에 따라 고객 수가 다르기 때문에 수요를 예측하기가 어렵다. 이러한 특성은 생필품을 판매하는 유통점이나 제조업에 비해 상대적으로 원가상승의 원인이 된다. 예약부도(노쇼; No Show)로 인한 약속파기는 외식기업 매출에 직접 영향을 미친다.

노쇼는 우리가 해결해야 할 사회적 문제이다. 예약해 놓고 장소에 나타나지 않는 무책임함을 이르는 말로 타인의 기회를 차단해 버린다. 항공업계 용어가 영역을 넓혀 일반 상거래에서 사용된다. 공정거래위원회, 소비자단체들은 예약부도 근절 캠페인을 벌이고 있다. 경제질서 확립과 바른 소비행태, 의식개혁 등 사회운동 차원에서 전개되고 있다. 항공업, 호텔업, 관광업, 외식업, 병원, 영화관, 미용 등도 퇴치를 위해 계몽에 나섰다. 이러한 기회에 예약(reservation)과 재확인(reconfirm), 출현(show), 예약부도(no-show)의 책임을 관례적으로 사회화시켜야 한다. 따라서 매몰비용을 줄여 소비자가 혜택을 보장받는 계기가 되어야 한다(소비자리포트, 2016).

(3) 다품종 소량생산

레스토랑의 메뉴는 다품종 소량생산을 원칙으로 한다. 고객이 내점하여 여러 종류의 상품을 주문받으면 생산에 들어간다. 그때그때의 상황에 따라 소량으로 생산되어 판매가 이루어진다. 때론 예상하지 못한 단체고객들의 내점으로 조리에 과부하가 생길 수 있다. 하지만 대량생산과 전문성을 가진 일부 업체들은 단품으로 프랜차이즈화하여 성공한 사례들도 늘어나고 있다.

(4) 손익분기점 이후 이익증가

과거의 외식업은 원가비중이 낮아 상대적으로 큰 이익을 남겼다. 최근에는 인건비

상승과 자연환경의 변화 및 신종 병원체의 출현 등 식재료비 상승과 각종 세금, 공과금, 제조물 책임자보호법(PLL : product liability Law)에 의한 안전시설 관리, 카드 수수료, 인터넷 · 홈페이지 및 SNS 사용 등이 원가상승의 원인으로 작용하여 레스토랑 경영에 부담이 되고 있다. 손익분기점(BEP : break-even point)은 매출액과 원가가 같아 이익도 손해도 발생되지 않은 Zero점이다. 경영자들은 이를 통해 1일간, 주간, 월간 판매액을 결정할 수 있다. 따라서 손익분기점에 도달하기 전까지는 손실이 되기 때문에 이익을 달성하기 위해서는 경영자들이 꼭 분석할 수 있어야 한다.

2) 판매적 특성

(1) 시간적 · 공간적 제약

인간은 비교적 규칙적인 생활을 하며 1일 3식을 원칙으로 한다. 식사시간도 아침, 점심, 저녁으로 같은 시간대에 대부분 이루어진다. 외식업은 한정된 시간과 장소의 한계로 고객을 수용할 수 있는 규모나 시설을 통해 매출증가 방안을 모색해야 한다. 고객의 인원 수에 맞는 자리배치와 식사 후 신속한 정리, 테이블 회전율 등 매출액을 극대화할 수 있는 방법을 고민해야 하는데 이는 시간적 · 공간적 제약을 받기 때문이다.

(2) 상품가치의 극대화

메뉴는 판매되지 않으면 상품으로써 가치가 없다. 음식은 고객의 주문에서 생산이 이루어지기 때문에 수요예측이 어렵다. 저장하였다가 시간이 지난 후에 다시 판매할 수 있는 공산품과 달리 보관의 어려움으로 쉽게 부패하는 특성이 있다. 사람을 살리는 보양식품과 위해성을 가지는 두 얼굴을 가졌다. 하지만 특정 메뉴는 고객의 사랑을 받아 독점적 지위(status)를 누리거나 전국적인 위치(position)를 차지하여 상징성을 가지면서 상품가치를 극대화시키고 있다.

(3) 인적 서비스 의존도

레스토랑 경영에서 중요한 요소는 직원관리이다. 고객에 대한 친절함과 세련된 이미지, 신속한 응대, 문제해결능력, 정확성, 편안함 등 격식 있는 태도는 직원들의 서비스 능력으로 평가된다. 직원 한 사람 한 사람은 레스토랑을 대표하기 때문에 브랜드 이미지를 상승시킬 수 있다. 따라서 능력에 맞는 평가와 가치 제고, 직무순환, 보상, 승진 등으로 직원들의 사기를 향상시켜야 한다.

3) 유통적 특성

(1) 식재료의 부패 용이성과 계절성

소비자들은 위생적으로 안전한 먹거리를 찾아 청결하고 쾌적한 공간에서 식사하기를 원한다. 점포가 노후화되어 특색이 없거나 영세한 점포는 안전에 위협을 받을 수 있다. 외식업의 식재료는 계절과 시간, 요일, 온도 등에 따라 실온, 냉장, 냉동 보관을 원칙으로 한다. 언제, 어디서나 부패의 위험성을 가지며 위생적으로 안전한 평가와 「식품위생법」에 따른 점검사항을 준수해야 한다.

(2) 장소의 제약

"외식업은 자리(목)가 결정한다"는 말이 있다. 특정 음식점의 위치는 경쟁력이 된다. 음식 맛이 아무리 뛰어나도 제때 공급되지 못하거나 접근이 어렵다면 그 가치를 인정받기가 힘들다. 특정지역의 인기메뉴는 장소와 위치, 공간의 제약으로 전국적인 프랜차이즈화에 어려움을 가질 수 있다. 요일별, 시간별, 장소별 매출액은 큰 차이를 가진다. 예를 들어 제주도에서는 옥돔만을 생선이라 부른다. 옥돔은 살이 단단하면서 지방이 적고 단백질이 풍부하다. 담백한 맛 덕분에 제주인이 가장 선호하는 생선이다. 이러한 옥돔전문점은 서울에서 신선하게 애용하는 데 여러 가지 제약을 받을 수 있다.

(3) 다점포 전개의 용이성

외식업은 체인 시스템으로 운영할 수 있기 때문에 구매에서 판매에 이르는 전 과정의 서비스방법을 체계화시켜 다점포화할 수 있다. 상호나 로고, 상징물, 레시피, 운영매뉴얼 등 로열티를 받고 전국적으로 운영할 수 있을 뿐만 아니라 규모의 경제(economy of scale)를 실현할 수 있다. 축적된 노하우는 적은 자본으로 짧은 시간 판매망을 갖출 수 있다. 생산량의 증가에 따라 단위당 생산비가 감소하는 현상으로 프랜차이즈 사업이나 다점포화로 그 영역을 확대할 수 있다.

4) 환경적 특성

(1) 공간 활용의 제약

외식업은 타 산업에 비해 공간 활용의 제약을 받는다. 날씨, 계절, 주간, 야간 등에 따라 변동이 심하며, 아침, 점심, 저녁 등 한정된 공간에서 제약을 받는다. 효율적으로 활용하기 위해서는 가격의 탄력적 운용과 회전율이 중요하다. 특히 인력관리는 공간 내 수용할 수 있는 역할한계로 매출액 크기에 따라 조절할 수 있어야 한다.

(2) 종합예술과 첨단산업

레스토랑 운영은 종합 식품산업으로 소개된다. 인기 있는 특정메뉴는 가공식품으로 생산되어 takeout 방식으로 매출증가에 기여한다. 좋은 위치의 몫과 장소는 부동산업과 연관되어야 성장할 수 있다. 색다른 인테리어 시설이나 분위기는 오락과 재미, 흥미를 유발하는 테마공간으로 IT와 접목할 수 있다. 이러한 장소는 모바일과 SNS를 통해 실시간 중개될 수 있으며, 첨단산업과 연계하여 수익을 창출할 수 있다. 레스토랑 구조와 시설, 디자인은 하나의 문화로 정착한 지 오래되었다. 아이템 개발과 코디네이션(coordination), 스타일 등 종합적인 예술성과 첨단산업으로 각광받고 있다.

5. 원가마인드의 변화

한강의 기적을 이루면서 아시아의 용으로 승승장구하던 대한민국은 97년 국제통화기금(IMF : Inter-national Monetary Fund)의 지원을 받으면서 거품처럼 부풀렸던 경제는 하루아침에 붕괴되었다. 위기극복을 위해 전 국민들은 단합하였다. 금 모으기 운동이나 부채 줄이기, 과소비하지 않기, 필요한 물건만 구매하기 등을 통해 빠르게 극복할 수 있었다. IMF 경험으로 국가 및 기업, 개인 간 효율적인 구매와 소비 트렌드를 만들어 실속을 추구하는 합리적인 문화가 정착되었다. 하지만 2008년 미국 동부에서 시작된 서브프라임모기지론(subprime mortgage loan)은 세계적인 금융위기로 국민들의 어려움을 가중시켰다. 과거와 같이 분수에 맞지 않는 지출이나 주먹구구식 경영은 더 이상 경쟁시장에서 살아남기 어렵게 되었다.

컴퓨터를 활용한 IT기술은 E-business와 M-business의 혁신으로 상상력이 현실이 되고 있다. 세계적인 혁신은 세상을 어디까지 변화시킬지 예측하기 힘들다. 초소형 칩을 내장하여 사물을 식별할 수 있는 RFID(radio frequency identification)와 실시간 위치추적시스템(RTLS : real time location system)을 활용한 음식점 안내, 위치확인, 실시간 홍보 등과 U-commerce를 활용한 반값 판매방식은 새로운 시장변화를 선도하고 있다.

첨단기기를 활용한 전자기법들은 정확한 원가계산과 회계, 재무, 인사관리, 경영정보 등을 산출하며, 전문적이면서도 과학적인 의사결정의 자료가 된다. 고임금과 고물가로 인해 상품의 원가는 기업경영에 부담이 되지만 환경을 개선하기 위한 새로운 기술과 운영방법의 개선, 품질 향상은 차별화를 위한 혁신이 되었다. 이를 실행할 수 있는 경영자는 계속적인 성장을 보장할 수 있게 되었지만 그렇지 못한 기업들은 미래의 불확실성으로 적응하기 힘들게 된다. 경영자가 의사결정할 때 근거하는 기준은 예산수립을 통한 조정과 통제, 지휘를 가능하게 한다. 따라서 관리자나 직원들은 올바른 원가 마인드를 인식하여 각 단위별 요소를 정확하게 파악해야 할 책임이 있다.

예제

A근로자의 월 평균임금은 ₩1,000,000이다. 하루에 8시간씩 25일 근무한다면 시간당 평균임금은 얼마가 될까?

풀이

월 근로시간은 25일×8시간으로 총 200시간이 되며, ₩1,000,000을 200시간으로 나누면 시간당 평균임금은 ₩5,000이 된다. 이와 같이 직원들은 자신의 시간당 평균임금을 파악할 수 있으며, 각 지원들의 개별 행동에 대한 원가계산이 가능해져 경제적이며 효율적인 업무와 관리감독이 가능하다.

예제

직원이 10개의 부품을 생산하는 데 걸린 시간이 2시간이라면 부품 10개를 만드는 데 발생한 노무비는 얼마일까?

풀이

2시간을 시간당 임금 ₩5,000으로 곱하면 ₩10,000이 된다. 노무비 ₩10,000에 직원이 생산할 수 있는 10개의 부품을 나누면 단위당 노무비는 ₩1,000이 된다.

직원 한 사람이 근무 중에 잡담을 하거나, 커피 마심, 담배 피우는 행위에 대한 행동 하나하나에도 원가가 있다. 이를 계산해 본다면 자신의 행동에 대한 변화를 가지게 될 것이다. 고임금의 경영자일수록 평소의 행동이 원가계산과 직결된다는 것을 알아야 한다. 이를 안다면 비생산적인 활동을 줄일 것이다. 정기적으로 이루어지는 회의시간은 참석자 전원에 대한 시간당 효용가치를 따져 반으로 줄이거나 하지 않을 것이다.

원가계산은 회계 및 재무, 경리, 총무 등 특정 분야의 담당자만이 하는 것이 아니라 소속된 구성원 모두가 명심하고 새겨야 할 규칙이자 매뉴얼이다. 이러한 마인드를 준수하는 기업은 성공적인 경영관리를 유지할 수 있다. 그렇지 못한 기업들은 계속적인 경영에 어려움을 가진다. 경영자를 비롯한 관리자나 현장의 직원 모두가 원가계산을 직접 할 수 있어야 한다. 따라서 소속된 사업단위별 업무과정의 분석과 산출로 현재와 미래의 수요예측이 가능해진다.

6. 원가관리 조직과 직무

효율적인 원가관리 시스템을 운영하기 위해서는 현장의 직원에서부터 최고경영자에 이르기까지 모두가 원가마인드를 가져야 한다. 고객과 최일선에서 대면하는 직원들의 행동은 자연스럽게 그 기준과 절차, 방법을 매뉴얼화해야 한다. 이를 기준으로 시행되지 않으면 고객들은 체계적이지 못하다고 평가할 것이다.

1) 원가관리 조직의 직무

호텔을 비롯한 외식 프랜차이즈 기업, 단체급식, 뷔페, 개별 점포 등은 운영관리에 필요한 원가관리 조직을 구성해야 한다. 기업 특성이나 규모, 위치, 운영방식 등에 따라 알맞은 조직을 구성해야 불필요한 지출을 줄일 수 있다. 직원관리와 경영관리는 원가를 절감할 수 있다는 마인드를 통해 이루어진다. 대부분의 소매점들은 대표자나 점장, 홀의 지배인, 주방의 최고책임자 등을 통해 교육된다. 이들은 식재료의 주문에서부터 검수, 입고, 재고관리, 출고 등 필요한 업무를 지시하게 된다. 따라서 일일 매출액에 대한 추정표와 조정표, 일일보고서, 주간 및 월간보고서 등을 통해 조직의 직무는 체계화될 수 있다.

첫째, 식재료의 부문별, 제품별, 요소별 원가계산을 작성해야 한다.

둘째, 매출액 대비 표준원가와 전월, 전년 동 기간의 원가기준을 비교하여 분석하여야 한다.

셋째, 메뉴계획은 연구개발을 통해 비교 분석되어야 한다.

넷째, 최적의 구매조건과 품목을 선정하여 필요한 수량을 선정해야 한다.

다섯째, 분량에 대한 표준을 정하며 조정, 지휘, 통제로 산출량을 측정하며 지시서를 작성해야 한다.

여섯째, 식재료 원가에 맞는 적정한 가격을 책정해야 한다.

(1) 외식업 원가관리의 목적

업종과 업태 구분 없는 원가마인드는 일상적으로 발생하는 각 사업별, 조직담당자, 현장 직원에 이르기까지 모든 부문에서 관리되어야 한다. 원가관리를 효율적으로 수행하기 위해서는 조직형태에 맞는 경영자, 관리자, 직원을 통한 역할배치와 통일된 목표에서 달성할 수 있다. 이와 같이 식음료 구매와 검수, 저장, 불출, 준비, 조리 등에서 발생하는 식재료비와 노무비, 판매비, 일반관리비, 기타 경비 등은 언제, 어디서나 원가계산(cost accounting)을 통한 정보수집을 활용할 수 있다.

첫째, 최고경영자의 의사결정에 필요한 정보를 제공한다.

둘째, 개인과 조직의 업무수행에 필요한 관리감독을 강화할 수 있다.

셋째, 설정된 원가표준(standards)과 예산 범위는 수익발생에 따른 지출비용을 결정한다.

넷째, 직원 및 고객, 공급자 등 도난, 절도, 사기를 예방할 수 있다.

다섯째, 축적된 자료를 바탕으로 기업목표와 나아갈 방향을 설정할 수 있다.

여섯째, 정정(correction)이 아니라 예방(prevention)으로 이익을 실현할 수 있다.

일곱째, 손실을 최소화하여 수익을 극대화할 수 있다.

2) 원가관리 업무와 기능

(1) 원가관리 업무

원가관리는 기업의 시스템으로 정착될 수 있다. 경영진은 시스템설계와 기획 수정 등 각종 표준과 절차를 통해 즉각적으로 반영할 수 있어야 한다. 직원들은 표준화되지 않거나 분산(variance)되어 구체적으로 제시하지 않으면 그 일을 실행할 수가 없다. 그들은 주어진 업무 내에서만 일하려 한다.

외식기업은 업종이나 업태와 상관없이 원가관리는 모두의 마음가짐과 역할, 책임감에서 이루어져야 한다. 이러한 중심에는 매출 분석과 재고기록이 있다. 메뉴는 고객 선호도(menu sales mix)와 구매를 위한 명세서작성, 식재료별 재고량을 기록하여 일별, 주별, 월별, 분기별, 연간 매출실적에 따라 분석하는 것이다. 방문고객에 대한 식재료 준비와 고객 수를 정확하게 예측하여 마케팅믹스 전략을 수립할 수 있다. 이러한 분석은 서빙직원 편성과 조리 양의 결정, 구매와 검수, 저장관리 등에서 활용할 수 있다.

원가관리가 필요한 주요 기능은 다음과 같다.

① 구매(purchase)

② 검수(receiving)

③ 저장(storage)

④ 불출(issuing)

⑤ 사전준비(PREP : prepreparation)

⑥ 준비(preparation)

⑦ 분량(portion)

⑧ 음식 이동(transfer of food form kitchen to dining room)

⑨ 주문 받기 / 계산서(order taking / guest check)

⑩ 현금 영수증(cash receipts)

⑪ 은행 입금(bank of deposit)

⑫ 외상매출계정(accounts receivable)

(2) 원가관리의 주요 기능

원가관리는 전 직원들의 협력하에 관리감독을 강화할 수 있다. 조직체계의 기능과 역할은 특성에 따라 차이가 있으며, 수정과 피드백으로 보완되어야 한다. 백분율(%) 계산은 결과가 아니라 각 기능의 정보를 종합하여 분석한 후 결정되어야 한다. 기초적인 접객 행위와 판매활동은 영업계획을 통해 자사가 정한 규정에서 올바르게 수행하고 있는가를 보고할 책임이 있다. 그에 따른 기능은 〈그림 1-2〉와 같다.

첫째, 구매업무(purchasing)는 회사방침에 따라 시장을 조사하며, 공급자 선정과 가격비교 등 정보를 파악해야 한다. 식재료 매입에 따른 품질수준과 양, 계절적인 요인 등을 분석해야 한다.

둘째, 검수(receiving)는 자사가 정한 식재료 종류와 품질, 가격, 규격, 크기, 용량 등이 표준화된 기준에 맞게 도착되었는가를 확인하는 단계이다. 손상된 식재료나 유통기한, 부정확한 가격, 기준에 미달되는 식재료 등은 신속하게 반품해야 한다.

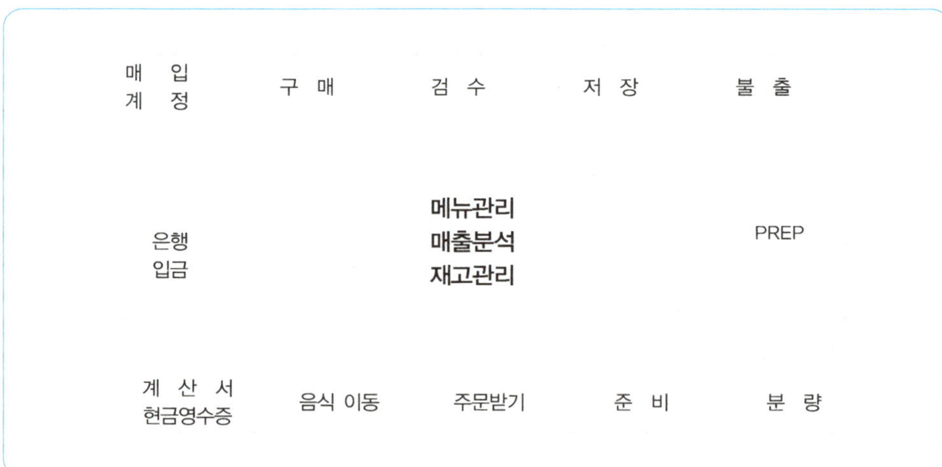

〈그림 1-2〉 원가관리의 주요 기능

셋째, 저장(storing)은 공산품과 채소, 축산물, 비품, 소모품 등을 구분하여 적정한 온도와 통풍, 해충 등에 따른 피해가 없도록 관리해야 한다. 최상의 품질을 유지하며, 더 이상 나빠지지 않도록 부패나 절도, 도난을 예방하는 것이다.

넷째, 출고(issuing)는 기업에서 정한 방침에 따라 창고에서 F/B에 배분하여 양과 가격을 설정하여 공급하는 것이다. 입고, 출고, 재고관리 등 목록표를 작성하여 정확하게 전달되었는지 확인, 검수, 사인을 받아야 한다.

다섯째, 사전준비(pre-preparation)는 고객에게 제공할 요리종류에 따라 준비하는 예비과정이다. 미완성된 식재료를 조리하기 위해서 다듬거나 자르기 등 손질하는 것을 의미한다.

여섯째, 준비(preparation)는 고객 주문에 따라 조리사에 의해 요리되는 과정으로 손님에게 접객하기 전의 단계이다. 식재료에 대한 원가와 품질을 관리하는 과정으로 좋은 식재료와 표준화된 조리법을 필요로 한다.

일곱째, 양 조절(portion control)은 과다하거나 부족한 식재료로 인해 메뉴믹스과정이 실행되지 못할 경우, 이를 예방하기 위해 운영하는 기능이다. 품질기준이 지켜지지 않거나 신뢰를 저하시키면 기업에 나쁜 영향을 미쳐 이미지를 실추시킨다.

여덟째, 주문요청과 계산(order taking / guest check)은 주방에서 요리된 음식이 고객에게 전달되는 과정을 의미한다. 업종이나 업태, 점포 분위기, 규모, 혼잡 정도, 서비스 방식 등에 따라 접객태도는 차이가 있다. 맛있게 식사한 후 계산 착오나 대기시간 등으로 오해가 생길 수 있으므로 주문에 맞는 정확한 계산과 신속성이 요구된다.

아홉째, 영수증(cash receipts)은 메인 캐셔가 관리하는 단계이다. 계산 과정의 카드와 현금영수증, 외상계정 등 고객의 지불조건에 맞게 정확하게 계산되어야 한다. 착오나 팁 요구, 불편사항 등을 확인하여 즉각적으로 처리하며, 마지막까지 고객이 즐거운 마음으로 매장을 떠날 때까지 환송되어야 한다.

열 번째, 외상매출금 계정(accounts receivable)은 미수금으로 주간 · 월간 결재 고객을 말한다. 정부나 자치단체, 시민사회, 기업 등의 고객들로 조직의 승인하에 계정이 성립된다. 하지만 많은 매출액을 발생시켜도 재화가 들어오지 않으면 경영은 어렵게 된다. 미결재는 원가상승의 원인으로 되며, 식재료 부실과 직원 급료, 각종 공과금 미지급, 광고홍보 등의 어려움으로 경영을 악화시킨다. 따라서 점포의 여신관리에 따른 정확한 관리시스템을 필요로 한다.

CASE STORY 현장에 있다(physical presence)는 것이 원가관리의 전부는 아니다

외식 경영자들은 자신의 업소에서 너무 많은 시간과 일을 하고 있다. 점포에 있는 이유는 직원 관리에 대한 인력문제와 도난, 근무태만, 고객관리 소홀 등을 확인하기 위해서이다. 매장을 지킨다는 것은 고객들에게 중요한 메시지를 전달하는 것이다.

현장에서는 비효율적인 운영관리 요소들은 항상 존재한다. 영업 현장에 있다는 것(physical presence)은 고객에게 신뢰를 주는 것이다. 하지만 점포 내에 있다 하여 전체적인 업무내용을 다 파악할 수는 없다. 홀에 있을 때는 주방의 조리사가 어떻게 준비하며, 어떤 일을 하는지 알 수가 없다. 주방에 있다면 홀 서빙 직원들이 준비하고 손님을 접대하는 데 필요한 일을 정확하게 파악하지 못한다. 모든 음식이 어떤 접시에 담겨져 손님에게 제공되는지 매장에 있다 하여 다 알 수는 없다. 하지만 경영자들은 현장에 있어야만 자신의 역할을 다하는 것이다.

효과적인 원가관리는 직원들에게 권한위임(empowerment)을 부여하는 것이다. 직원들의 직무는 실수나 실패에서 소중한 경험과 창의성을 발휘하여 고객만족을 강화할 수 있다. 학습이란 다른 사람들을 통해 배우는 것이다. 경영자들이 생각하는 것처럼 잘하지 못하더라도 책임과 권한에 따른 의무감으로 고객만족을 실현할 수 있다.

고객사에게 회사 창고키를 맡기면서 "필요한 만큼 꺼내가라" 유토피아 경영의 미라이 공업은 정년 70세, 연간 140일 휴일, 5년마다 전 직원 해외여행 등 샐러리맨의 천국으로 불린다. 이러한 파격적 복리후생 정책은 대기업 마쓰시타를 누르고 동종업계 1위의 점유율과 영업 이익률을 유지하는 비결이다. 아직도 많은 기업들은 직원들이 근무 외, 자기개발에 관심을 갖는 것을 부정적으로 생각한다. 소속 회사에 충성심을 보이기를 기대한다.

레스토랑에 근무하는 시간급, 비정규직 및 일부 매니저들은 상대적으로 이직률이 높다. 여러 가지 이유가 있겠지만, 업무에 대한 개인적 기여도나 접객 태도의 품질을 평가하는 것은 한 달에 얼마나 많은 일을 하였으며, 성과는 얼마나 달성하였는가를 통해 평가하기 때문이다. 지난주 80시간 동안 일을 하고 하루도 쉬지 않았다는 사람들이 있다. 일부 경영자들은 그러한 행동을 영광스럽게 생각할 수 있지만 부모, 배우자, 자녀들에게는 소홀한 가장일 뿐이다. 모든 경영자들이 식재료와 인건비, 기타 경비, 제세공과금 등에 관한 것을 다 파악하여 감독할 수는 없다. 현장에서 하나하나 확인하는 것도 어렵지만 육안으로 식별하기는 더욱 어렵다. 따라서 직원들의 근무환경 개선과 부정적 영향요인을 제거하는 것이 중요하다.

California Pizza Kitchen 체인은 재고관리 실태와 메뉴판매 과정을 점검하였다. 팔리는 매 순간마다 표준화된 포션(portion)에 사용된 식재료 재고량이 줄어든다는 것을 확인하였다. 특정 점포의 모짜렐라 치즈(mozzarella cheese)가 25파운드(약 11.4kg)의 차이를 보이는 것으로 보고되었다. 경영진은 치즈를 사용하는 모든 메뉴들의 조리과정을 확인한 결과, 직원들이 0.25oz(약 7g) 정도 더 사용하는 것으로 확인하였다. 피자의 조리과정만으로 문제점을 발견할 수는 없다. 1개에 0.25oz는 소량이지만 월간 팔린 양을 고려하면 25lb이 된다. 이처럼 원가와 매출분석을 하지 않으면 부족한 이유를 파악할 수 없다.

직원들이 근무하는 시간대비 양을 근거로 업무를 잘하는 것으로만 판단한다면 점포관리를 할 필요성이 없다. 가맹 본부는 슈퍼바이저(supervisor)를 이용하여 기업목표와 비전을 제시하며 매장관리와 운영에 필요한 레시피, 직원관리, 판매방식, 광고, 가격설정 등을 지도하여 관리하기 때문이다.

기업은 각종 보고서에 나타난 숫자를 통해 경영성과를 확인할 수 있다. 점포의 각종 기록은 매니저와 관리자의 눈이 된다. 메뉴별 판매량과 고객 수, 인건비, 구매, 재고 등 현장에서 직접 확인하면서 파악할 수 있다. 이러한 자료는 구매 금액과 재고 차이에서 발생되며 직원 관리를 잘못하였거나 과도한 편성으로 매출부진을 일으킬 수 있다. 따라서 원가절감을 위한 관리는 현장상황을 파악할 수 있는 기준이 된다.

Chapter 2

원가구성과 분류

진정한 무엇인가를 발견하는 여행은
새로운 풍경을 바라보는 것이 아니라 새로운 눈을 가지는 것이다.

– *Marcel Proust* **(프랑스 작가)**

[Chapter 2] 원가구성과 분류

하루하루를 어떻게 보내는가에 따라 우리의 인생은 결정된다.
– Annie Dillard (미국 작가)

1. 원가의 개념정의

1) 원가의 개념

원가(cost)란 재화를 얻기 위해 상품과 서비스, 용역을 제공하여 희생된 자원의 경제적 가치를 말한다. 경영활동을 위해 소비한 것으로 특정한 목적으로 소비된 경제적 가치를 화폐액으로 표시한 것이다. 한자로 풀이하면, 원래 원(原)자에 값가(價)로 만들어진 제품의 원래가치를 의미한다.

레스토랑 경영에서 원가란 화폐로 측정할 수 있는 상품, 서비스, 용역을 생산하기 위해 경제성을 따져야 한다. 원가를 획득하는 과정에서 비용이 발생하게 되는데 이를 원가의 소멸이라 한다. 과거에 발생한 원가에서 수익(revenue)을 얻기 위해 지출된 비용(expense)과 소멸되지 않고 재산으로 남는 자산(asset)으로 분류할 수 있다.

(1) 제품생산을 얻기 위해 소비된 것

원가는 생산기업에서 소비된 일체의 경제적 가치를 말한다. 제품 생산과 직접적으로 관련이 없는 소비행위나 화재, 도난 등에 의해 발생한 손실과 제조활동에 참여하지 않은 인건비는 포함되지 않는다.

(2) 경제적 가치로 소비된 것

원가는 경제적 가치에 따라 결정되지만 반드시 금전적 수입과 지출 요건을 전제로 하는 것은 아니다. 증여받은 원재료나 자가 생산의 식재료일지라도 생산을 위해 소비된 것이라면 원가에 포함시킬 수 있다. 반면에 구입한 토지는 생산공장의 부지로 사용했다 하더라도 소비된 것이 아니므로 원가라 할 수 없다.

(3) 재화로 측정 가능한 것

원가는 재화로 측정 가능해야 한다. 화폐로 측정할 수 없는 경영자의 관리능력이나 직원들의 사기, 동기 등은 메뉴 상품을 만드는 데 사용되었다 하더라도 원가발생으로 보기는 어렵다.

2) 원가관리의 정의

원가관리(cost control)란 원재료의 계산을 근거로 경영활동에 대한 전반적인 운영과 매뉴얼, 생산과정에서 발생할 수 있는 절감과 개선활동을 말한다. 원가절감을 목적으로 계획하며, 달성된 계획을 통제하는 것이다. 계획은 기업의 구조적인 변화를 전제로 다각적인 검토와 수정에서 가능하다. 이익을 실현하기 위해서는 역할분담과 노력, 책임감 등을 명확히 해야 한다. 원재료비와 노무비, 기계장치의 감가상각비, 부품비, 광고비, 기타 경비 등 생산 및 판매활동을 위해 소비한 물품이나 서비스, 용역 등의 경제적 가치를 포함한다.

레스토랑의 최대지출은 재료비와 인건비이다. 구매와 검수, 입고, 출고, 조리계획과 생산, 메뉴 단위당 분량과 규격, 가격결정, 서비스를 통한 판매에서도 원가관리가 중요하다. 완제품을 만드는 과정에서 손실이 발생하며, 잔여분을 효율적으로 관리할 매뉴얼이 필요하다. 생산활동을 통제하고 경영목표와 방침에 따라 품질과 분량, 합당한 지표에서 이익을 달성할 수 있다. 이러한 원가관리는 계산에만 그 목적이 있는 것이 아니라 계획에서 판매까지 구체적인 실천방안을 필요로 한다.

첫째, 원가의 구분을 명확하게 하며, 담당자와 책임자를 두어야 한다.

둘째, 각 원가의 책임자 입장에서 관리 가능한 원가와 불가능한 원가를 구별하여야 한다. 관리 가능한 원가는 목표달성의 기준치를 설정할 수 있지만 불가능한 원가는 표준치를 설정할 수 없게 된다.

셋째, 표준원가와 실제원가를 비교하여 문제 원인을 파악하여 개선할 수 있어야 한다. 원가관리 책임에 따른 구분과 성과 차원에서 개선 가능한 목표를 세우며, 표준원가와 실제원가의 차이를 줄여나가는 것이 중요하다.

미국 레스토랑연합회(NRA : national restaurant association)는 영업현황을 다음과 같이 보고하였다. 기업의 재무제표를 분석한 결과 성공과 실패의 차이는 매출의 3% 내라 하였다. 모든 경비와 세금을 납부한 후 기업의 순수한 이익은 매출의 0.5~3% 범위 내로 나타났다. 이러한 작은 차이가 성공을 좌우한다.

경영자의 궁극적인 목표는 이익을 창출하는 것이다. 음식점 경영은 메뉴와 음료, 서비스판매에서 매출액을 결정한다. 고객은 양질의 상품을 저렴하게 공급하여 그들에게 혜택을 주었을 때 만족하게 된다. 이러한 과정은 경기 및 점포상황, 개별 경영자의 능력에 따라 다를 수 있다. 세계적 불황은 각 국가의 경기침체와 고용 한계로 어려움을 가속화시킨다. 경쟁은 갈수록 심화되며, 경영성과는 일정 시간이 경과된 후 안정된 매출과 계속적인 영업여부를 결정하게 된다. 따라서 모든 경영자들은 좋은 이익을 기대하지만 시장은 쉽게 성공을 허락하지 않는다.

특정상권 내 지역을 대표한다는 것은 고객평가가 끝난 후에 가능하다. 성공과 실패는 경영자의 개인적 노력과 의지, 집념만으로 이루어질 수 없지만 사업을 시작하는 많은 사람들은 실패를 전제하지 않는다. 실패란 계속적인 영업과 이익을 창출하지 못할 때 생기는 결과물로 점포를 개설할 때 들어가는 인테리어 비용과 시설 및 장비, 기기와 기물, 비품, 임차료, 정직원의 인건비, 각종 공과금, 광고홍보비, 감가상각비 등이 소멸된다. 따라서 소중한 자산과 시간, 노력, 마음의 상처 등 피해손실을 경험으로 치부하기에는 너무나 큰 정신적, 신체적 고통을 수반하기 때문에 실패를 두려워하는 것이다.

2. 원가의 구성

제품에 대한 원가 구성요소는 여러 단계를 거쳐 판매가격 결정으로 연결된다.

1) 직접원가

특정 제품의 생산을 위해 소비된 원가 중에서 직접비로만 구성된 것을 직접원가(direct cost)라 한다. 예를 들어 BBQ의 combination chicken을 조리하기 위해 사용된 직접재료비 ₩4,000과 직접노무비 ₩1,000을 합한 ₩5,000을 직접원가라 할 수 있다. 이를 공식으로 나타내면 다음과 같다.

⁕ 직접원가 = 직접재료비 + 직접노무비

2) 제조원가

직접원가에서 일정한 기준에 의해 배정된 제조 간접비를 가산한 금액을 제조원가(manufacturing cost)라 한다. 예를 들어 BBQ의 combination chicken을 만들기 위해 소비된 직접원가 ₩5,000에서 제조 간접비 ₩2,000을 가산한 ₩7,000이 제조원가가 된다.

⁕ 제조원가 = 직접원가 + 제조 간접비

3) 총원가

제조원가에서 판매비와 관리비를 가산한 금액을 총원가(manufacturing cost)라 한다. 예를 들어 BBQ의 combination chicken을 조리하기 위해 소비된 제조원가 ₩7,000 중에서 판매비와 관리비 ₩4,000을 가산한 금액인 ₩11,000은 총원가가 된다.

⁕ 총원가 = 제조원가 + 판매비와 일반관리비

4) 판매가격

레스토랑에서 특정 메뉴를 조리하는 데 소비된 제조원가와 판매비 및 일반관리비만을 계산해서는 지속적인 영업과 성장을 유지하기가 어렵다. 경영에서는 일정한 이익이 발생해야만 계속적인 영업이 가능해진다. 총원가에서 일정 이윤을 가산하여 금액을 결정하게 되는데 이때 결정된 가격이 판매가격이 된다.

예를 들어 BBQ의 combination chicken을 조리하기 위해 소비된 총원가 ₩11,000에서 이익금인 마진을 20%로 결정하였다면 ₩2,200이 된다. 이를 가산하면 ₩13,200의 판매가격이 된다.

※ 판매가격(소비자가격) = 총원가 + 이익

이상과 같이 원가 구성과정을 종합하면 〈그림 2-1〉과 같다.

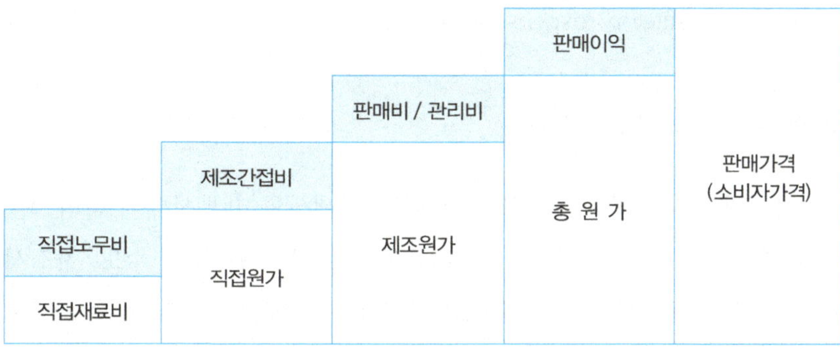

〈그림 2-1〉 원가 구성과정

3. 원가의 분류

기업의 경영활동 과정에서 발생하는 원가는 사용목적에 따라 다음과 같이 분류할 수 있다.

1) 발생형태에 따른 분류

원가는 여러 가지 요소로 구성되지만 발생형태에 따라 다음과 같은 특징이 있다.

첫째, 제품을 제조하기 위해 소비되는 식재료 원가를 원료비 또는 재료비(material cost)라 한다. 이는 필요에 따라 주 재료비와 부분 재료비, 보조 재료비, 소모품비, 비품으로 구분할 수 있다.

둘째, 제품을 생산하기 위해 들어간 노동력을 소비하므로 발생하는 원가를 노무비(labor cost)라 한다. 제조활동과 관련된 인건비를 의미하지만 노무비는 임금과 차이가 있다. 임금은 제품생산을 위한 노동력으로 지급하는 대가이다. 노무비는 매입한 노동력을 소비함으로써 생기는 원가요소를 말한다. 소비형태에 따라 직접노무비와 간접노무비로 나뉜다. 직접노무비는 제품 생산에 직접 종사하는 사람에게 지급되는 비용이다. 간접노무비는 간접 작업자의 임금과 휴업임금, 퇴직 적립금 등 복지후생비 등을 포함한다.

셋째, 원가 중에서 재료비와 노무비를 제외한 일체의 비용을 소비함으로 인해 발생하는 원가를 경비(factory expenses)라 한다.

2) 제품 관련성에 따른 분류

원가요소는 처음부터 정해지는 것이 아니라 발생상황이나 상태에 따라 직접비와 간접비가 된다. 음식을 조리하는 데 필요한 작업장에는 형광등과 수도, 가스시설 등이 설치되어 있다. 메인요리와 사이드요리를 만드는 동안 전기료와 수도, 가스비가 발생하는데 이때 들어간 전기세와 수도세, 가스세를 메인요리의 원가에 포함시킬 것인가? 사이드메뉴의 원가에 포함시킬 것인가? 아니면 모두를 포함하여 원가를 계산할 것인가?의 문제가 발생한다. 음식은 다양하게 판매될 수 있기 때문에 들어가는 비용은 같을 수도 다를 수도 있다.

조리와 판매에서 직접적으로 소비되는 것으로 인식되는 원가를 직접비(direct cost)라 한다. 메뉴별 원가를 분류하였을 때 형성되는 개념으로 구성항목에 따라 직접재료비와 직접노무비, 직접경비로 분류할 수 있다. 예를 들어 메인요리와 사이드요리를 만드는 데 사용된 전기세와 수도세, 가스비는 생산에서 공통적으로 발생한 원가이므로 따로 관련시킬 수 없다. 이와 같이 개별 제품에 대해 직접적으로 파악할 수 없는 원가를 간접비(indirect cost)라 한다.

각 부문에 공통적으로 사용되는 비용으로 간접재료비, 간접노무비, 간접경비로 구성된다. 제품 제조와 관련하여 발생하는 제조 간접비와 제품 판매와 직접 관련된 것을 판매 간접비라 한다. 이와 같이 두 종류 이상의 제품을 생산하는 레스토랑은 제품별로 원가를 계산하기 위해서는 정확한 재료비와 노무비, 경비를 특정 제품에 직접 관련시킬 수 있느냐에 따라 직접비와 간접비로 분류할 수 있다. 그 관계를 표시하면 〈표 2-1〉과 같다.

〈표 2-1〉 직접비와 간접비의 관계

원가요소	직접비	간접비
재료비	직접재료비	간접재료비
노무비	직접노무비	간접노무비
경 비	직접경비	간접경비

3) 원가형태에 따른 분류

원가형태(cost shape)란 조업 수준의 변화에 따른 반응으로 증감에 따라 원가의 발생액이 일정한 형태로 변화할 때 생기는 측면(aspect)이 있다. 일정기간 동안 생산, 설비를 이용하는 정도는 기업의 최대 생산규모의 몇 %를 현재의 생산에 운영할 수 있는가를 의미한다. 여기에서 조업도가 80%라면 기업이 가지는 자원을 바탕으로 최대 생산할 수 있는 총 생산의 80%를 현재 생산하고 있음을 나타낸다. 낮은 조업도는 손실 또는 적은 생산으로, 높은 조업도는 많은 생산과 연결된다. 하지만 100% 이상의 조업도는 기계의 과다 사용과 초과 노동으로 인건비를 높여 당기의 원가계산에 나쁜 영향을 줄 수도 있다.

(1) 변동비

원가란 특정 목적을 달성하기 위해 희생된 자원을 말한다. 여기에는 고정비와 변동비가 있다. 원가의 발생형태가 조업의 변화와 상관없이 일정하게 발생하는 원가를 고정비라 한다. 조업도의 변화에 비례하는 원가를 변동비(variable cost)라 한다.

레스토랑에서 특정 메뉴의 원가는 해당 메뉴가 인기 있으면 고객으로부터 주문이 많아 주방에서 조리를 많이 하게 된다. 비례하여 총원가가 증가하지만 인기가 없으면 감소하게 된다. 이와 같이 조업 수준의 변동에 따라 직접적으로 비례하여 발생하지만 중단되었을 때는 발생하지 않을 수 있다. 변동비는 대부분 재료비와 부품비, 작업비, 파트타임 인건비, 수수료, 광고비 등을 말한다. 단위당 원가가 일정하며 총원가는 조업도와 정비례하여 변화하게 된다. 이러한 변동비에 속하는 원가요소는 조업도의 변화에 따라 동일한 영향을 받는 것이 아니라 그 변화 정도가 다르다 하여 비례비, 체감비, 체증비로 구분된다.

첫째, 비례비는 원가 발생이 생산량의 증감에 따라 정비례하는 변동비로 직접재료비와 직접노무비로 분류된다.

둘째, 체감비는 생산량의 증감에 따라 원가도 증감하지만 비율이 생산량의 증감 비율보다 약한 원가요소로 연료비와 동력비를 말한다.

셋째, 체증비는 생산량의 증감에 따라 원가도 증감하지만 변동비율이 생산량의 증감 비율보다 큰 경우를 말한다. 여기에는 야간 작업수당을 더 지급하는 노무비를 들 수 있다. 이러한 변동비를 그래프로 나타내면 〈그림 2-2〉와 같다.

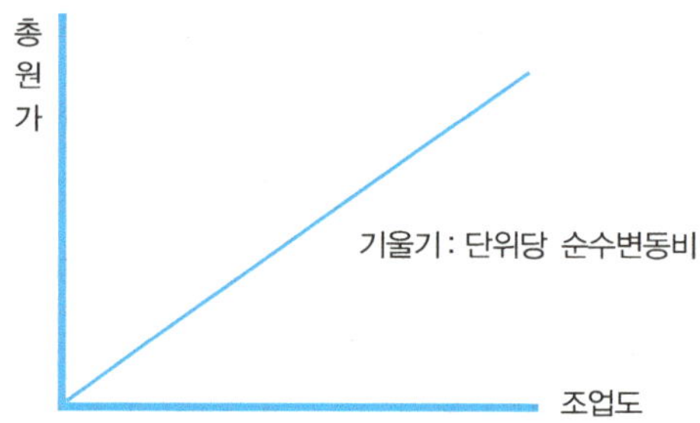

〈그림 2-2〉 변동비

(2) 고정비

일정기간 동안 조업도의 변동과 상관없이 항상 발생하는 원가를 고정비(fixed cost)라 한다. 고정 자산의 감가상각비와 경영자 및 관리자, 정직원의 급료, 보험료, 임차료, 지급이자, 제세공과금 등이 여기에 속한다. 기간 내 일정한 조업도의 범위 내에서만 고정적이다. 관련 범위 내의 발생액은 항상 일정하기 때문에 조업도가 증가하면 증가할수록 단위당 고정비의 부담액은 점점 감소하게 된다. 대량생산의 경영에서 규모의 경제(economy of scale)를 실현할 수 있다. 생산량이 증가할수록 단위당 고정비의 크기가 감소된다.

주방에서 메뉴를 조리하기 위해 사용되는 각종 장비의 감가상각비나 임차료, 보험료, 지급이자 등은 음식의 생산과 상관없이 일정하게 발생된다. 이를 고정비라 하며, 그래프로 나타내면 〈그림 2-3〉과 같다.

〈그림 2-3〉 고정비

(3) 준변동비

조업수준과 변동에 관계없이 일정하게 발생하는 고정비와 조업수준의 증감에 따라 비례하는 변동비를 말한다.

조업도가 0인 경우 일정액이 발생하지만 증가하면 비례하여 증가하는 요소를 준변동비(semi-variable cost)라 한다. 여기에는 전기세와 수도세, 가스비, 기계수리, 현장직원의 급료 등은 사용하지 않아도 기본비용은 지출해야 한다. 하지만 조업도 및 사용량이 많아지면 비례하여 증가하게 되는데 이를 준변동비라 한다. 그래프로 나타내면 〈그림 2-4〉와 같다.

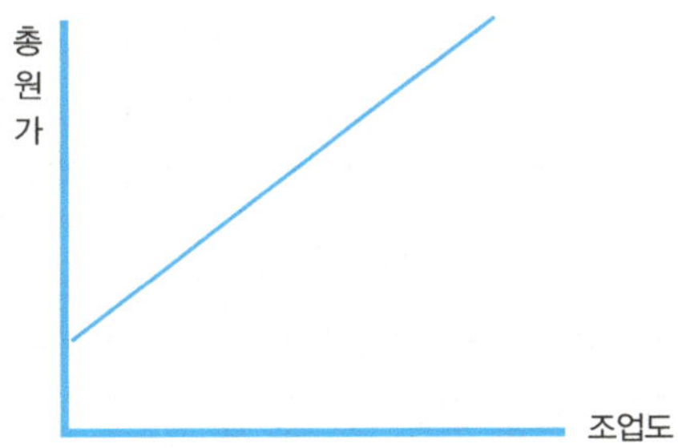

〈그림 2-4〉 준변동비

(4) 준고정비

일정한 범위 내 조업도의 변화에서는 고정적(불변적)이지만 그것을 넘어서면 급증하여 다시 고정화되는 원가요소를 준고정비(semi-fixed cost)라 한다. 실제 준고정비와 준변동비의 구별은 모호한 경우가 많아 구분이 어렵다. 원가 계산에서는 고정비, 변동비 중 어느 한 곳에 귀속시켜 합리적인 방법으로 결정하여 계산하는 것이 보다 타당한 원가관리 방법이 된다.

단체급식이나 출장연회에서 메뉴를 준비하기 위해 조리사를 고용하게 된다. 한 사람의 요리사가 특정 메뉴를 50인분 조리할 수 있다면, 70인분을 조리하기 위해서는 두 사람의 조리사가 필요하다. 이를 해결하기 위해 추가적으로 조리사를 고용해야 하지만 실제로는 추가적인 근무를 하거나 파트직원을 고용하게 된다. 이와 같이 특정 범위(50인분)의 조업도에 따른 비용은 고정비로 일정하게 지출되지만 이 범위를 벗어나면(20명분) 일정액만큼 증가(파트타임 인건비)하는 원가를 준고정비(semi-fixed cost)라고 한다. 이를 계단원가(step cost)라 한다.

예를 들어 스마트폰을 사용하는 A라는 사람의 요금제가 42요금제(무료통화 몇 분, 메시지 몇 건, data 2GB 등)인데 이를 초과하였을 때 부과되는 비용을 말할 수 있다. 이를 그래프로 나타내면 〈그림 2-5〉와 같다.

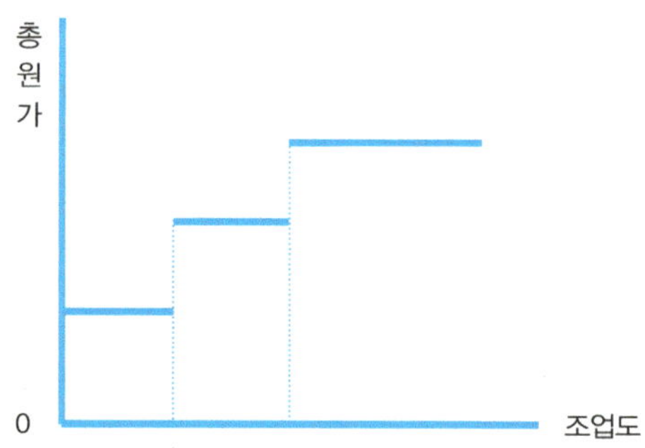

〈그림 2-5〉 준고정비

4) 제조활동 관련성에 따른 분류

특정 제품의 원가가 제조하기 위해 소비되었는가? 또는 제품 제조와 관련 없이 소비되었는가에 따라 제조원가와 비제조원가로 분류된다.

(1) 제조원가

제품제조를 위해 직접 또는 간접적으로 소비한 일체의 경제적 가치에 대한 합계액을 제조원가(manufacturing cost)라 한다. 일반적으로 원가를 표현할 때 제조원가를 의미하지만 재료비와 노무비, 경비로 분류하여 이를 직접비와 간접비로 구분하게 된다.

가. 직접재료비(direct material cost)

완성된 제품을 육안으로 식별하거나 완성시키는데 직접 소비되었을 것으로 판단되는 재료비를 의미한다. 예를 들어 배추김치에 들어가는 고춧가루나 마늘, 파, 생강 같은 항목은 일일이 추적하여 김치제품에 부담시켜 계산하기가 힘들다. 정확한 제조원가를 파악하여 얻는 이익보다 실무적으로 계산하는 데 드는 비용이 더 크기 때문이다. 이와 같이 보조적으로 들어가는 항목을 소모품비와 간접 재료비로 분류할 수 있다.

직접 재료비란 제품을 생산하는 데 사용되는 원재료의 원가 중에서 특정 제품을 생산하는 데 직접적으로 들어가는 원가를 말한다. 음식의 재료와 음료원가를 말하지만 배추김치의 배추재료가 여기에 속한다.

나. 직접노무비(direct labor cost)

노무비 중에서 제품을 완성시키는 데 직접 소비된 비용을 말한다. 특정 제품에 직접 부과할 수 있는 노동력의 소비에서 발생하는 원가이다. 반면에 조리사, 홀 서빙직원의 임금 외, 식재료 검수, 저장, 재고 관리자 등 특정 메뉴에서 추적하기 힘든 비경제적인 임금을 간접노무비라 한다.

다. 제조 간접비(indirect manufacturing cost)

직접 재료비와 직접노무비를 제외한 모든 원가로 제조과정과 관련된 비용을 말한다. 제조 간접비는 조업도의 변화와 함께 증감하는 변동제조 간접비이다. 고정제조 간접비는 조업도와 무관하게 일정 금액이 지속적으로 소비되는 제조 간접비를 말한다. 이들의 구분은 제품원가에 대한 배분과 통제에서 중요한 결정변수가 된다.

(2) 비제조원가

직원에게 지급한 판매 수수료, 수당이나 사무직원의 급료 등은 제품의 제조와 직접 관련 없이 소비된 비용이다. 직접 관련성 없이 소비된 경제적 가치를 비제조원가라 한다. 이것은 판매비와 일반관리비로 분류할 수 있다.

일반관리비와 판매비는 기간 비용으로 처리하며, 매출 총이익에서 공제하여 영업이익을 산출하게 된다. 영업이익을 증대시키기 위해서는 제조원가를 절감하는 노력을 기울여야 한다.

가. 판매비(selling cost)

판매를 위한 비용으로 기업 활동의 전반적인 관리에 소비되는 상품과 반제품, 용역으로 이를 일괄적인 영업비라 한다. 제조활동에 따라 발생하는 제조비용과 구별되며, 판매 활동에 따라 발생하는 비용을 말한다. 직원의 급여나 판매 수수료, 운송비, 포장 운반비, 광고 선전비 등을 말한다.

나. 일반 관리비(administrative cost)

상품을 생산, 제조, 판매하는 부문의 비용이 아니라 총무, 인사, 기획, 회계, 재무 등과 같이 관리부문에서 발생하는 비용을 말한다. 임원, 사무원의 급료, 수당, 감가상각비, 지대, 집세, 수선비, 사무용 소모품비, 통신비, 교통비, 보험료, 교제비 등이다. 매출 원가에 대한 판매비와 일반관리비 부문으로 가장 많이 차지하게 되는데 단위당 영업이익을 많이 내려면 일반관리비를 절약하는 것이 중요하다.

CASE STORY 외식현장에서 성공적인 외식경영과 '원가 들여다보기'

** 메뉴설계, 재고관리, 매출분석은 원가관리의 기본적 요소이다

레스토랑 경영에서 전반적인 원가관리의 순환과정은 메뉴계획과 재고관리, 매출분석에서 이루어진다. 메뉴 수가 많다는 것은 원가관리의 복잡함을 의미한다. 제한된 몇 가지의 메뉴는 백화점 식으로 나열된 많은 종류보다 관리가 편리하다. 매출분석 없이는 원가관리의 타당성을 확보하기 힘들다. 주문과 재고량, 조리양은 예상되는 매출을 기초하여 산출하게 된다. 이는 셰프(chef)나 지배인에게만 맡길 수 없는 사항이기 때문이다.

레스토랑의 높은 이직률을 감안할 때 어버이날, 어린이날, 크리스마스 등과 같은 날은 지난해의 매출분석을 통해 직원관리가 필요하다. 근무 직원들은 계속적으로 근무하리라는 확신이 없기 때문에 미리미리 연중행사에 대비하는 관리가 중요하다.

외식기업의 성공은 수익성에 따라 메뉴관리의 중요성이 제시된다. 높은 금액으로 지출되는 비용은 항상 관심을 가져야 한다. 훌륭하게 디자인된 차림표는 레스토랑에서 희망하는 객단가나 식재료비 원가를 반영한 매출액 달성에 큰 역할을 한다. 구매에서 검수, 저장, 불출, 준비, 조리과정에 따라 직원들의 근무편성과 영업수준을 결정해야 한다. 특히 절도나 도난, 과분량, 과소분량, 쓰레기 등이 발생한다면 경영자들은 이를 파악해야 한다. 얼마를 준비하여 얼마가 남았는지, 조리 양을 비교하지 않은 매출액은 무의미하다.

매출의 정확한 예측은 과거의 기록에서 계산할 수 있다. 일일보고서나 주별, 월별, 분기별 매출액과 원가, 고객 수, 객단가, 메뉴인기도 등에 따른 공헌이익을 파악해야 한다. 효율적인 구매를 위해서는 구매할 품목과 거래처, 가격비교, 양, 재고관리 등 원가관리 측면을 고려해야 한다.

필요 양을 구매할 때 부패하기 시작한 식재료나 관리 잘못으로 창고에서 썩고 있는 재료가 있는지 확인해야 한다. 음식은 식재료 구매에서부터 조리, 고객주문, 서빙, 식사 완료, 계산, 배웅까지 전 과정에서 평가된다. 그렇기 때문에 원가관리 측면에서는 정기적인 확인과 관리가 중요하다.

Chapter 3

원가 – 조업도 – 이익 관계

한번도 실패하지 않았다는 것은
새로운 일을 전혀 시도하지 않았다는 신호이다.

– *Wood Allen* (미국 영화감독)

[Chapter 3] 원가 – 조업도 – 이익 관계

> 학습이란 이미 알고 있던 것을 재발견하는 것이며 행동은 아는 것을 실천에 옮기는 것이다.
> – *Richard Bach (미국의 소설가)*

기업은 본질적으로 이익을 창출하기 위해 경영활동을 하는 집단이다. 원가 – 조업도 – 이익분석(CVP: cost- volume-profit analysis)은 생산량(조업도)의 단기적인 변화가 기업원가와 이익에 어떠한 영향을 미치는가를 분석하는 기법으로 경영관리자의 의사결정에 도움이 된다. 기업의 규모와 상관없이, 기존 사업을 계속 수행할 것인가? 신규출점할 것인가?를 결정할 때 사용하는 손익분기점(BEP : break-even point) 파악은 필수적인 절차이다. 내부적으로 제공되는 원가정보를 이용하여 예상손익분기점을 계산하고 이보다 높은 규모의 매출을 달성할 근거가 충분할 때 진행하게 된다.

조업도의 변동이 원가와 이익에 미치는 영향을 분석하는 기법으로 계획수립과 가격결정, 전략수립, 특별주문 수락, 자가 제조여부 직원만족 등 여러 형태의 의사결정에 거시적이면서도 포괄적으로 적용된다. 모형체계는 복잡한 구조를 몇 가지로 단순화하여 방향성을 나타내며, 단기적인 문제해결과 조업도를 예측하는 데 사용된다. 이 중 하나가 변화하면 다른 요인은 어떻게 영향을 미치는지 생산과정의 결정과 자산획득, 설비투자, 판매방법 등 경영관리자들의 선택에 도움이 된다. 궁극적으로 원재료의 절감이나 운영방법의 개선, 매출 증가 등 이익을 실현하는 데 유용한 자료가 된다.

1. 원가 – 조업도 – 이익(CVP) 관계

원가와 조업도, 이익은 복잡한 상관관계를 가져 상호 간에 영향을 미친다. 원가는 가격에 따라 판매량에 영향을 미치기 때문에 시장의 여러 환경을 고려하여 결정되어야 한다. CVP 분석에서 조업도는 매출액 또는 판매액으로 나타낼 수 있다. 이를 공식으로 소개하면 다음과 같다.

✻ 매출액(S) = 원가(C) + 이익(P) 또는 손실(L)

매출은 식음료 원가, 판매비, 일반관리비, 이익 등과 서로 관련이 있으므로 다음과 같이 나타낼 수 있다.

✻ 매출액 = 식음료원가 + 판매관리비 + 간접비 + 이익

여기에서 식음료 원가는 변동비이고, 판매관리를 위한 인건비는 변동비와 고정비 모두에 포함되며, 간접비는 고정비이므로 다음과 같이 줄여서 계산할 수 있다.

✻ 매출액(S) = 변동비(VC) + 고정비(FC) +이익(P)

위 식은 원가 - 조업도 - 이익 분석의 기본 공식이다.

✻ $S = VC + FC + P$

각 용어를 정리하면 다음과 같다.

S = 매출액(sales)
VC = 변동비(variable cost)
FC = 고정비(fixed cost)
P = 이익(profit) 또는 손실(loss)이다.

원가와 조업도, 이익관계(CVP)를 설명하면 다음과 같다.

① 정상적인 영업하에서 외식기업 변동비와 매출액은 상관관계를 가져 비교적 일정하게 유지된다. 이러한 관계는 백분율이나 소수(prime number)로 표시할 수 있다.
② 고정비는 매출액에 관계없이 일정한 금액으로 표시된다. 매출액의 증가와 감소에 따라 백분율이나 소수(primc number)로 표시되지만 고정비는 변하게 된다.
③ 적절한 수준의 원가 결정은 외식기업의 지속적인 성장과 이익창출을 위해 반드

시 유지되거나 관리되어야 한다. 원가 – 조업도 – 이익 – 관계에서 세부적 내용을 예제로 소개하면 다음과 같다.

'대한 Restaurant'의 손익계산서는 〈표 3-1〉과 같다.

〈표 3-1〉 '대한 Restaurant' 의 손익계산서 (20××년 12월 31일, 단위 : 천 원)

항목		금액	매출 비율
매출액			매출 비율
	식재료 판매	276,250	85%
	음료 판매	48,750	15%
	계	325,000	100%
매출 원가			
	식재료 원가	96,687	35%(식재료매출)
	음료 원가	12,188	25%(음료 매출)
	계	108,875	33.5%(총 매출)
매출이익(공헌이익)		216,125	66.5%
판매관리비(통제가능 비용포함)			
	인건비	65,000	20%
	공과금 등	16,250	5%
	간접비	48,750	15%
	계	130,000	40%
영업이익		86,125	26.5%
감가상각비		16,250	5%
	주민세	32,500	10%
순이익(순손실)		37,375	11.5%

'대한 Restaurant'의 총 변동비를 산출해 보자.

총 변동비는 식재료 원가와 음료 원가, 인건비의 변동비 부분을 포함한다. 여기에서 '대한 Restaurant'의 인건비(65,000)와 공과금 등(16,250)은 변동비 40%와 고정비 60%로 구성되었다.

해설

〈표 3-1〉 손익계산서에 나타난 '대한 Restaurant'의 총 변동비는 매출원가(식재료 원가

+음료 원가 ; 108,875) 전액에 더하여 인건비(65,000) 40%와 공과금 등(16,250)의 40%를 포함한다.

따라서 총 변동비 = 매출원가(108,875) + 인건비(65,000)의 40% + 공과금 등(16,250)의 40%
= 108,875 + 26,000 + 6,500
= 141,375천 원

총 고정비는 인건비(65,000)와 공과금 등(16,250)의 60%에 더하여, 간접비, 감가상각비, 그리고 주민세를 모두 포함한 비용이다.

총 고정비 = [인건비(65,000)의 60% + 공과금 등(16,250)의 60%] + 간접비 + 감가상각비 + 주민세
= (39,000 + 9,750) + 48,750 + 16,250 + 32,500
= 146,250천 원

따라서 '대한 Restaurant'의 원가 - 조업도 - 이익 관계는,

매출액(S) = 변동비(VC) + 고정비(FC) + 이익(P)

S(325,000천 원) = VC(141,375천 원) + FC(146,250천 원) + P(이익)이고,

P(이익) = S(325,000천 원) − [VC(141,375천 원) + FC(146,250천 원)]
= 325,000 − 287,625
= 37,375천 원이 된다.

즉 '대한 Restaurant'은 1년 동안 식재료와 음료 108,875천 원을 들여 325,000천 원의 매출을 올렸으며, 인건비와 판매 관리 및 일반 관리를 위한 비용을 제외하고 86,125천 원의 영업이익을 보였고, 여기에서 고정자산에 대한 감가상각비를 공제하고 세금을 납부한 후 37,375천 원의 순이익을 달성하였다. '대한 Restaurant'의 순이익은 총 매출 325,000천 원의 11.5%에 해당한다.

2. 변동률과 공헌율

원가 - 조업도 - 이익의 분석으로 변동률(variable rate)과 공헌율(contribution rate)을 계산할 수 있다.

1) 변동률(VR : variable rate)

변동률은 시간이 경과함에 따라 금융자산의 가격이 변동할 것으로 예상되는 정도를 백분율로 나타낸 것이다. 식재료의 원가율과 비슷하지만 소수형태로 나타낼 수 있다. 변동률은 변동비를 매출액으로 나눈 값으로 결정된다.

$$※\ 변동률 = \frac{변동비}{매출액}$$

변동률은 VR(variable rate)이라 하며 다음과 같은 식으로 나타낼 수 있다.

$$※\ VR = \frac{VC}{S}$$

해설

변동비(VC) 141,375천 원과 매출액(S) 325,000천 원은 다음과 같이 계산할 수 있다.

$$※\ 변동률(VR) = \frac{변동비\ 141{,}375천\ 원}{매출액\ 325{,}000천\ 원}$$

$VR = 0.435$이다.

VR = 0.435이란 매출액의 43.5%가 변동비라는 뜻으로 식재료 및 음료 원가 등을 말한다.

2) 공헌율과 공헌이익

(1) 공헌율(CR : contribution rate)

위에서 '대한 restaurant' 총 변동비(141,375천원)의 총 매출에 대한 비율(VR)은 0.435이다. 따라서 총 매출에서 총 변동비를 공제하고 남는 부분은 레스토랑 운영 시 발생하는 고정비를 메우고, 그 결과로 이익(또는 손실)이 발생한다(고정비를 메운 후에도 +이면 이익, -이면 손실). '총 매출'에서 '총 변동비의 총 매출에 비율(VR)'을 공제한 비율을 곧 공헌율(CR : contribution rate)이라고 한다.

CR은 1에서 VR을 뺀 값으로 계산할 수 있다.

✻ 공헌율(CR) = 1 - VR

'대한 Restaurant'의 공헌율은 $CR = 1 - 0.435 = 0.565$이 된다.

(2) 공헌이익(CM : contribution margin)

경영자들은 자신이 운영하는 레스토랑의 경영성과를 파악하기 위해 매출분석을 실시한다. 이 과정에서 각 메뉴별 기여정도를 확인할 수 있으며, 이때 공헌이익의 개념을 고려해야 한다.

공헌이익(contribution margin)은 Kasavana와 Smith(1982)에 의해 소개된 메뉴 엔지니어링 분석방법 중 하나다. 매출에서 변동비를 제외한 부분으로 레스토랑 운영 시 발생하는 고정비와 이익 발생에 공헌한다는 개념이다. 매출에서 변동비를 제외하면 공헌이익이 된다. 공헌이익은 고정비를 커버한 후에도 남는 경우(공헌이익이 고정비보다 많을 경우) 이익이 된다(참조 : Chapter 7 '3. 공헌이익 문제점').

이와 같이 공헌이익은 2가지 차원에서 적용된다.

첫째, 레스토랑을 경영할 때, 각 메뉴의 분석은 메뉴별 판매가격에서 해당 메뉴의 식재료 원가를 공제하고 남는 부분이 공헌이익이다.

✻ 메뉴별 공헌이익 = 메뉴별 판매가격 - 메뉴별 식재료 원가

레스토랑 전체의 매출분석을 할 경우, 총 매출에서 식재료 원가(총 식재료 원가)를 포함한 총 변동비를 공제하고 남는 부분이 레스토랑의 전체 공헌이익이 된다.

✻ 레스토랑 공헌이익 = 총 매출 - 총 변동비

공헌율은 공헌이익을 총 매출로 나눈 값이라 할 수 있다. 판매량의 변화에 따라 총변동비가 변화하고, 총 매출에서 총 변동비를 공제한 금액이 공헌이익이 된다. 공헌이익이 고정비를 회수하거나 이익이 발생하는 데 공헌한다는 의미이다.

✻ 공헌이익 (CM) = 총 매출 – 총 변동비
= 325,000천 원 – 141,375천 원
= 183,625천 원이 된다.

✻ 순이익 = 총 공헌이익 – 고정비
183,625천 원 – 146,250 = 37,375는 순이익이 된다.

둘째, 레스토랑의 매출액은 판매량과 관련된 고정비와 변동비, 이익으로 구성되었다. 매출에서 변동비와 고정비를 제외한 부분이 이익이다. 대부분의 외식기업은 높은 매출을 올리려고 노력하지만 고정비와 변동비를 충당하기에 바쁘다. 이를 채우고 남는 것이 이익이다.

공헌이익(CM)은 손익분기점(BEP)에 도달하기 전에는 고정비(FC)로 사용되지만 손익분기점 이후에는 이익이 된다. 어떤 메뉴든지 고정비와 변동비가 판매가보다 높으면 공헌이익은 마이너스(순손실)가 된다.

예를 들어 BBQ의 combination chicken 변동비가 ₩7,000이면 판매가는 반드시 ₩7,000 이상이어야 손실이 발생되지 않는다. 판매가를 결정할 때 레스토랑의 고정비를 계산한 후에 손익분기점 이후 이익을 보장하는 가격결정을 해야 한다.

3. 손익분기점(BEP ; break-even point)

1) 손익분기점(BEP)

레스토랑 경영에서 어느 시점의 영업은 고정비(fixed cost)를 감당하지 못할 경우가 있다. 매출액이 변동비와 고정비 모두를 지출하고도 부족하면 손실이 된다. 이익은 발생하지 않았지만 변동비와 고정비 모두를 감당할 수 있다면 이익은 0이 된다. 이러한 결과에서 매출액이 변동비와 고정비가 같아지는 점을 손익분기점(BEP: break-even point)이라 한다.

✻ 손익분기점 : BEP(break-even point)

손익분기점(BEP)은 한 기간의 매출액이 같은 기간의 총비용과 일치하는 점으로 매출액이 BEP보다 많으면 이익이 되고, 적으면 손실이 된다. 경영 관리자들은 손익분기점 이상의 매출을 달성하는 데 필요한 계획수립에서 유용한 자료가 된다.

외식기업에서 경영관리자, 매니저, 직원들은 손익분기점을 계산할 수 있어야 한다. 분석을 통해 1일간, 주간, 월간 매출액을 달성하는 데 필요한 정보를 활용할 수 있다. 고정비와 변동비 증감에 따라 장기적인 계획과 설계를 예측(forecasting)할 수 있다. 이러한 결과는 메뉴분석이나 직원관리, 임금결정, 인센티브 등 보상을 결정하는 데도 유용하게 활용된다. 반면에, 손익이 모호한 상태라면 투자수익을 기대하기가 어려울 수 있다. 투자자들은 손익분기점에 도달한 최소한의 목표가 아니라 충분한 이익 달성을 위해 활용되고자 한다.

2) 손익분기점 산출 시 유의사항

외식기업에서 손익분기점을 계산할 수 있다면 1일 목표액을 결정하는 데 도움이 된다. 절대적인 값을 나타내지는 못하지만 계산을 통해 매출액 결정과 수요를 예측하여 의사결정에 반영할 수 있다.

손익분기점을 정확하게 산출하기 위해서는 다음에 유의해야 한다.

첫째, 원가에 대한 비용요소들은 변동비와 고정비로 분류되어야 한다. 고정비는 화폐단위로 표시되지만, 변동비는 매출대비 백분율로 표시되어 원가 중의 순수 고정비와 변동비로 나타나지 않을 수 있다. 매출에 따라 고정비와 변동비를 함께 가지기 때문에 손익분기점을 계산할 때 영향을 미친다.

둘째, 변동비는 반드시 매출액에 비례하여 발생하게 된다. 손익계산서상에 나타나는 변동비는 식재료 원가와 음료원가이다. 이러한 원가는 매출대비 백분율로 표시되어 일정하게 나타난다.

셋째, 고정비는 항상 일정해야 한다. 몇몇 고정비는 순수 고정비이지만 그렇지 않은 고정비는 준고정비가 된다. 예를 들어, 전기세는 최소 사용 구간에서는 고정비이지만 업장 내 · 외부의 온도 변화나 방문객이 많아졌을 때, 주문량 증가로 사용량이 많아지게 된다. 이러한 경영상황과 계절적인 변동에 따라 증가하는 비용을 준 고정비라 한다.

3) 손익분기점 분석과 용도

손익분기점은 특정 매출시점보다 지출비용에 들어간 숫자범위를 나타내는 분석이다. 계산을 통해 결정된 금액보다 높거나 낮게 나타날 수 있다. 장기적으로 일간, 주간, 월간, 연간 단위의 손익분기점 관리보다 1인분의 양과 종류별 판매금액 등 매출액을 계산하여 비교분석할 수 있다. 계산된 금액과 실제금액의 차이에서 각종 원가와 비용을 백분율로 표시할 수 있다. 또한 준고정비와 준변동비 성격을 가진다. 정확한 손익분기점을 산출하기 위해서는 사전에 어느 항목으로 결정해야 할 것인가를 선택해야 한다.

손익분기점 분석은 다음과 같이 결정된다.

① 매출과 비용이 동일한 시점을 결정한다.
② 예상이익을 실현하는 데 필요한 매출액을 결정한다.
③ 고정비와 변동비 증가와 감소는 손익분기점에 영향을 미친다.
④ 손님이 적어 점포를 운영하는 데 들어가는 비용을 산출하거나 영업을 종료해야 할 시점을 결정할 때 사용된다.
⑤ 손님이 많아 근무시간 조정이나 점포운영의 타당성을 조사할 때 사용된다.
⑥ 달성해야 할 매출 수준이나 방문 고객 수, 객단가를 결정할 때 사용된다.
⑦ 장비 구입이나 리모델링을 결정할 때 사용된다.
⑧ 구매량과 가격을 결정할 때 사용된다.
⑨ 가격을 인상하거나 할인가격을 적용할 때 사용된다.
⑩ 시간별, 메뉴별, 요일별, 주간별, 월별, 연간 이익을 결정할 때 사용된다.

4. '대한 Restaurant'의 CVP 분석

1) CVP 분석

원가, 조업도, 이익 관계의 CVP 공식은 다음과 같다.

＊ $S = VC + FC + P$

＊ $VR = \dfrac{VC}{S}$

＊ $CR = 1 - VR$

위 3개의 공식을 이용하여 손익분기점을 확인하기 위한 공식은 다음과 같다. 이러한 공식은 다음과 같이 바꾸어 쓸 수 있다.

$S = VC + FC + P$	공식을 바꾸어 쓰면,
$S - VC = FC + P$ 이며	양변을 S로 나누면,
$1 - \dfrac{VC}{S} = \dfrac{FC+P}{S}$	여기서 $\dfrac{VC}{S} = VR$이므로,
$1 - VR = \dfrac{FC+P}{S}$	다시 $1 - VR = CR$ 이므로,
$CR = \dfrac{FC+P}{S}$가 되고	CR과 S를 바꾸어 쓰면,
$S = \dfrac{FC+P}{CR}$이 된다.	

＊ $\text{매출}(S) = \dfrac{\text{고정비}(FC) + \text{이익}(P)}{\text{공헌율}(CR)} = \dfrac{FC + P}{1\text{-VR}} = \dfrac{FC + P}{1\text{-}\dfrac{VC}{S}}$

위 공식은 레스토랑 경영자가 자신의 점포 경영에서 발생하는 각 원가 및 비용요소에 대해 고정비와 변동비로 분류한 경우이다. 이는 모든 매출(S)수준에서 적용할 수 있다.

＊ 손익분기점(BEPw) 확인

'대한 Restaurant'의 손익계산서를 정리하면 다음과 같다.

매출액	325,000천 원	변동비	141,375천 원
고정비	146,250천 원	이 익	37,375천 원
변동률(VR)	0.435	공헌율(CR)	0.565

해설

1년간 영업을 통해 확인된 '대한 Restaurant'의 손익계산서에서 매출은, 325,000천 원이다.

공식 $S = \dfrac{FC + P}{CR}$에 고정비(FC), 이익(P), 공헌율(CR)을 대입하면,

$$S = \frac{FC+P}{CR} = \frac{146{,}250\text{천 원} + 37{,}375\text{천 원}}{0.565}$$
$$= \frac{183{,}625\text{천 원}}{0.565} = 325{,}000\text{천 원이 된다.}$$

이처럼 매출 - 원가 - 이익 관계의 공식을 이해하면 현재의 매출구조에서 기대되는 손익분기점과 이익, 희망하는 이익을 위해 요구되는 매출액을 계산할 수 있다. 경영자는 손익분기점에 관심을 가져야 한다. 손익분기점은 총매출과 총원가 총비용이 같아지는 점이다. 공식은 매출(S)에서 고정비(FC) + 이익(P) = 0(zero)가 된다.

$$※ \text{매출}(S) = \frac{\text{고정비}(FC) + \text{이익}(P)}{\text{공헌율}(CR)}$$

이익(P) = 0(zero)가 되는 매출(S) 수준이 곧 손익분기점(BEPw)이다.

이러한 공식은 다음과 같이 고쳐 쓸 수 있다.

$$※ \text{손익분기점(BEPw)} = \frac{\text{고정비}(FC)}{\text{공헌율}(CR)} = \frac{FC}{1\text{-VR}} = \frac{FC}{1-\dfrac{VC}{S}}$$

여기에서 공헌율(CR)과 고정비(FC)를 대입하면,

$$※ \textbf{손익분기점(BEPw)} = \frac{\text{고정비}(FC)}{\text{공헌율}(CR)} = \frac{146{,}250\text{천 원}}{0.565}$$

= 258,849.6천 원으로 약 258,850천 원이 된다.

위에서 산출한 손익분기점(BEPw)은 258,850천 원이 된다.

'대한 Restaurant'의 변동비는 항상 매출(S)의 43.5%(0.435)이다. 계산된 손익분기점(BEP₩) 258,850천 원에서 변동비(VC)는 112,599.75천 원이 된다.

약 112,600천 원 = 258,850천 원 × 0.435

- 고정비(FC) 146,250천 원을 더하면, 이익은 0(零)이다.
  따라서 손익분기점에서 변동비(112,600천 원), 고정비(146,250천 원)를 더하면 매출(258,850천 원)과 동일하고, 그 결과 이익은 0(zero)이다.

S (258,850천 원) = VC (112,600천 원) + FC (146,250천 원) + P (0)

- '대한 Restaurant'은 1년간 영업하여 손익분기점만을 달성한 것이 아니다. 손익분기점보다 66,150천 원이 많은 325,000천 원(258,850천 원 + 66,150천 원)의 매출을 올렸다.

손익분기점(BEP) 이후 매출-원가-이익은 다음과 같이 계산할 수 있다.

손익분기점(BEP)은 영업과 함께 일정금액으로 발생하는 '고정비(FC) = 0'이 되는 매출수준을 말한다. 손익분기점을 달성한 후에는 고정비(FC)는 없으며, 변동비(VC)만 있다. BEP 이후의 변동비는 BEP 이후 추가 매출에 변동률(VR; 0.435)을 곱한 28,775.25천 원(약 28,775천 원 = 66,150천 원 × 0.435)이 된다. 이를 식으로 나타내면 다음과 같다.

* VC = S × VR

VC = S (66,150천 원) × VR (0.435)

= 28,775.25천 원

약 28,775천 원이다.

변동비 28,775천 원을 손익분기점 이후의 추가 매출 66,150천 원에서 공제하면 나머지 37,375천 원이 '대한 Restaurant'의 1년간 영업을 통한 순이익(P)이 된다.

순이익(P) = BEP 이후 추가 매출 - BEP 이후 추가 변동비

37,375천 원 = 66,150천 원 - 28,775천 원

순이익(P)은 손익분기점 이후 발생한 추가 매출에 공헌율(CR; 0.565)을 곱하여 계산할 수 있다.

⁜ P = S × CR

= S (66,150천 원) × CR(0.565)

= 37,374.75천 원

약 37,375천 원으로 추가 매출과 변동비로 확인된 결과와 동일하다.

2) 매출(S)과 변동비(VC), 이익(P)

'대한 Restaurant'에 대한 CVP 분석에서 살펴본 공식은

⁜ $S = VC + FC + P$

⁜ $VR = \frac{VC}{S}$

⁜ $CR = 1 - VR$ 이다.

3개의 공식을 이용하여 $S = \frac{FC+P}{CR}$ 공식을 확인하였다.

$S = \frac{FC+P}{CR}$ 공식에서

$CR = 1 - VR$을 대입하면 다음과 같은 공식을 얻을 수 있다.

⁜ $S = \frac{FC+P}{CR} = \frac{FC+P}{1-VR}$ (공식 1)

⁜ $CR = \frac{FC+P}{S}$ (공식 2)

⁜ $P = (S \times CR) - FC$ …… (공식 3)

⁜ $FC = (S \times CR) - P$ …… (공식 4)

이상의 공식들은 외식 현장에서 유용하게 사용할 수 있다.

특정 기간 중에 들어가는 고정비가 얼마인지 알고 있다면 이익 발생을 위해 일정 기간 중에 유지해야 할 변동률(VR)을 계산할 수 있다.

예제

'대한 Restaurant'의 매출과 비용구조는 다음과 같다.

매출 목표(S)	₩500,000
고정비(FC)	₩160,000
목표 수익(P)	₩40,000

이를 사용하여 기간 중 유지해야 할 CR 값을 계산해 보자.

$$※\ CR = \frac{FC+P}{S} = \frac{160{,}000+40{,}000}{500{,}000} = 0.4$$

CR = 1 - VR 으로 VR = 0.6이 된다.

변동비는 목표로 하는 매출액의 60%를 넘지 말아야 한다.

예제

레스토랑의 고정비(FC)와 변동률(VR)을 알고 있다면 목표로 하는 매출대비 이익을 CVP 관계를 이용하여 계산할 수 있다. 고정비가 ₩160,000이며, 변동률이 0.6인 경우, ₩500,000의 매출을 올렸을 때 기대할 수 있는 이익(P)은 얼마인가?

해설

위의 3번째 공식 P = (S × CR) - FC을 이용한다.

※ 변동률(VR)이 0.6이기에 CR=0.4가 된다.

= (₩500,000 × 0.4) - ₩160,000

= ₩40,000

매출액 50만 원을 달성하면 4만 원의 이익을 기대할 수 있다.

※ 고정비(FC)를 계산하면 다음과 같다.

4번째 공식 FC = (S × CR) - P을 이용한다.

FC = (S × CR) - P
= (₩500,000 × 0.4) - ₩40,000
= ₩160,000

경영관리자들이 매출액 50만 원을 달성하면 원가 및 기타비용은 변동비 30만 원(50만 원× 0.6)과 고정비 16만 원 이익, 4만 원을 기대할 수 있다.

5. 손익분기점 그래프

손익분기점에 대한 그래프 작성과 매출액 달성을 위한 예제는 다음과 같다.

예제

'대한 Restaurant' 영업 결과 매출과 지출비용은 다음과 같다.

총 매출	50,000천 원	총 고정비	10,000천 원
총 변동비	25,000천 원	총 비용	35,000천 원
순이익	15,000천 원	서빙 고객	5,000명

이를 바탕으로 손익분기점을 계산하시오.

다음은 그래프를 이용하여 손익분기점을 확인하는 절차를 5단계로 구분하여 제시한다(〈그림 3-1〉 ~ 〈그림 3-5〉 참조).

【1단계】

그래프를 이용하여 손익분기점을 확인하기 위해서는 가로와 세로가 동일한 간격의 10개로 일정한 모눈종이(방안지)를 준비한다. 모눈종이의 수직선(Y축)은 '원가 및 매출'로 표시한 후, 해당 레스토랑의 총 매출을 고려하여 그래프에서 눈으로 식별하기 쉽게 (10개로 구분/값을 읽기 편하게) 수직 간격을 정한다. 필요한 경우 '단위 000'로 표시하여 간략히 표기할 수 있다. 수평선(X축)은 '단위매출'로 표시한 후 0부터 100까지 10단위로 표시한다(〈그림 3-1〉 참조).

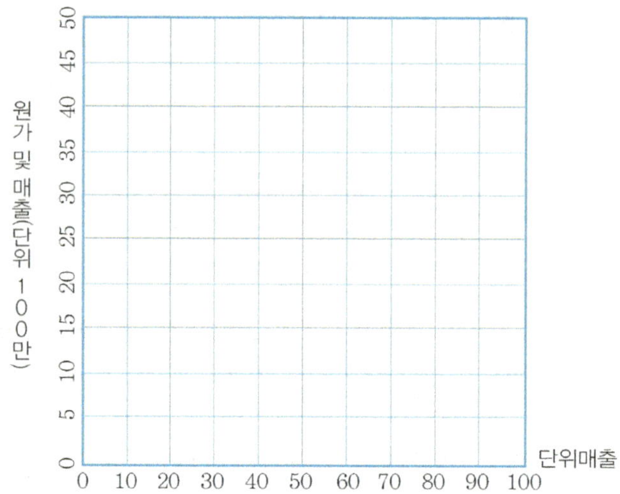

〈그림 3-1〉 원가 및 매출과 단위매출 표시

【2단계】

수직선의 왼편에 고정비(10,000천 원)를 A로 표시한다. 고정비는 매출액과 관계없이 일정하게 발생되며, 단위매출의 크기와 상관없기 때문에 변하지 않는다. 단위매출 100의 지점에 B를 표시한 후, A와 B점을 연결한다. A와 B 간의 직선은 총고정비로 나타낸다(〈그림 3-2〉 참조).

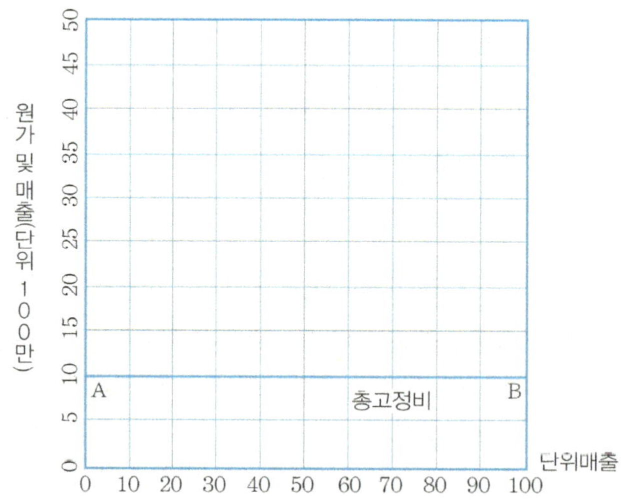

〈그림 3-2〉 총고정비 표시

【3단계】

총비용을 단위매출의 100에 표시한다(C점).

A와 C를 연결한다. 총비용은 고정비와 변동비를 합한 35,000천 원이다.

A와 C 간의 기울기 선이 총비용이 된다(〈그림 3-3〉 참조).

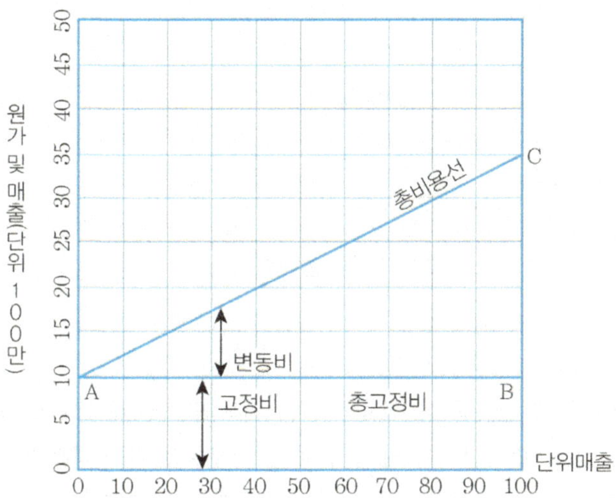

〈그림 3-3〉 총비용선 표시

【4단계】

총 매출액(50,000천 원)을 단위매출의 100으로 표시한다(D점). 원점(0)부터 D를 연결한다. 0과 D 간의 직선 기울기는 각 단위매출액을 나타낸다.

총 매출선과 총 비용선이 만나는 E가 손익분기점(break-even point)이 된다.

본 예제의 손익분기점은 20,000천 원이 된다. 이를 그림으로 나타내면 〈그림 3-4〉와 같다.

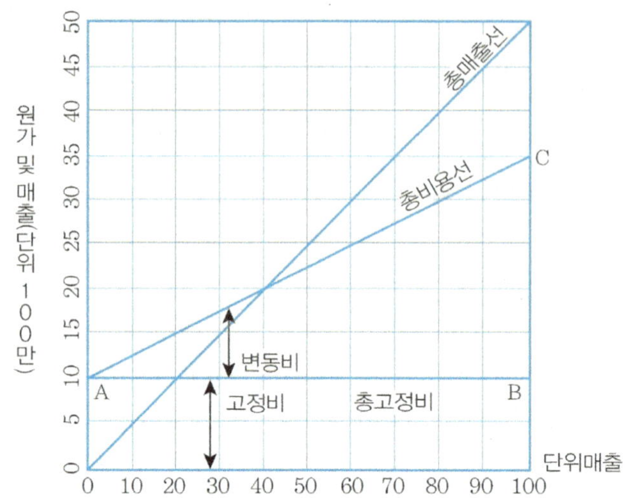

〈그림 3-4〉 총매출선 표시

【5단계】

손익분기점(E)은 총 비용과 총 매출이 같은 지점의 매출 수준으로 이익과 손실이 발생하지 않는 점이다. 수평선(X축)의 '단위매출' 성분(x값)이 손익분기점보다 작은 구간에서는 총 비용이 총 수익보다 커져 손실이 발생한다. 하지만 총 매출이 큰 구간에서는 수익이 발생하여 이익이 된다(〈그림 3-5〉 참조). 이를 계산하면 다음과 같다.

$$* \; BEP = \frac{(FC+P)}{1-VR} = \frac{FC}{1-\frac{VC}{S}} = \frac{FC}{CR}$$

$$= \frac{10{,}000}{1-\frac{25{,}000}{50{,}000}}$$

$$= \frac{10{,}000}{1-0.5}$$

$= 20{,}000$천 원이다.

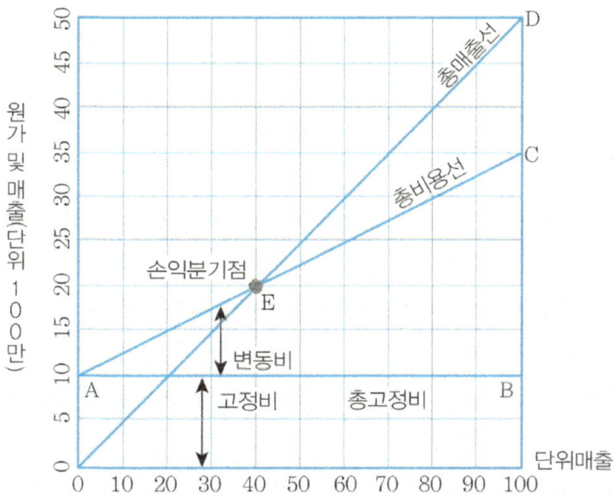

〈그림 3–5〉 손익분기점 표시

6. 판매해야 될 메뉴 수(단위 수; 서빙해야 할 고객 수)

경영자들은 월간 및 연간 계획을 세울 때 해당 점포의 매출목표를 설정하면서 자연스럽게 손익분기점(BEPw)과 판매해야 될 메뉴 수(단위 수)에 관심을 가진다. 시간의 경과와 변화된 환경에 따라 달성해야 될 손익분기점(BEPw)과 판매해야 될 메뉴 수(단위 수 ; 서빙해야 할 고객 수 ; BEPunit, 이하 '메뉴 수'로 표시)를 계산해야 한다.

판매해야 될 메뉴 수는 2가지 방법에 의해 계산할 수 있다.

첫째, 평균공헌이익을 이용하는 방법

둘째, 손익분기점(BEPw)을 이용하는 방법이다.

예제

'대한 Restaurant' 영업 결과 매출과 지출비용은 다음과 같다.

총 매출	50,000천 원	총 고정비	10,000천 원
총 변동비	25,000천 원	총 비용	35,000천 원
순이익	15,000천 원	서빙 고객	5,000명

해설

첫째, 평균공헌이익을 이용하는 방법

손익분기점(손실도 이익도 발생하지 않는 매출)은 영업 시작과 함께 고정비를 갚아 나가는 과정이다. 고정비가 '0(zero)'가 되는 매출(S)을 말한다. 특히 고객 한 사람이 업소를 이용할 때 식재료 등 변동비를 제외하고 해당 점포의 경영에 공헌할 수 있는 고정비와 이익 발생에 공헌할 수 있는 금액이 평균적으로 얼마가 되는지 확인해야 한다. 그것이 평균 공헌이익(ACM: average contribution margin)이다.

판매해야 될 메뉴 수는 해당 업소의 고정비(FC)를 평균 공헌이익(ACM)으로 나누어 주면 서빙해야 할 고객의 수를 계산할 수 있다. 이는 손익분기점을 달성하기 위해 판매해야 될 메뉴 수(단위 수)가 된다.

평균 공헌이익(ACM)은 평균 객단가에서 평균 변동비를 빼면 구할 수 있다. 평균 객단가는 기간 중 발생한 총 매출을 기간 중 서빙한 고객 수로 나누어 계산할 수 있다.

평균 변동비는 총 변동비를 기간 중 서빙한 고객 수로 나누어 결정한다.

❉ 평균공헌이익 = 평균 객단가 - 평균 변동비

평균 객단가 = 총 매출(50,000천 원) / 서빙 고객(5,000명)
= 10천 원/명(10,000원/명)

평균 변동비 = 총 변동비(25,000천 원) / 서빙 고객(5,000명)
= 5천 원/명(5,000원/명)

❉ 평균공헌이익 (ACM) = 평균 객단가 − 평균 변동비
= 10,000(원/명) − 5,000(원/명)
= 5,000(원/명) = 5천(원/명)

예제

위의 내용을 참고하여 손익분기점을 달성하기 위해 판매해야 될 메뉴 수는 얼마인가?

$$\text{❉ 손익분기점(단위; BEPunit)} = \frac{\text{고정비}}{\text{평균공헌이익}}$$

$$= \frac{\text{고정비(10,000천 원)}}{\text{평균공헌이익(5천 원)}}$$

$$= \text{2,000명}$$

둘째, 손익분기점(BEP₩)을 이용하는 방법

레스토랑 경영관리자들은 시장환경의 변화가 있을 때마다 이를 반영하여 달성해야 할 손익분기점(BEP₩)을 잘 알고 있다. 화폐 표시의 손익분기점(BEP₩)을 계산할 때, 고객 1인이 점포에서 지출하는 평균적인 금액으로 나누어주면, 이것이 판매해야 될 메뉴 수가 된다. '대한 Restaurant'의 손익분기점(BEP₩)은 20,000천 원이다.

평균 객단가 = 총 매출(50,000천 원) / 서빙 고객(5,000명)
= 10천 원/명(10,000원/명)

예제

위의 내용을 참조하여 손익분기점을 달성하기 위해서 판매해야 될 메뉴 수는 얼마인가?

$$\text{손익분기점(단위; BEPunit)} = \frac{\text{손익분기점(BEP₩)}}{\text{평균 객단가}}$$

$$= \frac{\text{손익분기점(20,000천 원)}}{\text{평균 객단가(10천 원)}}$$

$$= \text{2,000명}$$

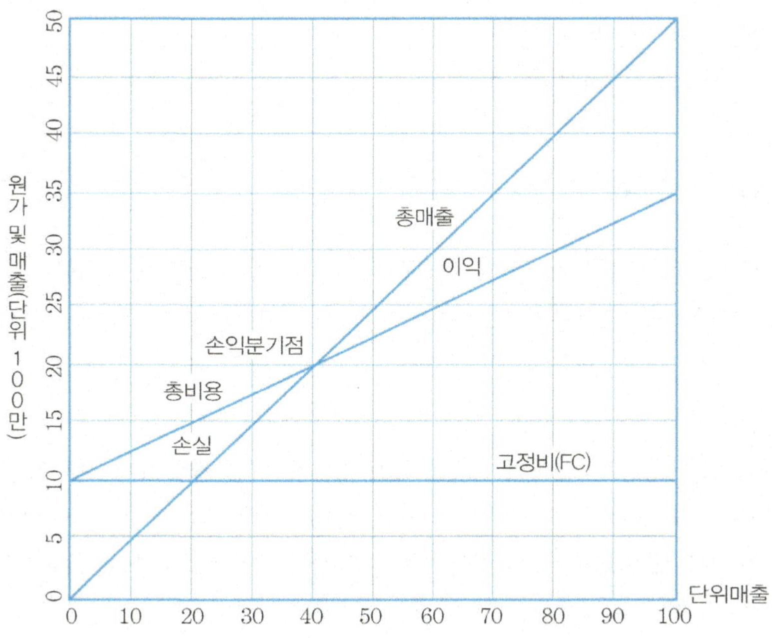

〈그림 3-6〉 '대한 Restaurant' 의 손익분기점

이를 그래프로 표시하면 〈그림 3-6〉과 같다.

계산을 통한 '대한 Restaurant'의 손익분기점(BEP)에서 매출은 20,000천 원이며, 서빙해야 될 고객 수는 2,000명이다. 〈그림 3-6〉에서는 기간 중 '총 매출'이 '단위매출 100'의 50백만 원(50,000천 원)에 표시되는 것은 곧 '단위매출 100'은 기간 중 서빙한 고객 5,000명을 의미한다. 따라서 판매해야 될 메뉴 수는 단위매출 '40'에서 이루어졌기 때문에 손익분기점 달성을 위해 서빙해야 할 고객 수(BEPunit)는 총 고객 5,000명의 40% 수준인 2,000명임을 말한다. 이는 직원의 근무편성 시 중요하게 고려할 수 있다.

7. 손익분기점 수정

레스토랑을 경영할 때 방문한 고객을 모두 수용할 수 없거나, 테이블 수가 적어 목표하는 매출 달성을 기대할 수 없을 경우가 발생된다. 이러한 때 경영자들은 손익분기점에 영향을 미치는 요인들을 파악하여 조정해야 한다. 경영자들이 고려할 수 있는 방안은 다음과 같다.

첫째, 각 메뉴 아이템에 대한 가격 인상을 고려할 수 있다.

둘째, 변동비를 줄이는 방법을 선택할 수 있다.

셋째, 고객만족을 강화할 수 있다.

1) 메뉴가격 인상

〈그림 3-7〉은 메뉴가격 인상에 따른 '대한 Restaurant'의 변화된 손익분기점 그래프이다. 〈그림 3-5〉의 '손익분기점 표시'를 일부 변경한 것이다.

예제

식자재 원가 상승과 인건비 상승으로 어려움을 겪던 경영자가 전체적인 가격을 인상하였다. 그 결과 평균 객단가는 10천 원에서 12천 원으로 상승하였다면 손익분기점은 어떻게 변화할까? 손익분기점을 달성하기 위한 '대한 Restaurant'의 고정비 10,000천 원과 평균 변동비 5천 원은 동일하다.

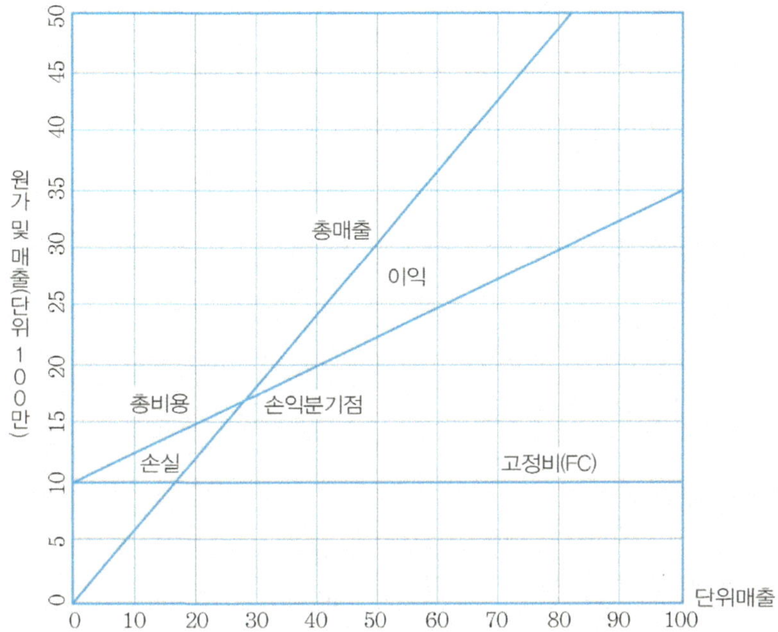

〈그림 3-7〉 메뉴가격 인상에 따른 손익분기점 분석

해설

■ 평균 객단가 상승에 따른 새로운 손익분기점(BEP₩) 계산

✻ 손익분기점 공식 BEP₩ $= \dfrac{FC}{1-VR} = \dfrac{FC}{1-\dfrac{VC}{S}}$ 에서

변동률(VR)은 총 매출에 대한 총 변동비의 비율로 계산할 수 있다. 하지만 가격 인상으로 인해 총 매출이 변화되기 때문에 매출과 변동비의 평균값을 사용해야 한다. 총 매출액 대신에 평균 매출인 평균 객단가, 총 변동비 대신에 평균 변동비를 사용한다. 변화된 평균 객단가는 12천 원, '대한 Restaurant' 영업 결과인 평균 변동비 5천 원을 사용하여 변동률(VR)을 계산할 수 있다.

$$VR = \frac{5\text{천원}}{12\text{천원}} = 0.417$$

❊ $BEP_{W} = \frac{(FC+P)}{1-VR} = \frac{FC}{1-\frac{VC}{S}}$ 여기서 손익분기점이므로 P(이익) = 0

$$= \frac{10{,}000\text{천원}}{1-\frac{5\text{천원}}{12\text{천원}}}$$

$$= \frac{10{,}000\text{천원}}{1-0.417}$$

$$= \frac{10{,}000\text{천원}}{0.583}$$

$$= 17{,}152.66\text{천원}$$

판매해야 될 메뉴 수는

❊ $\text{손익분기점(단위; BEPunit)} = \frac{\text{손익분기점(BEP}_{W}\text{)}}{\text{평균 객단가}}$

$$= \frac{17{,}152.66\text{천원}}{12\text{천원}}$$

$$= 1{,}429.4\text{명}$$

$$= 1{,}430\text{명}$$

계산결과 메뉴가격 인상에 따라 수정된 손익분기점은 약 17,153천 원으로 나타났다. 손익분기점을 달성하기 위해 서빙해야 할 고객 수는 가격 인상 전 2,000명에서 570명이 줄어든 1,430명으로 감소하였다. 이렇게 가격을 인상하면 매출액(S)의 기울기가 변하여 손익분기점이 왼쪽 아래로 옮겨가는 것을 확인할 수 있다.

만약 '대한 Restaurant'의 경영진과 직원들이 가격인상 후에도 맛, 분위기, 그리고 차별화된 서비스 등의 노력으로 인상 전의 고객 수 2,000명을 계속 유지할 수 있다면, 인상 전 손익분기점 부근에서 약 4,000천 원의 추가매출을 올릴 수 있다. 이는 곧 추가적인 수익이 된다.

가격 인상 전의 매출 : 10천 원×2,000명 = 20,000천 원

가격 인상 후의 매출 : 12천 원×2,000명 = 24,000천 원

차이 : 4,000천 원(400만 원)

2) 변동비 감소

〈그림 3-8〉은 식재료 원가 절감에 따른 '대한 Restaurant'의 변화된 손익분기점 그래프이다. 〈그림 3-5〉의 '손익분기점 표시'를 일부 변경한 것이다.

예제

'대한 Restaurant'에서 메뉴분석 후 일부 메뉴에 대한 분량(portion size)을 줄이거나 식재료 원가를 절감하였다면 어떻게 될까? 그 결과 평균 변동비가 5천 원에서 500원 낮아진 4,500원으로 조정되었다면 손익분기점은 어떻게 계산할 수 있을까? 손익분기점 확인을 위한 '대한 Restaurant'의 영업 결과, 고정비 10,000천 원과 평균 객단가 10천 원은 동일하다.

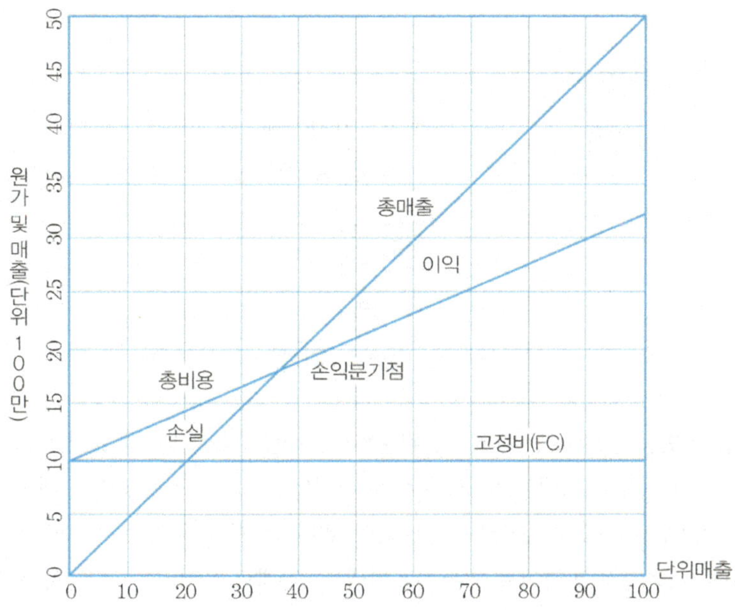

〈그림 3–8〉 변동비 감소에 따른 손익분기점 분석

해설

변동비 감소가 약 10%에 이르기 때문에 변화된 변동률(VR)은,

$$VR = \frac{4.5천원}{10천원} = 0.45$$

$$* \; BEP_{W} = \frac{(FC+P)}{1-VR} = \frac{FC}{1-\frac{VC}{S}}$$ 여기서 손익분기점이므로 P(이익) = 0

$$= \frac{10,000천원}{1-\frac{4.5천원}{10천원}}$$

$$= \frac{10,000천원}{1-0.45}$$

$$= \frac{10,000천원}{0.55}$$

$$= 18,181.82천원$$

판매해야 될 메뉴 수는

$$* \; 손익분기점(단위;\ BEPunit) = \frac{손익분기점(BEP₩)}{평균\ 객단가}$$

$$= \frac{18,181.82천원}{10천원}$$

$$= 1,818.2명$$

= 1,819명이 된다.

계산 결과 변동비 감소에 따라 수정된 손익분기점은 약 18,182천 원이 된다. 손익분기점을 달성하기 위해 서빙해야 될 고객 수는 분량(portion size) 조정과 식재료 원가 절감 전의 2,000명에서 181명이 줄어든 1,819명이 된다. 식재료 원가 등의 변동비를 낮추면 매출액(S)의 기울기가 변하여 손익분기점이 왼쪽 아래로 옮겨가는 것을 확인할 수 있다.

만약 '대한 Restaurant'의 경영진과 직원들이 분량(portion size)의 조정과 식재료 원가 절감 후에도 맛과 분위기, 차별화된 서비스의 노력으로 조정 전 고객 수 2,000명을 계속 유지할 수 있다면, 손익분기점에서 약 1,000천 원의 변동비 감소를 기대할 수 있다. 이는 곧 추가 수익으로 반영될 수 있다.

변동비 감소 전의 총 변동비 : 5,000원×2,000명 = 10,000천 원
변동비 감소 전의 총 변동비 : 4,500원×2,000명 = 9,000천 원
차이 : 1,000천 원(100만 원)

3) 매출증대

광고, 홍보, 인적 판매 등의 촉진전략을 통해 매출액을 증가시킬 수 있다. 하지만 경영진이 유의해야 할 것은 광고 등의 촉진활동을 위해 추가로 지출된 비용으로 전체적인 원가 상승 요인이 발생하게 된다. 그 결과 달성해야 될 손익분기점은 높아지게 된다. 추가 매출의 이익이 원가의 상승분보다 높지 않다면, 레스토랑의 매출액은 광고 이전의 수익구조보다 나빠질 것이다.

손익분기점을 수정하기 위해서는 여러 가지 방법을 선택하게 된다. 경영자들은 고객이 가격에 저항하지 않는 선에서 인상하고자 싶어한다. 변동비를 줄이거나 제한된 광고의 촉진방법으로 한꺼번에 시행하기도 한다. 기업경영의 목적은 손익분기점을 달성하는 것이 아니라 이익을 창출하는 것이다. 많은 관리자들은 이익을 고정비처럼 일정하게 책정하기 때문에 손익분기점을 결정할 때 이를 포함해야 한다. 결론적으로 조업도와 원가변화는 이익에 어떠한 영향을 미치는지를 파악하는 분석으로 다음과 같은 경영활동에 이용할 수 있다.

첫째, 특정 메뉴의 판매량에서 얻을 수 있는 이익을 결정한다.
둘째, 일정한 목표액을 달성하기 위해 얼마의 매출액이 필요한가를 결정한다.
셋째, 기업이익을 달성하려면 매출액이 얼마가 되어야 하는가를 결정한다.
넷째, 원가의 변동에 따른 판매가격과 이익을 결정할 때 사용된다.

연습문제

손익분기점(BEPw, BEPunit) 계산 : '한국커피전문점'

삼성역 인근에 위치한 '한국커피전문점'은 인근에 수많은 사무실이 있어 오전 10시부터 밤 늦게까지 고객이 끊이지 않는다. 최초 5년의 계약기간에 임대보증금 5천만 원, 권리금 1억 원, 인테리어 비용 8천만 원, 시설 및 장비 7천만 원을 투자하여 오픈하였

다. 지난 달에 '한국커피전문점'은 3천8백만 원의 월간 매출을 올렸으나 정직원 인건비로 5백만 원, 임대료 6백만 원, 관리비 5십만 원, 수도광열비 1백만 원, 대출이자 1백만 원, 그리고 보험료 2십만 원을 지출하였다. 그 외 변동비, 즉 식재료 원가와 파트타임 인건비, 수선비, 광고 및 홍보비, 소모품 등은 매출액의 약 45%를 유지하고 있다. 한국커피전문점의 손익분기점은 얼마인가? 평균 객단가는 약 4,000원이다.

참고

외식업은 소멸성 투자금(인테리어 비용/장비구입, 시설비 등)을 반영해야 정확한 손익분기점을 계산할 수 있다. 「임대차보호법」에서 인정하는 5년 약정을 기준으로 사업이 잘 되면 계속적으로 영업할 수 있지만 잘 안 되면 폐업해야 한다. 잘 되더라도 5년 후에는 계속해서 영업한다는 보장이 없다. 영업하지 못하거나 이전 시 투자된 시설물과 장비, 기물, 비품은 헐값으로 처분되거나 고물로 판매되기 때문에 5년 내 비용을 회수할 수 있어야 한다.

소멸성 투자금은 계약기간이 만료된 후에는 회수하기 어렵기 때문에 5년을 기준으로 투자금에 대한 재산상의 비용을 감가상각(정액/정률법)하여 월 고정비로 처리해야 한다. 반면에 보증금은 나중에 회수할 수 있는 자본금이지만 다른 용도로 투자했을 때 획득할 수 있는 기회비용(이익 정도)을 고려해야 한다. 정확한 손익분기점을 계산할 수 있다. 보증금에 대한 연이율은 편의상 10%로 가정하였다.

풀이

고정비 : 17,070,000원

- 인건비 5,000,000원
- 임대료 6,000,000원
- 관리비 500,000원
- 수도광열비(전기, 수도, 가스) 1,000,000원
- 보험료 200,000원
- 감가상각비 약 4,200,000원

  (손익계산을 정확하게 하기 위해서는 5년 후에 그 가치가 소멸되는 2억 5천만 원(권리금 1억 원, 인테리어 8천만 원, 시설장비 7천만 원)에 대하여, 5년 동안 그 가치의 감소를 매월 계산해서 감소시킴)

계산 : 25,000,000원/5년 = 50,000,000원/년 = 4,166,667원/월

• 보증금 1억 원에 대한 기회비용 약 170,000원

계산 : (100,000,000원×10%)/5년 = 2,000,000원/년 = 166,667원/월

따라서 고정비 : 17,070,000원이 된다.

인건비(5,000,000원) + 임대료(6,000,000원) + 관리비(500,000원) + 수도광열비(1,000,000원) + 보험료(200,000원) + 감가상각비(4,200,000원) + 보증금 기회비용(170,000원)

변동비 : 17,100,000원

변동비는 매출액의 45%

매출액 38,000,000원의 × 45% = 17,100,000원이 된다.

손익분기점은

$$\text{※ BEP₩} = \frac{(FC+P)}{1-VR} = \frac{FC}{1-\dfrac{VC}{S}}$$

$$= \frac{17{,}070{,}000}{1-\dfrac{17{,}100{,}000}{38{,}000{,}000}}$$

= 31,036,363원 = 약 3,100만 원 이다.

$$\text{※ } BEPunit = \frac{\text{손익분기점(BEP₩)}}{\text{평균 객단가}}$$

$$= \frac{31{,}000{,}000\text{원}}{4{,}000\text{원/명}}$$

= 7,750명 이다.

이익 : 3,830,000원이다

'한국커피전문점'은 지난 1달간 38,000,000원의 매출을 올렸으나 총 고정비 1,707만 원, 총 변동비 1,710만 원을 지출하였다.

매출(S) = 총 변동비(VC) + 총 고정비(FC) + 이익(P) 공식에서

이익(P) = 매출(S) - [총 변동비(VC) + 총 고정비(FC)]

= 3,800만 원 - (1,710만 원 + 1,707만 원)

= 3,800만 원 - 3,417만 원

= 383만 원

즉 매출 3,800만 원의 10%에 해당하는 383만 원의 순이익을 달성하였다.

CASE STORY 외식현장에서

** 원가는 줄일 수 있다. 하지만 질(Quality)을 낮추면 안 된다

성공적으로 점포를 경영하지 못한 사람들은 원가관리를 잘 못한 것을 후회하고 있다. 공급자의 식재료에 관심을 기울이면 거래단위에 대한 원가가 낮아질 수 있다. 기업 성장을 위해서는 직원들의 아이디어가 멈추어서는 안 된다. 낮은 원가만이 이익을 유지하는 것은 아니기 때문에 경영자들은 낮은 가격의 구매방법과 생산효율성을 고려한 식재료 관리에 관심을 가져야 한다.

반면에 직원들의 생산성을 독려하면 품질이 저하될 수 있다. 점포에서 팔 수 있는 주메뉴는 무료로 제공되지 말아야 한다. 업소특성을 반영한 상징적인 메뉴는 고객들도 관심을 가진다. 그렇기 때문에 판매를 통한 매출액 창출에 기여도가 높은 메뉴를 소홀히 하면 안 된다.

개인 점포는 가족, 친척, 친구 등에게 무료로 제공하는 것을 삼가야 한다. 경영자라 해도 업장의 식재료를 집에 가져가면 안 된다. 이는 직원들이 음식물을 업장 밖으로 반출하는 빌미가 된다.

과거의 점포들은 원가계산에 소홀하여 인정이나 짐작, 대충 등에 의해 경영을 하였다. 현대사회는 식재료 원가에서부터 직원들의 인건비, 경비 등을 투명하게 계산할 수 있다. 불평불만을 제기하는 고객들에게 무료음식을 제공하는 행위는 제한되어야 한다. 원가관리를 아는 경영자라면 불만에 대한 사과를 먼저 표명된 후 시스템적으로 재발되지 않도록 해야 한다.

상한 식재료를 버리지 않는 경영자는 고객을 의식하지 않고 눈앞의 이익만 쫓는 행위로 고객을 점포 안으로 들어오지 못하게 하는 것이다. “바꾸어주면 된다.” 무사안일주의로 유통기한이 지난 생선을 버리지 않고 냄새를 제거하기 위해 발버둥치는 모습과 같다. 원가절감 차원에서 낮은 가격을 유지하는 것은 식재료 품질의 안전성과 일관성(consistency)을 유지하는 것이다. 가격이 저렴한 냉동재료는 저급한 레스토랑으로 인식시킬 수 있다.

급여를 줄이기 위해 파트타임 직원들을 많이 배치하는 것은 하루를 살기 위해 전부를 버리는 것이다. 최저임금 결정과 적정한 인원 배치보다 적게 편성하여 인건비를 줄이려 해서는 안 된다. 장기적인 관점에서 볼 때, 서비스의 질 저하는 직원들의 사기를 떨어뜨리기 때문에 적정한 임금과 복지, 직무환경을 개선시켜야 효율적인 성과를 낼 수 있다. 그렇지 못하면 표준 이하의 품질로 고객을 잃게 될 것이다. 낮은 가격을 유지하는 것은 원가관리의 목적이 아니다. 재료의 질과 서비스에 맞는 표준화된 품질과 적정가격으로 고객에게 최고의 품질과 혜택을 제공해 주어야 한다.

첫째, 고객에게 가치(value) 있는 혜택을 제공해야 한다.

둘째, 고객에게 진심으로 좋은 품질과 서비스를 제공해야 한다.

셋째, 양질의 식재료를 사용하여 고객만족을 강화해야 한다.

넷째, 질 높은 접객력을 위해 직원들의 선발과 교육, 배치, 보상, 승진 등 근무환경의 개선이 선행되어야 한다.

다섯째, 적절한 원가관리는 낮은 매출로 인해 문 닫을 수 있는 위험을 예방할 수 있다. 매출이 저조한 원인은 질 낮은 음식과 적은 분량(portion), 높은 가격, 저급한 접객 서비스, 나쁜 입지, 치열한 경쟁 등이 그 원인이 된다.

Chapter 4

원가율

자신에게 명령하지 못하는 사람은
남의 명령을 들을 수밖에 없다.

– *Nietzsche Friedrich Wilhelm* (독일 철학자)

[Chapter 4] 원가율

좋은 생각을 떠올릴 수 있는 최상의 방법은 많은 생각을 하는 것이다.
– Linus Carl Pauling (미국의 화학자)

기업은 효율적인 경영관리를 위해서 경영자, 매니저, 조리 담당자, 홀 서빙 등 모두가 영업과정의 식재료에 대한 원가관리를 염두에 두어야 한다. 식 · 음료 재료비와 인건비, 광고홍보비, 소모품비, 가스비, 전기세, 수도세 등의 비용에 대한 관리를 소홀히 해서는 안 된다. 여러 가지 비율로 나타나는 퍼센트의 계산은 의미 있게 분석되어야 한다. 업종과 업태에 따라 그 종류와 내용, 용어는 다를 수 있지만 궁극적으로 원가를 절감할 수 있다는 마인드를 가져야 한다.

최근 원가관리를 위한 각종 지표와 항목, 비율, 백분율 등에 따른 프로그램을 체계화시키고 있다. 시스템은 표준과 실제에서 차이가 있지만 회계를 통해 어떻게 계산되는지 매뉴얼은 어떻게 구성되어 있는지 확인해야 한다. 계산은 계산으로 끝나서는 안 되며, 숫자와 퍼센트로 표기되는 백분율은 피드백하여 반드시 개선할 수 있어야 한다.

1. 회계기준과 외식기업

회계는 현대사회의 발전과 변화에 따라 그 개념도 조금씩 다르게 정의되고 있다. 수학이나 자연과학처럼 영구적으로 불변하는 진리탐구의 학문이 아니라 경제상황에 따라 수요와 공급, 구매력 등은 변하고 있다. 특히 인구통계학적 특성에 따라 실용학문으로써 적용되고 있다.

1941년 미국공인회계사회(AICPA)가 발표한 회계용어 공보(ATB : Accounting Terminology Bulletin)에 의한 정의는 다음과 같다.

"회계는 재무적 성격이나 거래, 사상, 용역 등을 화폐액으로 분류하여 의미 있는 방법으로 기록하고 요약한 결과를 해석하는 기술(art)서이다."

이를 바탕으로 1966년 미국회계학회(AAA)는 기초적인 회계이론에 대한 보고서(ASOBAT : A statement of basic accounting theory)에서 새로운 방향을 제시하였다.

"회계란 정보이용자가 적절한 판단과 의사결정을 할 수 있도록 도와준다. 경제적으로 정보를 식별하며 적용할 수 있게 측정하여 전달해 주는 과정이다."

1970년 미국공인회계사회(AICPA)는 회계원칙 심의위원회(APB)에서 정보를 중심으로 다음과 같이 정의하였다.

"회계는 서비스 활동이다. 그 기능은 여러 가지의 대체방법으로 합리적인 선택을 통해 경제적인 의사결정을 할 수 있다. 즉, 실체가 있는 재무적 정보를 유용하게 사용할 수 있도록 양적으로 제공해 주는 정보활동 과정이다."

【회계】

기업의 언어(language of business)이다.

정보시스템(information system)이다.

서비스 활동(service activity)이다.

회계는 기업회계 기준에 의해 일반적으로 인정하는 원칙으로 이루어진다. 회계원칙(GAAP : Generally Accepted Accounting Principles)은 회계기준에 대한 실무지침을 정보 이용자에게 서로 제공하기 위해 작성하는 재무기록을 의미한다. 이를 통해 일관성을 가지고 기업정보를 확인할 수 있다.

우리나라는 호텔 및 외식기업을 위한 회계기준을 따로 제정하지는 않았으나, 미국은 일찍부터 미국 호텔 · 모텔협회(AHMA : American Hotel and Motel Association) 주관으로 호텔업 회계기준(USALI : Uniform System of Accounts for the Lodging Industry)과 외식기업 회계기준(USAR : Uniform System of Accounts for Restaurants)을 제정 및 승인하여 사용하고 있다. 우리나라 외식기업들은 일반적인 기업 회계원칙에 따라 미국 레스토랑협회의 기준을 인용하여 사용하고 있다.

본 장에서는 레스토랑의 매출관리나 수익차원이 아니라 실질적으로 영업을 통해 발생할 수 있는 각종 비율과 이익을 계산하여 의사결정권자에게 경영상의 유익한 정보를 제공하는 데 그 목적이 있다. 명심해야 할 것은 비율계산과 백분율을 계산하는 목적은 원가관리뿐만 아니라 모든 내용은 경영자나 매니저에 의해 반드시 기록하고 해석된 후 적절하게 반영될 수 있어야 한다는 것이다. 기업에서 표준으로 하는 각종 비율을 초과하면 경영자들은 즉각적으로 그 원인을 파악해야 한다. 따라서 각종 식·음료와 노무비, 기타 경비 등의 숫자 이면에 존재하고 있는 실질적인 내용을 분석하고자 한다.

2. 식재료 원가율

1) 소비된 식재료 원가(food consumed)와 판매된 식재료 원가(food sold)

식재료 원가를 어떻게 산출하는가? 하는 문제는 매우 중요하다. 여러 가지 계산방법이 존재하고 있지만 식재료 원가를 매출액으로 나누어 계산할 수 있다. 산출된 식재료 원가가 기간 중 판매된 식재료 원가인지, 기간 중에 소비된 식재료 원가인지에 따라 차이가 있다. 산출된 원가율의 정확성을 계산하기 위해서는 월말에 이루어지는 실제 재고조사가 필수적이다. 재고조사를 하지 않는 손익계산서상의 식재료 원가는 부정확하다. 그러므로 이익을 추구하는 대표자들에게는 경영에 도움이 되지 못할 수도 있다.

많은 점포들은 월말 재고조사를 하지 않고 손익분석을 한다. 이는 월말의 손익계산이 아니라 기간 중에 사용된 식료품에 대한 추정치에 불과하다. 1년을 기준으로 보면 매월 구매한 물품과 재고품은 계속적으로 발생한다. 창고에 저장 중인 식재료는 월 단위의 매출액과 동일하다 할지라도 월말의 재고량은 변화한다. 말일에 창고에 보관 중인 수량은 그 달의 무슨 요일에 끝나는가에 따라 달라질 수 있다. 주 5일 근무로 인해 주말이 시작되는 금요일과 월요일, 화요일의 재고는 같을 수가 없다. 여기에서 산출된 식재료 원가는 기간 중에 소비된 원가(food consumed)인지, 기간 중에 판매된 식재료 원가(food sold)인지를 구분하는 것이 중요하다. 따라서 소비된 식재료라 해도 모두가 매출이 되는 것은 아니다.

월간 총 구매량(total food purchase for the month)은 공급업체의 배달 물품과 함께 인도할 때 제출되는 송장(invoice)에서 반품이나 착오로 발생한 품목은 제외하여야 한다. 수정 후 전월 재고량(beginning inventory)을 더하면 월간 총 판매량(total food available for sale)이 된다. 여기에서 월말 재고액(month-end food inventory)을 차감하면 월간 소비된 순수한 식재료량(cost of food consumed)이 된다.

소비된 식재료량은 기간 중 사용되었거나 팔린 식재료, 절도나 계산하지 않고 도주한 고객 식대, 직원 식사, 할인된 값으로 제공한 식사, 바(bar)로 나간 안주류, 무료 식사 제공, 쓰레기, 기타 음식 값을 받지 않았거나 사용된 모든 식재료량을 포함한다.

2) 월간 식재료 원가율

【문제 1】

'대한 Restaurant'의 매출액과 각종 경비, 이익에 대한 월간 평균치이다. 각 항목은 보수적인 경영관리 관점에서 매출을 과다하게 계상하지 않았으며, 각종 경비는 과소하게 계상하지 않도록 하였다.

식재료 매출[1]	25,000천 원
각종 경비[2]	6,900천 원
노무비[3]	6,000천 원
최소 이익[4]	2,000천 원(매출액의 8%)
월초 재고량	5,300천 원
월말 재고량	4,900천 원
월중 구매량	8,600천 원
종업원 식사	350천 원
잠재 식재료 매출[5]	25,500천 원
잠재 식재료 원가[6]	8,000천 원
음식물 무료 제공[7]	매출액의 1.5%

1) '대한 Restaurant'은 알코올음료를 판매하지 않음
2) 식재료 원가를 제외한 고정비, 변동비, 기타 비용을 포함함
3) 파트타임의 각종 혜택 포함
4) 이익은 화폐량이나 매출 대비 백분율로 표시함
5) 메뉴의 매출분석과 메뉴별 가격이 기준
6) 메뉴의 매출분석과 표준 조리량이 기준

예제

월간 소비된 식재료량(cost of food consumed)과 비율을 계산하시오.

풀이

월초 재고량 + 월간 구매량 - 월말 재고량이 당월 사용 가능한 양이다.
5,300천 원 + 8,600천 원 - 4,900천 원 = 9,000천 원이 된다.
월간 소비된 식재료 비율 = 9,000천 원 / 25,000천 원 = 36%

예제

판매된 식재료의 양(cost of food sold)과 비율을 계산하시오.

풀이

직원식사 350천 원을 차감한(9,000천 원 - 350천 원) = 8,650천 원이 된다.
월간 판매된 식재료 비율 = 8,650천 원 / 25,000천 원 = 34.6%

3. 식재료 원가의 종류

1) 최대허용 식재료 원가율(MFC : maximum allowable food cost)

MFC는 기업이 이익을 내면서도 지급할 수 있는 최대의 식품원가에 대한 허용 값이다. 이는 가장 높은 식재료 원가로서 외식기업 이익에 대한 목표치를 인식하는 데 사용된다. 만약 월말에 산정한 식재료 원가율이 MFC를 초과한다면 설정한 이익에 대한 목표는 달성할 수 없게 된다. 하지만 업종과 업태에 따라 다르며, 같은 체인회사 내에서도 점포별 재무관리 측정은 다르기 때문에 그 비율은 각 업장마다 조금씩 달라질 수 있다. MFC의 계산방식은 다음과 같다.

첫째, 노무비와 각종 비용을 화폐단위로 표시한다. 현장감 있는 내용을 바탕으로 정확한 값을 구하기 위해서는 과거의 실적과 현재의 평균 등을 이용하여 계산할 수 있다.

둘째, 월간 목표 이익을 화폐량에 따라 또는 매출에 따라 비율을 정하거나 더하여

7) 경영자가 정한 매출 외, 음식물 소비량(무료 제공 등)

계산하게 된다.

셋째, 기간 중에 지출된 각종 경비를 기간 중 식재료 매출에서 나누어 백분율로 전환한 후 100%에서 빼면 남는 것이 MFC값이 된다.

① 노무비율 : 6,000천 원 / 25,000천 원 = 24%

일반 경비율 : 6,900천 원 / 25,000천 원 = 27.6%

② 월간 이익률 : 2,000천 원 / 25,000천 원 = 8%

③ 전체 : 59.6%(24% + 27.6% + 8%)

최대허용 식재료 원가율(MFC) = 100% − 59.6% = 40.4%

2) 실제 식재료 원가율(AFC : actual food cost percentage)

식재료 원가율은 외식기업에서 실제 영업하면서 월간 손익계산으로 확인할 수 있다. 월간 식재료 판매액을 식재료 매출액으로 나누어 계산할 수 있다. 소비된 식재료 비율로 할 것인지, 월간 판매된 식재료 비율로 할 것인지 결정해야 한다.

월간 손익분석 과정에서 직원의 식사에 대한 항목이 있다면 월간 소비된 식재료에서 그 값을 차감함으로써 판매된 식재료 원가를 계산할 수 있다. 항목이 없다면 외식기업의 월간 식재료 원가는 곧 월간 소비된 식재료 원가가 된다. 이와 같이 월간 판매된 식재료 원가보다 높기 때문에 재고조사에 대한 결과에 반영되지 않을 수 있다. 월말에 이루어지는 월간 손익계산은 구매액을 기초로 추정한 것에 불과하기 때문에 정확한 계산이라 할 수 없게 된다.

예제

실제 식재료 원가율을 산출하기 위한 내역은 다음과 같다.

월초 재고량	5,300천 원
월중 구매량	8,600천 원
월간 가용한 총판매량	13,900천 원
월말 재고량	4,900천 원
월간 소비된 식재료 원가	9,000천 원
종업원 식사	350천 원
월간 판매된 식재료 원가	8,650천 원

풀이

실제 식재료 원가율(AFC) = 월간 판매된 식재료 원가 / 식재료 매출
8,650천 원 / 25,000천 원 = 34.6%

3) 잠재된 식재료 원가율(PFC : potential food cost percentage)

잠재된 식재료 원가율은 이론상의 원가율(theoretical food cost)을 말한다. 이상적인 환경에서 메뉴분석을 통해 각 원가에 적용할 수 있다. 무료로 제공한 음식도 없으며, 과도하게 준비하여 버리는 경우도 없다. 절도나 도난 등에서도 발생하지 않은 순수하게 소비된 식재료 원가이다. 월간 판매된 식재료 원가는 여러 가지 상황 중에서 매출액을 만들어내기 위해 들어간 원가를 말한다.

PFC 계산을 위한 식재료 원가는 메뉴믹스(Menu mix)에서 나타난 메뉴별 판매량을 조절하는 데 사용된 이상적인 레시피로 원가를 곱하여 계산할 수 있다. 가중치에 대한 원가(weighted cost)의 합계를 의미하며 매출액(메뉴별 판매량×각 메뉴의 가격) 합계로 나누면 잠재된 식재료 원가율이 된다. 이를 바탕으로 '대한 Restaurant'의 매출액과 각종 경비, 이익에서 잠재된 식재료 원가율(PFC)을 산출할 수 있다. 그 항목은 다음과 같다.

잠재된 식재료 매출 25,500천 원
잠재된 식재료 원가 8,000천 원

잠재된 식재료 원가율(PFC)
8,000천 원 / 25,500천 원 = 31.4%

4) 표준 식재료 원가율(SFC: standard food cost percentage)

잠재된 식재료 원가율(PFC)이 비현실적인 것이 될 수 있기 때문에 경영상의 목표를 수립하여 계산해야 한다. 이는 실제 영업 중에 불가피하게 발생하는 식재료 쓰레기나 직원 식사, 품질관리 등으로 인한 손실을 허용함으로써 해결할 수 있다. 이것이

표준 식재료 원가율이다. 경영자들은 SFC를 실제 식재료 원가율(AFC)의 표준과 비교하면서 손실을 충족시켜 주고 있다.

표준 식재료 원가율(SFC)을 산출하기 위한 구성항목은 다음과 같다.

잠재된 식재료 원가율	31.4%
음식물 무료제공	1.5%
직원 식사	350천 원

표준 식재료 원가율

31.4% + 1.5% + (350천 원 / 25,500천 원) = 31.4% + 1.5% + 1.4% = 34.3%

5) 4가지 식재료 원가율

분석결과 4가지 식재료 원가율은 31.4%(PFC)에서 40.4%(MFC)까지 분포되는 것을 확인하였다. 계산을 통해 나타난 소비된 식재료 원가와 판매된 식재료 원가의 차이는 1.4%이다. 여기에서 경쟁업체나 다른 외식기업과 비교할 때 식재료 원가율이 어떻게 산출되었으며, 구성항목이 무엇인가를 확인하는 것이 중요하다.

최대 허용 식재료 원가율(MFC)	40.4%
실제 식재료 원가율(AFC)	34.6%
잠재된 식재료 원가율(PFC)	31.4%
표준 식재료 원가율(SFC)	34.3%

(1) 식재료 원가계산

개별 메뉴의 식재료 원가율 계산은 먹을 수 있는 분량에 대한 원가(edible portion cost)에서 해당 메뉴를 조리하는 데 소비된 식재료의 총원가를 나누어 계산할 수 있다.

예제

디너 스테이크(dinner steak) 메뉴에 대한 원가가 5,000원이며, 판매가는 12,500원이라고 가정할 때, 이 메뉴의 식재료 원가율은 40.0%가 된다. 이러한 계산은 다음과 같다.

* 메뉴원가 / 판매가

5,000 / 12,500

예제

식재료 원가율을 달성하기 위해서는 메뉴가격을 결정해야 한다. 해당 메뉴를 조리하는 데 소비된 모든 식재료의 총원가(entree와 garnish 포함)에서 식재료 원가율로 나누면 된다.

* 메뉴의 원가 / 식재료 원가율

5,000원 / 0.4 = 12,500원

(2) 음료 매출액

레스토랑에서 음식과 함께 제공되는 커피, 차, 우유, 과일, 주스 등에 대한 매출액은 식재료비 매출에 포함시켜 계산할 수 있다. 바(bar)를 운용하여 알코올성 음료를 제공하지 않을 경우 또는 소프트드링크(soft drink)인 청량음료, 영양음료, 기호음료의 매출액 역시 식재료비 매출로 계산할 수 있다.

4. 노무비

1) 프라임 원가

프라임 원가개념은 고객에게 서빙하기 전에 집약되었던 노동력을 모든 메뉴에서 적용할 수 있다. 이익을 계산할 때 발생하게 되는데 낮게 계산된 원가에 이익을 가산하는 것을 막기 위해 주의를 기울인 Harry Pope에 의해 처음 도입되었다. 그는 식재료 원가에서 직접노무비(direct labor)를 포함하여 계산하였다.

직접노무비란 외식기업 현장에서 고기를 자르거나 빵이나 파이를 만드는 데 소비된 직접 인건비를 말한다. 이러한 계산은 추가된 노동시간의 비용을 메뉴에 가감하여 할당하게 된다. 스테이크나 빵의 식재료 원가에 부가하여 계산할 수 있으며, 직접 노무비를 합한 프라임 원가를 말한다.

간접노무비는 외식기업에서 식기를 세척하거나 주차요원, 바텐더, 서버 등 특정 메뉴에 개별적으로 부과할 수 없는 노동생산성 비용이다. 원가요소가 아니기 때문에 일반 경비형태로 각 메뉴에 할당되어 계산하게 된다. 프라임 원가는 식재료 원가, 음료 원가와 관련된 노무비나 직원에게 제공된 각종 보장성 보험 등을 포함한다.

2) 노무비율

(1) 전통적 노무비율

전통적인 노무비율은 손익계산서에 나타나는 임금의 합계액에 대한 총 매출액으로 나누어 산출할 수 있다. 임금은 아르바이트 직원의 시간급, 정직원의 고정급 등 모든 인건비를 포함한다. 원가는 고정비와 변동비로 분리되어 계산된다. 정직원의 인건비와 각종 경비는 기업을 운영하는 데 필요한 관리비 성격을 가진다. 아르바이트 직원에 대한 시간급은 통제 가능한 인건비 등이기 때문에 정직원의 인건비와 구분된다. 특히 노무비율을 산출할 때에는 명확한 구분표시가 중요하다.

미국의 레스토랑협회(NRA : national restaurant association)는 외식기업 임금을 다음과 같이 보고하였다.

직원에게 지급된 모든 형태의 비용 중 고정급, 시간급, 초과수당, 휴가비, 보너스 등과 특별급여, 연금, 실업보험금, 의료보험료 등을 포함하고 있다. 기타 혜택으로 직원의 보상보험과 복지급여, 연금 계획과 지원, 각종 질병사고, 생명보험, 교육비 지원 등으로 세분되었지만 우리나라와는 상당한 차이가 있다.

노무비율은 매출 변동에 따라 시간급이 왜곡되게 보고될 수 있다. 기간 중에 일어난 특정 사실들을 기록하여 보고해야 한다. 메뉴별, 일별, 주별, 월별 매출액에 맞게 업무 역할을 배치하며, 직원들의 노동생산성을 고려하여 관리되어야 한다.

예제

'대한 Restaurant'의 점포 1과 점포 2에 대한 매출액과 임금, 고객 수, 총 근로시간이다. 노무비율을 계산하시오.

	점포 1	점포 2
매출액	12,680천 원	14,000천 원
임금	2,220천 원	2,450천 원
고객 수	2,400명	2,500명
총 근로시간	1,065시간	1,155시간

풀이

노무비율은 임금 / 매출로 계산할 수 있다.

점포 1 : 2,220천 원 / 12,680천 원 = 17.5%

점포 2 : 2,450천 원 / 14,000천 원 = 17.5%

두 점포의 노무비율은 17.5%로 동일하다. 하지만 점포의 생산성이 어느 쪽이 높은가에 대한 결과를 정확하게 제공하지 못하기 때문에 별도의 노무비율을 계산하여 확인해야 한다.

(2) 1인당 매출액(sales per labor hour)

외식업소는 1인당 매출을 기준으로 직원을 편성하고 있다. 총 매출액에서 총 근로시간으로 나누어 산출할 수 있다.

예제

'대한 Restaurant'은 1인당 매출액을 25,000원으로 표준화하여 금액으로 책정하였다. 100,000원의 예상 매출액은 4명의 직원을, 75,000원의 매출액은 3명을 편성할 수 있다. 이러한 계산에 따라 매출 증가로 인한 파트타임 직원을 추가할 수 있다. 정직원은 핵심인재로 고객이 있거나 없거나 항상 고정되어 편성된 고정비이다. 반면에 변동비는 파트타임, 아르바이트 등 레스토랑 고객이 많아지거나 매출액이 늘어날 때 서비스의 질 측면에서 추가하게 된다. 정직원들로만 해결할 수 없을 때 추가적으로 편성되는 비용이다.

직원을 편성하기 위한 1인당 매출액 결정은 모든 식사시간대를 포함하여 활용할 수 있는 것은 아니다. 아침식사 편성은 패스트푸드점에서 처음 시작되었다. 아침식사 인구가 늘어나면서 드라이브스루(drive-through) 같은 점포가 들어서기 시작했다. 1인당 매출을 기준으로 편성하지만, 매니저들은 직원을 편성할 때 매출액을 기준으로 하지 않는다. 표준으로 설정한 목표를 달성하는 데 필요한 방문고객 수를 고려해서 결정하게 된다.

아침식사의 평균 객단가는 점심이나 저녁에 비해 매우 낮다. 드라이브스루를 도입하면서 분당 거래 수를 증가시켜 더욱 많은 직원을 필요로 하였다. 하지만 직원은 매출을 기준으로 편성하는 것이 아니라 서빙해야 하는 고객 수에 따라 편성된다. 이러한 이유가 1인당 매출에 따른 직원 편성의 약점이 된다.

점포 1, 12,680천 원 / 1,065시간 = 11,906원(1시간당)
점포 2, 14,000천 원 / 1,155시간 = 12,121원(1시간당)

1시간당 매출액을 비교할 때, 점포 2가 점포 1에 비해 매출은 많으나 점포입지를 고려하면 달라질 수 있다. 점포 1이 주택가에 위치하거나 점포 2가 관광지에 위치한다면, 관광객의 소비패턴이 보다 자유스러워 주택지 점포 이용객보다 높은 객단가를 나타내게 된다. 따라서 점포 2는 점포 1의 객단가보다 높을 수 있다.

(3) 1인당 고객 수(covers per labor hour)

직원들은 원래 의도한 대로 매출을 달성할 수는 없다. 직원을 편성하고 노무비를 분석하기 위해서는 보다 효율적인 방법을 강구해야 하는데 직무배치는 매출액을 기준으로 하지 않는다. 따라서 레스토랑에서 서빙해야 될 고객 수를 기준으로 편성하게 된다. 1인당 고객 수는 서빙해야 될 고객 수를 총 근무시간으로 나누어 계산할 수 있다.

점포 1 : 2,400명 / 1,065시간 = 2.25명(1시간당)
점포 2 : 2,500명 / 1,155시간 = 2.16명(1시간당)

점포 1과 2는 1시간당 담당해야 될 고객 수의 차이를 소수점 이하 2자리까지 산출할 수 있다. 0.09명으로 생산적인 측면에서는 큰 차이가 없으나 점포 1이 2보다 더 우수하다는 것을 알 수 있다.

(4) 1인당 노무비(labor cost per labor hour)

실제 경영에서 1인당 노무비를 계산된 수치만으로 비교하기엔 무리가 있다. 총임금에서 정직원들의 임금을 제외하고 시간급 직원들의 총합에서 근무시간을 나누어 산출할 수 있다. 1인당 인건비가 높다는 것은 능력과 생산성 높은 경험 많은 직원들로 편성되었음을 의미한다. 이로 인해 소수의 직원만을 편성하게 되므로 전체적인 총임금은 낮출 수 있다.

반면, 1인당 낮은 인건비는 최저임금을 기준으로 생산성 낮은 직원을 편성한다는 것이다. 많은 인원을 추가하여 결국 인건비를 높이는 결과를 초래할 수 있다.

인건비 / 1인당 시간으로 계산할 수 있다.

점포 1 : 2,220천 원 / 1,065시간 = 2,085원(시간당)

점포 2 : 2,450천 원 / 1,155시간 = 2,121원(시간당)

두 점포의 직원에 대한 경험이나 근무 연한이 비슷하다면, 1인당 인건비가 점포 2에 비해 낮기 때문에 점포 1은 기간 중 영업성적이 좋다고 할 수 있다.

(5) 고객 1인당 시간급(labor cost per cover)

고객 1인당 시간급은 기간 중에 지출된 총 시간급을 서빙한 고객 수로 나누어 산출할 수 있다. 고객 1인당 시간비율이 낮은 수치는 인력운영 측면에서 높은 수치의 영업보다 더욱 생산적으로 운영되었음을 의미한다. 1인당 서빙한 고객 수를 금액으로 환산하면 다음과 같다.

점포 1 : 2,220천 원 / 2,400명 = 925원

점포 2 : 2,450천 원 / 2,500명 = 980원

점포 1이 점포 2보다 고객 1인당 시간급이 낮기 때문에 생산성이 높게 운영되었다고 할 수 있다.

5. 회전율(turnover rate)

1) 좌석 회전율(seat turnover rate)

전통적으로 레스토랑의 매출액에 따라 직원들을 관리하며, 좌석 회전율을 따진다. 이는 레스토랑 내 테이블(2인, 4인용) 유형에 따라 고객이 몇 번 회전하는가를 의미한다. 미국 및 유럽의 호텔 레스토랑에서는 좌석당 고객 수를 산출할 뿐 아니라 매출액을 분석할 때도 적절하게 사용하고 있다. 시간 내 고객을 효율적으로 회전시켜 매출액을 극대화할 수 있으며, 좌석당 투자대비 산출액을 계산할 수 있다.

좌석 회전율의 계산은 다음과 같다.

❋ 좌석 회전율 = 1일 총고객 수 / 좌석 수

이는 매출액을 분석할 때 중요하게 활용할 수 있다.

❋ 매출액 = 메뉴단가 × 좌석 수 × 좌석 회전율로 계산된다.

레스토랑은 지출하는 메뉴단가가 높은 상품일수록 좌석 회전율이 낮다. 회전율은 영업시간 전체를 고려하기보다 혼잡한 시간대, 고객 수가 많은 요일별로 달라질 수 있다. 고객 수가 많은 시간대에 효율적으로 운영한다면 성과가 높아지게 된다. 고객단가와 좌석 회전율을 잘 관리한다면 매출액을 향상시킬 수 있다. 특히 혼잡한 시간대는 좌석 회전율에 주목하며 고객 수가 적은 시간대는 고객 단가에 주목해야 한다. 낮은 객단가로 영업하는 점포들은 치열한 경쟁상황에서 살아남기 위한 방법으로 매출액을 증가시키기 위한 회전율에 관심을 가져야 한다.

패스트푸드점은 객단가가 낮지만 높은 좌석 회전율을 보인다. 거래 수를 증가시키기 위해 음식 주문과 생산성을 고려하여 레스토랑 외부로 가지고 나가는 take out, 캐리아웃(carry out), 드라이브스루(drive through) 등을 활성화시키고 있다. 모든 패스트푸드 매장의 좌석은 오래 머무르는 데 불편함을 느끼도록 딱딱한 의자를 비치하고 있다. 조명도 밝지 않는 등 회전율을 높이기 위한 전략에서 비롯되었다. 좌석 회전율은 서빙 고객 수를 통해 홀의 좌석 수로 나누어 계산할 수 있다.

좌석 회전율에 영향을 주는 요인은 다음과 같다.

첫째, 제공되는 음식형태에 따라 달라질 수 있다.

둘째, 제공되는 서비스방법에 따라 달라질 수 있다.

셋째, 식사형태와 식사시간에 따라 달라질 수 있다.

넷째, 동행인의 수와 좌석형태, 점포규모에 따라 달라질 수 있다.

다섯째, 아침, 점심, 저녁에 따라 회전율은 차이가 있다.

여섯째, 좌석 회전율과 평균 객단가는 반비례한다.

일곱째, 평균 객단가가 높을수록 좌석 회전율은 낮다.

모든 경영자들은 영업할 때, 좌석을 다 채워 회전되기를 희망한다. 빈 좌석 없이 모두 채운 것처럼 보이지만 실제로는 전체 좌석의 85% 이하로 채워지고 있다. 이는 점포시설을 최대한 효율적으로 활용하였다고 할 수 없다. 때문에 고객을 효율적으로 좌석에 앉히기 위한 관리방법은 다음과 같다.

첫째, 좌석을 정리하는 직원을 배치해야 한다.

둘째, 고객의 일행 수를 체크하여 테이블 유형을 맞게 배치해야 한다.

셋째, 고객의 사이즈에 맞는 적절한 테이블 유형을 보유해야 한다.

한편 웨이팅 라인이 길게 늘어섰는데도 홀 안에 빈 좌석이 있다면 고객 수와 좌석 분석이 잘못되었다고 할 수 있다. 좌석을 정리하는 직원은 가능한 한 빨리 고객들을 앉힐 수 있어야 하며, 일행에 맞는 테이블을 배정해야 한다.

2) 재고 회전율(inventory turnover rate)

재고 회전율은 창고에 저장 중인 식음료 재고와 월간 소비량을 평가하기 위해 사용된다. 현재 보유 중인 재고량은 공급횟수와 창고의 저장공간에 반비례한다. 한정된 냉동, 냉장 저장고로 인해 공간이 부족한 기업은 충분한 기업보다 높은 수준의 재고 회전율을 보인다. 하지만 저장공간이 많고 적음은 재고수준을 결정하는 데 절대적 기준은 아니다.

재고자산의 회전율은 연간 매출액에서 평균 재고자산을 나누어 계산한다. 재고는 어느 정도의 속도로 판매되었는가를 나타내는 지표이다. 재고 회전율이 높을수록 기업은 양호한 상태로 식재료가 신선하게 판매된다. 반면에 재고가 적다는 것은 현금 회전이 잘 된다는 것이다. 재고자산이 과잉 투자되어 쌓여 있으면 수익성도 떨어질 뿐 아니라 회전율이 낮아 유동성위기에 몰릴 수 있다.

세법에서는 재고자산 회전율, 즉 상품 회전율은 추계 과세 기준의 하나로 규정하고 있다. 식재료 회전율은 부패 가능성과 연관되어 있어서 음료 회전보다 훨씬 빨라야 한다. 부패할 수 있는 식재료를 많이 묶어두거나 과도한 수준의 음료 재고를 유지하는 것은 현금을 묶어두는 것이다. 현금은 은행에 맡기거나 기업운영에 활용하였을 때 경제적인 수익을 창출할 수 있다.

재고 회전율은 소비된 식재료 원가에서 평균 재고로 나누어 계산할 수 있다. 평균 재고는 월초 재고액과 월말 재고액을 더한 후 2로 나누어 구하는 것이 단순 평균계산이다. 여기서 말하는 평균재고는 월간 소비된 식재료나 음료원가로 나눌 수 있다.

예제

다음은 '대한 Restaurant'의 매출액과 재고량 및 매입량의 월간 평균금액이다.

식재료 매출액	25,000천 원
월초 재고량	5,300천 원
월말 재고량	4,900천 원
당월 매입량	8,600천 원

풀이

월간 소비된 식재료의 양은 다음과 같이 계산할 수 있다.
월초 재고량 + 당월 매입량 - 월말 재고량이다.
5,300천 원 + 8,600천 원 - 4,900천 원 = 9,000천 원이다.

❈ 평균 재고량은 월초 재고량 + 월말 재고량 / 2이다.
5,300천 원 + 4,900천 원 / 2 = 5,100천 원이 된다.

✻ 재고 회전율 = 소비된 식재료 원가 / 평균재고
9,000천 원 / 5,100천 원 = 1.76회전이 된다.

재고 회전율이 1.76회라는 것은 화폐로 표시한 식재료 재고에 해당하는 양이 월 1.76회 회전한다는 의미이다. 월간 평균재고인 5,100천 원의 1.76배로 약 9,000천 원 가치인 식재료가 창고에서 불출되어 조리되고 있음을 의미한다. 이 수치를 30일로 나누면, 창고에 저장되어 있는 식재료를 화폐단위로 평가할 수 있다. 이를 통해 영업을 계속할 수 있는 일수를 파악할 수 있다. 30일 / 1.76회 = 17일로 식재료의 추가주문 없이 현재의 재고수준으로 향후 17일 동안 영업이 가능하다는 것이다.

재고 회전율은 공급자의 배달주기와 관련되어 있다. 서울이나 수도권에 주 1회 이상 식재료 배송이 이루어진다면 7~10일 정도의 재고수준을 유지해야 영업에 문제가 없게 된다. 식재료를 과도하게 저장해 두지 않아야 현금흐름이 양호해지고 유동성 위기를 벗어날 수 있다. 일반적인 식재료 재고량은 주 1회 정도 또는 열흘간 영업이 가능한 수준을 유지하는 것이 적당하다.

알코올성 음료를 판매하는 외식점은 재고 회전율이 훨씬 빠르다. 월간 재고 회전율보다 연간 재고 회전율을 따지게 된다. 고가의 독한 술과 와인은 비교적 높은 수준의 재고를 유지할 수 있다. 맥주와 와인 위주의 저알코올성 음료를 판매하는 점포는 브랜디와 코냑, 위스키 등 독한 술을 판매하는 점포와 재고 회전율에서 차이가 있다. 이는 음료의 유효기간과 제품특성이 다르기 때문이다. 와인은 저장기간이 길수록 일반적인 고급와인으로 인정받고 있다. 높은 도수의 알코올성 음료는 개봉하지 않고 적절한 온도를 유지한다면 안전한 품질을 오래도록 유지할 수 있기 때문이다.

3) 식재료와 음료매출 비율

알코올 음료를 판매하는 점포는 전체 매출에서 식재료 매출과 알코올 음료가 차지하는 비율을 구분하여 표시해야 한다.

'대한 Restaurant'은 월간 총매출액이 1억 원이다. 식재료 매출은 7,500만 원, 음료 매출은 2,500만 원으로 식재료 매출에 대한 음료 비율은 75:25이다. 해당 업체의 총 매출 중 75%는 식재료 부문이며, 25%는 음료 부문의 매출을 말한다. 외식기업의 일반적 기준은 75:25이지만, 음료 매출의 비중이 높은 업체는 50:50으로 나타나기도 한다. 전체 매출에서 음료 부문이 차지하는 비율이 높을수록 이익 또는 매출의 증가폭이 높아진다. 이는 음료 부문 매출에 대한 공헌이익이 식재료 부문 매출에 대한 공헌이익보다 높기 때문이다.

CASE STORY 외식현장에서

** 판매량(volume)은 원가관리의 잘못을 감추게 된다

매출이 높은 업소는 적은 업소보다 단위당 이익을 발생시키는 비중이 높다. 손익분기점을 달성하면 그 이상의 매출에서 높은 이익 증가율을 확인할 수 있다. 매출이 작거나 손익분기점 이하의 매출은 음식물 쓰레기나 무료음식 제공 등의 이익 발생을 저해하여 유동성 위기를 가져올 수 있다.

매출이 높은 레스토랑의 매니저나 셰프, 관리자들은 대부분 자신의 사업을 꿈꾸며, 창업을 준비하고 있다. 근무한 경험과 노하우가 성공을 확신시킬 수 있는 것은 경영이다. 그들이 잘 알지 못하는 것은 현재의 높은 매출은 여러 부문의 원가관리가 잘 이루어지고 있다는 사실을 파악하지 못한다는 점이다. 그들은 매출의 절반이나 그 이상이 줄어들었을 때야 인식하게 되는데 이것이 오너와의 차이라 하겠다.

미국의 휴스턴은 레스토랑을 경영하기에 좋은 장소로 유명하다. 높은 매출을 달성할 수 있으며, 음식의 질에 대한 수준이 표준보다 높게 유지되고 있다. 매니저들은 매 식사 때마다 음식의 맛을 보며, 표준에 미치지 못하면 버리도록 지시한다. 이를 계속하면 음식물 쓰레기로 버리는 양은 상당한 금액이 될 것이다. 음식물의 표준관리를 위해 버려지는 쓰레기는 매출의 1%를 상회하는 것으로 나타났다. 이는 경영상의 부담이 된다. 다른 점포는 월 단위로 매출 대비 음식물 쓰레기를 평가하는 것과 달리 매주 품질관리하고 있음을 보여주지 못한 결과이다.

원가관리를 통해 0.25% 이하의 쓰레기 비율을 유지하며, 표준화된 맛과 양, 품질은 매뉴얼화되어야 한다. 하지만 실제 주방에서 이루어지는 표준화는 힘들 뿐 아니라 달성하는지 확인하기도 어렵다. 손익분기점에 도달하지 못하는 점포나 이익을 내지 못하는 점포는 버려지는 음식물에 대한 쓰레기 조사를 먼저 해야 한다.

경영관리 측면에서 표준화된 수준을 유지하지 못하거나, 버려지는 쓰레기에 관심이 없는 경영자는 경쟁자보다 우위확보가 어렵게 된다. 버려지는 손실만큼 고객에게 제공할 수 있다면 더 만족스러운 결과를 가져올 수 있기 때문에 계속적인 피드백과 수정으로 보완되어야 한다.

현대사회에서 만족하지 못한 음식 값을 지불한 고객은 수많은 매체나 불평방법을 통해 타인에게 구전한다. 그들은 당연히 재방문을 포기한다. 많은 외식업소들은 불만고객을 관리할 방법에 대해 고민한다. 서비스만족을 제공하는 것은 계속적인 영업을 가능하게 하기 위해서이다. 만족하지 않은 음식과 서비스에 대한 값은 받지 말아야 한다. 어떤 경영자들은 그들에게 다음 방문 때 사용할 수 있는 무료식사권을 제공하기도 한다.

경영에는 전략이 있다. 가격과 양에 대한 원가를 설정하는 것도 중요하지만 표준을 통해 기대 이하로 제공되는 품질이 없는지 관리되어야 한다. 주간, 월간, 연간 목표 달성 등 낮은 원가에 의존하는 것도 하나의 방법이지만 기대하는 매출목표 달성은 고객이 지불하는 가격이 적정할 때 가능하다. 품격 있는 훌륭한 서비스는 청결과 위생, 안전을 통한 질 높은 음식을 제공하였을 때 시작된다. 이러한 매력적인 조건이 갖추었을 때 원하는 목표를 달성할 수 있다.

Chapter 5

식재료 분류

진정한 성공이란 이 세상을 자신이 태어나기 전보다
조금이라도 더 살기 좋은 곳으로 만들어 놓고 떠나는 것이다.

– *Emerson Ralph Waldo* (미국 철학자)

[Chapter 5] 식재료 분류

인간은 항상 시간이 모자란다 불평하면서도 마치 시간이 무한정 있는 듯한 행동을 한다.
– Lucius Annaeus Seneca(로마 철학자)

1. 식재료의 분류와 종류

레스토랑을 경영하기 위해서는 요리로 만들어지는 식재료가 무엇인가를 알아야 한다. 효율적인 경영관리는 여러 가지 분류기준으로 소개된다. 일반적으로 식음료의 종류와 원산지를 바탕으로 하거나 오감을 통한 관능검사, 국내산, 수입산으로 분류하고 있다. 본 장에서는 육류와 가금류, 육가공품류, 생선류, 어패류, 유제품, 채소류, 향신류, 과일류 등으로 나누어 소개한다.

1) 축산물

축산물의 대부분은 식용으로 사용되며 조리의 주재료가 되어 고급음식으로 소비된다. 소고기, 돼지고기, 닭고기 등은 위생적으로 인체에 유해한 질병이나 기생충 유무를 검사하여 도축하고 있다. 지육 및 생육으로 대형마트나 백화점, 정육점, 외식 프랜차이즈점, 호텔레스토랑, 개별 독립점포 등 부위별로 유통되어 판매되고 있다.

(1) 소고기 부위의 분할과 명칭

소고기, 돼지고기, 닭고기는 도체로 분할되어 그 부위별로 용도에 따라 세분화되어 조리에 맞게 판매되고 있다.

① 안심(tenderloin)

고기 중 가장 부드럽고 연하며 지방이 적은 안심은 맛에서도 고급 부위를 자랑한다. 등심 안쪽에 위치한 부분으로 쇠고기 중에서 결이 곱고 부드럽다. 한 마리에 2~3% 정도 얻을 수 있는 최고급 부위로 안심 중 가장 붉은 부위를 제비추리라 한다. 구이, 전골, 산적 용도로 사용되며, 서양요리에서는 로스트, 고급 스테이크(안심스테이크), 바비큐, 브로일에서 이용한다.

② 등심(sirloin)

소의 등골뼈에 붙은 살코기이다. 갈비뼈 바깥쪽에 붙어 있는 안심보다 길고 크다. 외부에서 볼 수 있으며, 갈비가 붙어 있던 부분에 가로로 지방이 끼어 있어 희끗희끗한 줄무늬가 보인다. 얇게 썰었을 때 반달 모양의 황색 인대가 있다. 가장 연하여 구이와 불고기로 이용된다. 등심 주위에 있는 지방은 맛이 좋아 고기 전체의 맛을 좋게 한다. 좋은 조건의 사료를 먹인 소의 등심일수록 지방이 살 사이에 많이 비축되어 있다.

서양은 대리석 같다는 마블드미트(marbled meat)라 하여 고가로 판매된다. 목에 가까운 등심을 리브(rib)라 하며 허리 부분을 로인(loin)이라고 한다.

③ 채끝등심(striploin)

등뼈 끝부분의 요추에서 바깥쪽으로 형성된 부위이다. 안심을 에워싸고 있어 치마살을 포함하고 있다. 소고기 본래의 맛을 느낄 수 있는 최상의 부위이다. 도체중량 254.51kg의 암소를 잡았을 때 약 6.8kg(2.67%)정도밖에 나오지 않아 그 가치와 수요가 큰 부분이다. 단일 근육으로 등심과 비슷한 모양을 하고 있으나 지방이 적고 살코기가 많다. 육질이 적당히 발달하여 조직이 굵고 왕성하다. 지방이 적당히 섞여 있어 안심과 함께 가장 연한 부위로 취급된다. 비육이 잘된 소는 결이 곱고 속에 대리석 모양의 마블링, 즉 지방이 적당히 박혀 있다. 카르보닐화합물, 아민 등의 향기성분을 많이 포함하고 있어 가열 시 좋은 향기를 낸다.

레스토랑은 가열 정도에 따라 베리 레어(very rare), 레어(rare), 미디엄 레어(medium rare), 미디엄(medium), 웰던(well-done)으로 구분하고 있다. 육질이 뛰어난 부위로 마블링 상태가 우수하여 로스구이 및 스테이크용으로 이용한다. 고기가 눌어붙지 않도록 프라이팬이나 석쇠를 먼저 달군 후 고기를 올려놓아야 한다. 처음에는 센 불로 양면을 조금씩 지져 육즙이 흘러나가지 않도록 한 뒤 약한 불로 굽는 것이 맛을 좋게 하는 방법이다.

④ 목심(chuckroll)

목 부위로 운동을 많이 하여 지방이 적고 결합조직이 많아 육질이 질기지만 젤라틴성분이 풍부하다. 등심보다 질겨 근육이 단단하며, 고깃결이 거칠다. 여러 개의 근육이 모여 있어 목뼈를 제거하는 과정에서 칼자국이 많이 남아 있다. 힘줄 등 여러 갈래로 드러나 살코기 부분이 많다. 앞 등심과 살치살 부위의 탄성이 교차하기 때문에 자르는 방법이나 위치에 따라 질김 정도가 달라진다. 얇게 써는 것이 조리할 때 좋으며 부드러운 맛도 함께 느낄 수 있다.

살코기 속에 지방이 고르게 침착되어 마블링(근내 지방도)상태와 풍미가 좋다. 스테이크, 구이, 불고기, 다짐육의 재료로 쓰인다. 맛을 내는 성분이 많아 중불에서 오랫동안 삶아 국물을 내는 요리에 이용된다.

⑤ 앞다리(blade)

부채 덮개살, 꾸리살, 부챗살, 앞다리살, 갈비 덧살 등이 포함되어 있다. 오금에 붙은 고기로 결이 고우며 힘줄이나 막 또는 결합조직이 많아 부분적으로 약간 질긴 곳도 있다. 전체적으로 운동근이 뭉쳐 있어 육색이 짙다. 육질이 연한 부위와 단단한 부위가 교차하며, 근육의 결 방향 또한 다양하여 작게 분할해야 한다.

설도 및 사태 등 특징이 비슷하며, 오랜 시간 물에 넣고 가열하면 연해진다. 탕, 스튜, 육회, 장조림, 불고기 등으로 사용된다. 꾸리살은 육회나 칭기즈칸 요리에 갈비 덧살과 앞다리살은 불고기에 부챗살은 구이용으로 이용된다.

⑥ 설도(button round)

소의 뒷다리 중 넓적다리 앞쪽과 위쪽에 붙어 있는 궁둥이의 살코기이다. 보섭살, 도가니살, 삼각살 등이 포함되었으며, 과거에는 구녕살, 밑살, 비역살이라 하였다. 식용의 이름으로는 좋지 않기 때문에 궁둥이살, 항문살이라 하지 않는다. 짐승의 좌우 궁둥이 살 한가운데 똥구멍이라는 동물의 배설기관이 있어 지저분한 오물과 똥 냄새와 방귀 냄새를 상상하게 되므로 식용고기 이름으로 적합지 않다. 따라서 직설적인 언어로 똥오줌을 배설하는 통로의 뜻을 가진 설도(泄道)라는 말을 사용하게 되었다.

결과 질이 우둔과 비슷하며, 비교적 기름기가 적은 근육으로 되어 있어 육질이 퍽퍽하고 질긴 편이다. 목심보다 불고기용으로 질긴 편이나 가격은 목심의 절반 정도여서 많이 이용된다. 육포, 산적, 육회, 불고기용으로 많이 쓰이며 풍미가 좋아 스테이크용으로 사용할 수 있다.

⑦ 우둔(top round)

소 엉덩이 안쪽 부위인 우둔(inside round)에 포함된 살코기이다. 지방이 적어 살코기가 많으며, 여러 요리에 사용할 수 있다. 우둔살은 근육으로 이루어진 둥근 모양으로 가장 큰 고기뭉치여서 뭉치살이라 한다. 또한 길짐승의 엉덩이는 방둥이와 방심살이라 한다. 같은 부위를 뜻하는 엉덩이, 궁둥이, 볼기는 얼굴의 볼처럼 볼록한 모양으로 엉덩이는 볼기의 윗부분을, 궁둥이는 볼기의 아랫부분을 지칭하고 있다.

소 엉덩이에 붙은 살코기라는 우둔살은 큰 고깃덩어리로 살코기로 이루어져 있다. 색은 약간 짙고, 변색도 다른 부위에 비해 빠르다. 근육섬유는 비교적 잘고 고깃결은 균일하나 부드러움이 부분마다 다르기 때문에 슬라이스할 때 두께에 주의해야 한다. 지방이 들어가면 안 되는 요리로 장조림, 불고기, 주물럭, 산적, 육포, 전감, 잡채 등에 이용한다.

⑧ 사태(shin fore · shank)

사태는 소고기 뒷사태의 뭉치와 아롱사태를 떼어낸 후 앞쪽 허벅지에 붙은 살코기인 앞사태를 포함한다. 소다리의 살에 붙은 고기를 자연스럽게 사태라 한다. 국거리용으로 소의 앞다리와 뒷다리 오금에 붙은 정강이살, 양지와 같이 힘줄이나 막이 많이 섞여 질기지만 기름기가 적어 담백하면서도 깊은 맛이 난다. 결이 곱고 풍미가 좋아 장시간 물에 넣어 오래 익히면 연해져 먹기가 좋다. 국, 찌개, 찜, 불고기 등에 이용되며, 서양에서는 스튜를 만드는 데 사용한다.

⑨ 양지(brisket and flank)

양지는 몸통의 앞가슴부터 복부 아래쪽 부위의 살코기이다. 지방과 결합한 조직으로 육질은 질기다. 근육 간 지방조직이 매우 발달되어 도축 시 피하지방은 0.5cm 내외가 부착되도록 분리한다. 정형화하여 근육 간 지방덩어리는 최대한 제거한다. 양지머리(brisket of beef), 업진살(short plate), 치마양지(thick flank)와 뼈를 추려내는 골발과정에서 생산되는 치마살(flank)로 구분한다.

차돌박이는 양지 하단부분에 하얀 조직의 독특한 맛이 있어 구이용으로 사용된다. 업진살과 치마살은 양지의 뒷부분으로 지방과 살코기가 교차하여 풍미가 좋다. 육질이 치밀하고 단단하며, 오랜 시간 끓이는 조리를 하면 국물이 진하게 우러나와 맛이 매우 좋다. 탕이나 국거리, 장조림, 육개장, 분쇄육으로 사용한다.

⑩ 갈비(grilled beef ribs)

갈비는 한국 요리로 지방이 적고 단백질(근육)이 많은 등뼈 부분 또는 그 등뼈로 구운 것을 갈비구이라 한다. 연한 암소 갈비를 6~7cm 길이로 토막내어 안쪽에 가로 세로로 칼집을 내어 고기가 뼈에서 잘 떨어지게 한다. 바깥쪽의 살부분은 칼집을 내어 양념간이 깊게 스며들게 하여 고기가 잘 익게 한다.

다진 파와 마늘, 생강즙, 설탕, 깨소금, 참기름, 후춧가루, 배즙을 간장에 섞어 양념장을 만든다. 1대씩 양념장을 발라 사이사이에 배어들도록 잘 버무린다. 숯불에 뜨겁게 달군 석쇠에 기름을 살짝 발라 1~2대씩 겉쪽부터 굽는다. 이때 겉에 묻어 있는 양념이 떨어지지 않도록 하며, 굽는 도중에 양념장을 1~2회 더 발라가면서 구우면 맛이 좋아진다.

(2) 돼지고기 부위의 분할과 명칭

① 안심

등뼈의 배 쪽에 붙은 붉은 살코기로 소고기 안심보다 육색이 연하며 육질이 부드럽다. 지방이 적당하게 붙어 있어 부드러우며, 근육과 냄새가 없다. 구이, 찜, 볶음에 이용된다.

② 돼지고기 등심

목심에서 이어지는 등 쪽의 중앙부분으로 표피 쪽에 두터운 지방층에 쌓인 단일 근육의 살코기이다. 돼지등심은 고기의 결이 고우며, 담홍색을 띠고 있다. 방향이나 진한 맛은 떨어지지만 담백하다. 한 마리에 약 3.5kg 정도로 운동량이 적어 부드럽다. 단백질이 많고, 지방함량이 적어 체중에 신경 쓰는 여성들이 즐겨 찾는다. 외국에서도 선호도가 높으며, 굽기보다 푹 삶아서 먹는 것이 건강에 좋다.

조리 시 생강이나 마늘, 고추 등 향신료를 적당히 사용하여 냄새를 없애며, 콜레스테롤이 체내에 흡수되지 않도록 버섯이나 채소를 곁들여 먹는 것이 좋다. 포크촙, 돈가스, 탕수육, 스테이크용으로 사용된다. 한국은 제육용으로 사용되며, 서양에서는 갈비뼈째로 판매하여 하나의 두께로 자른 것은 포크촙(pork chop)용이다. 갈비 몇 개를 함께 자른 것은 로스트용이다.

③ 앞다리 어깨살(shoulder)

앞다리 부위를 분할할 때 생산되는 목 주위의 살코기이다. 피하지방을 정형화하고 밖으로 노출된 지방이나 결체 조직은 분리되어 있다. 근섬유 조직과 근막이 다량으로 분포되어 있다. 운동을 많이 하는 부위여서 근육이 많고 근육 사이에 지방이 박혀 있다. 섬유질이 거칠어 오래 삶을수록 맛이 난다. 약간 질기지만 힘줄사이를 얇게 저미거나 칼집을 내어 로스구이를 한다. 깍둑 썰어 장시간 끓이는 장조림, 스튜, 카레와 스테이크용으로 사용된다.

④ 삼겹살

갈비를 떼어낸 부분으로 복부까지 넓고 납작한 모양의 부위를 붉은 살코기와 지방이 삼겹의 막을 형성하여 풍미가 좋다. 살과 지방 부분이 3번 겹쳐 있다고 하여 붙여진 이름이다. 다양한 조리가 가능하며 가장 고소하다. 기름기와 지방 함유량이 많지만 칼로리가 높다.

황사, 분진이 많은 일터에 종사하는 사람들이 마시는 먼지나 석탄분진 등을 흡수하여 기관지나 폐의 오염을 막아 진폐증을 예방한다는 이야기도 있다. 지방이 수은, 납 등의 공해물질을 체외로 배출시켜 해독작용을 하는 것으로 나타났다. 지방산 중

리놀산, 아라키돈산 같은 불포화지방산은 혈관 내 콜레스테롤의 축적을 막아 혈류를 좋게 한다. 비타민 B와 양질의 단백질, 인, 칼륨, 철분 등 각종 미네랄이 풍부하여 젊고 탄력 있는 피부를 유지시켜 준다. 어린이의 성장발육에 좋은 철분은 체내 흡수율이 높아 결핍성 빈혈을 예방한다. 메티오닌 성분은 간장 보호와 피로회복에 좋지만, 칼로리가 높아 과식할 경우 비만에 주의해야 한다.

지방의 질이 좋을수록 풍미가 좋으며 조리과정 중 너무 오래 구우면 기름기가 빠져 딱딱해지고 맛이 없다. 기름기를 제거해야 할 경우 삶아 식히면 표면에 굳은 지방을 제거할 수 있고 섭취할 때 좋다. 고추장, 된장, 양파, 마늘, 버섯, 깻잎, 새우젓, 익은 김치 등의 식품과 함께 먹으면 단백질과 지방 분해에 도움이 된다. 구이, 볶음, 편육용 등 살균작용과 지방산화작용, 냄새제거 등의 효과를 얻을 수 있다. 외국 요리에서는 로스구이, 베이컨 가공 등에 이용된다.

⑤ 목심(boston butt)

여러 개의 근육이 모여 있으며, 근육막 사이에 지방이 적당히 박혀 있어 풍미가 좋다. 안쪽에 발골 자국이 선명하며 두꺼운 힘줄이 여러 갈래로 표면에 나타나 있다. 한 마리에 약 2.2kg 정도의 생산으로 어깨등심이라고도 한다.

적육 속에 지방이 굵은 망사모양으로 적당히 박혀 있으며, 지방 사이에 섬유질이 있다. 등심 쪽에 납작한 오돌뼈가 있어 살결은 약간 거칠고 단단하지만 삼겹살보다 맛이 진하고 가장 돈육다운 육질 부위로 취급된다. 비계가 적고 살코기가 많아 여성들이 먹기에 좋은 부위이다. 가격이 저렴하고 기름기가 적어 수육 또는 보쌈 등 양념을 통해서 요리하는 부위로 많이 쓰인다. 소금구이, 보쌈, 주물럭, 불고기용, 스튜, 카레 등에 이용한다.

⑥ 뒷다리(fresh ham)

뒷다리 살은 살집이 두터우며 육색이 짙고 지방이 적다. 스페인 하몽, 이탈리아 파르마 햄 등 고급 햄재료로 각광받고 있다. 건강에 신경 쓰는 사람들에게 인기가 높다. 한 마리에서 7.5kg 정도 나오며 후지 또는 볼깃살이라 한다. 지방이 적고 고기가 섬세하여 육가공용으로 많이 사용된다. 안심 다음으로 비타민 B_1이 많이 함유되어 있으며, 영양가가 높은 부위이다.

스페인의 하몽(프로슈토)은 돼지 뒷다리를 소금에 절여 발효시킨 생고기 햄으로 소금물에 절인 다음 그늘에서 말려 보통 1년 정도 숙성하여 제맛을 내고 있다. 날것으로 먹지 않는 것이 원칙이다. 발효되는 과정에서 수분이 제거되어 박테리아와 잡균을 없애준다. 얇게 썰어서 멜론과 같이 먹으면 짠맛과 단맛이 어울려 그 맛이 일품이다. 샌드위치와 잘 어울리는 햄으로 파니니의 재료로 이용된다. 불고기, 장조림용, 스테이크, 샤부샤부, 찌개, 구이용 등에 다양한 용도로 사용된다.

⑦ 갈비(ribs of pork)

척추를 제외한 등뼈 부분으로 지방이 적고 단백질(근육)이 많다. 서양식 바비큐 립이 각광받으면서 많이 소비되는 부위이다. 뼈에서 우러나는 풍미가 살로 스며들어 단맛을 낸다. 근육 내 지방이 잘 박혀 있어 육질이 쫄깃쫄깃하다. 주로 생갈비구이, LA갈비구이, 양념갈비구이, 바비큐 등을 만드는 데 쓰인다.

(3) 가금류

가금류(poultry)는 닭, 칠면조, 오리, 거위, 메추리, 꿩, 비둘기 등 육류보다 싼 가격으로 고단백질을 보충할 수 있다.

닭고기는 전 세계적으로 소비가 가장 많으며 계속적으로 증가하고 있다. 영양 면에서도 비타민 B_1, B_2, 나이아신(niacin) 등이 풍부한 영양 공급원으로 육류보다 지방함량이 낮다. 불포화지방산이 다량으로 함유되어 있어 근육섬유가 가늘며 육질이 연하다. 부위에 따라 맛과 색깔이 다르다. 가슴살은 희고, 지방이 적어 담백하다. 조리 시 퍽퍽한 상태로 되기 쉽기 때문에 어린 닭일수록 살코기가 연하며 결합조직이 적어 부드럽다.

오리고기는 껍질과 근육조직이 부드럽고 담백한 맛을 가지고 있으며 필수아미노산과 불포화지방산이 높기 때문에 건강식품으로 소비된다.

가금류의 부위는 다리(leg), 넓적다리(thigh), 날개(wing), 가슴살(breast)로 나뉘며 부위별로 판매되기도 한다. 살모넬라에 감염되기 쉽기 때문에 손질과정에서 주의해야 한다. 칼이나 도마는 다른 식품을 다루기 전에 철저하게 닦거나 살균하여 사용해야 한다. 구입 후 가능한 빨리 조리하는 것이 좋으며 저장할 때는 1~2일 정도가 가능하다. 냉동할 경우는 -18℃ 이하로 보관해야 한다.

2) 농산물류

(1) 곡류

음식을 만드는 대표적인 식재료는 곡류이다. 쌀과 보리, 밀가루는 중요한 농산물이다. 쌀은 세계 총 생산량의 약 92%가 아시아 여러 나라에서 생산된다. 그 대부분은 아시아 사람들이 먹고 있으며 한국은 쌀을 주식으로 삼고 있다.

쌀이 보급되기 이전에는 피, 기장, 조, 보리, 밀 등의 잡곡을 주식으로 하였다. 쌀의 미곡과 맥류인 보리, 밀, 호밀, 귀리, 잡곡류인 조와 피, 기장, 옥수수, 메밀 등으로 구분된다. 밀가루는 순백색 또는 엷은 황색으로 광택이 있으며 독특한 향기가 있다.

식용으로 하는 대표적인 곡류는 껍질을 제거하여 알갱이나 가루로 이용하며 전분이나 공업 원료로 사용하기도 한다. 재배시기가 한정되어 있지만 수분함량이 적어 외부에 단단한 껍질이 있어 장시간 저장이 가능하다. 환경 적응이 강한 화본과 식물로 단위면적당 생산량이 많아 각 지역의 기후, 토양, 습도 등에 맞게 생산된다.

한편 대부분이 왕겨층에 둘러싸여 있으며 겨층(bran), 배유(endosperm), 배아(embryo)로 나누어진다. 외부에 왕겨로 둘러싸인 벼, 조, 수수와 탈곡하면 왕겨가 벗겨지는 쌀, 보리, 밀 등이 있다. 메밀은 외과피와 내과피에 단단하게 둘러싸여 있다. 겨층은 배유와 배아를 싸고 있는 섬유소이다. 단백질이 많으며 소량의 지방, 비타민, 무기질을 함유하고 있다.

① 쌀(rice)

탄수화물이 많으며 대량생산이 용이한 특징으로 운송이나 구매 등 유통구조가 잘 발달되어 있다. 1차 가공에서 주식으로 사용할 수 있지만 가공성이 좋아 다양한 음식재료로 이용된다. 품종의 길이에 따라 단립종, 장립종과 경도에 따라 연질미, 경질미, 성분에 따라 멥쌀과 찹쌀로 구분된다.

도정한 현미는 정백미가 된다. 현미의 주성분은 전분이 차지하고 있다. 단백질, 지방, 무기질, 비타민 B_1, B_2가 함유되어 있다. 70~80%의 탄수화물과 덱스트린(dextrin), 섬유소로 구성되어 있다. 멥쌀은 amylose가 20%, amylopectin이 80%로 구성되며, 찹쌀은 amylopectin으로 구성되었다. 떡이나 과자원료로 되며, 쌀가루를 음식을 만들기도 한다.

② 보리

중앙아시아가 원산지인 보리(barley)는 성숙 후에 껍질이 종실에 밀착되어 분리되지 않은 껍질보리와 성숙 후 종실에서 잘 분리되는 쌀보리로 나눌 수 있다. 껍질보리는 배아를 제외하고 부피, 과층, 호분층, 배유 순으로 되어 있다. 껍질의 부피는 두꺼운 각질조직으로 구성되었다. 고열증기로 쪼여서 부드럽게 한 다음 기계로 눌러 만든 압맥과 중심부를 기계로 분할한 할맥이 있다. 할맥은 수분흡수가 빨라 소화가 잘된다.

보리쌀은 단백질, 지방 함량이 밀과 큰 차이는 없으며, 탄수화물은 75% 정도로 적으나 섬유소가 특히 많다. 소화율은 낮지만 섬유질은 창자의 연동운동을 촉진시켜 변비를 없애거나 당질대사를 돕는다. 감별법에는 흰색이나 담황색으로 광택이 있다. 손으로 만져 부드러운 것과 혼합물이 섞이지 말아야 한다. 수분이 14% 이하로 도정하지 않으면 장시간 저장이 가능하다.

③ 밀(wheat)

세계적으로 가장 오래된 식재료로 1만 년 전부터 중동에서 재배되었다는 기원설이 있다. 가장 광범위하게 분포되어 있으며 기후가 온화하고 건조한 지역에서 잘 자란다. 우리나라는 삼한시대부터 재배된 것으로 기록되어 있다.

단백질 함량에 따라 경질밀, 중간질밀, 연질밀로 분류된다. 경질밀은 단백질 함량이 13% 이상이다. 조직이 치밀하고 단단하며 입자의 단면이 반투명하여 제빵의 강력분으로 사용된다. 중간질인 중력분과 9% 이하의 단백질 함량인 연질밀은 조직이 부드럽다. 입자의 단면이 불투명한 박력분은 케이크, 쿠키류를 만드는 데 적합하다.

밀의 감별법은 순백색의 표백과 표백하지 않은 엷은 황색이다. 광택과 독특한 향기로 가늘며 덩어리 없이 고르다. 물에 혼합할 때는 끈기가 적은 것이 좋다. 밀은 다른 곡류에 비해 저장방법이 까다로우며 습기에 민감한 반응을 나타낸다.

④ 조(Barn grass)

온난한 기후에서 잘 자라며 인도, 아프리카, 중국, 러시아 등 건조한 지대의 주식으로 사용된다. 중국에서는 수세기 전부터 재배되어 왔으며, 현재는 아시아 전역에서 재배되고 있다. 우리나라는 중요한 곡물로 여겨왔으며, 토양이 척박하거나 온도가 높아도 잘 자란다. 다른 곡류의 재배가 어렵거나 가문 지역이나 토양에서도 잘 자란다.

제주도 지역에서 특히 많이 재배하고 있으며, 섬유소와 무기질, 칼슘, 비타민 B_1, B_2가 많고 단백질 중 프롤라민(prolamin)이 많아 소화율이 높다.

⑤ 호밀(rye)

화본과에 속하는 일년생 초본으로 2000년 전부터 재배하였다는 기록이 있다. 중세 유럽에서 많이 재배되었으며, 빵을 만드는 재료로 이용된다. 우리나라는 대부분 사료로 사용하지만 건식의 빵을 만들거나 알코올, 위스키 제조 등에 사용된다. 빵을 만들 때는 글루텐을 형성하지 않아 덜 부풀고 색도 검어서 밀빵보다 품질은 떨어지지만 국수나 수제비를 만들 때 사용된다.

⑥ 옥수수(corn)

멕시코, 온두라스가 원산지로 세계 3대 곡류로 소비된다. 우리나라는 강원도 산간 지방에서 재배되며, 가축의 사료용으로 많이 이용된다. 옥수수기름, 전분, 포도당, 물엿 등 음식을 만드는 중요한 재료로 사용된다.

주요 단백질은 제인(zein)으로 펠라그라가 많으며, 비타민 E를 많이 함유한 기름이다. 옥수수 사료용, 전분, 생식용, 팝콘용, 찰옥수수 등으로 이용된다.

(2) 두류

두류(legumes)는 중국에서 오천 년 전부터 재배되어 왔다. 한랭지역을 좋아하는 작물로 두부, 된장과 같은 동양적인 전통식품에 주로 사용된다. 현대사회의 유지 및 단백질 공급원으로 최대작물로 인정받고 있다. 특히 서민 식재료로 널리 이용된다.

주성분은 함황아미노산(sulfur amino acid)인 양질의 단백질과 지질은 콜레스테롤을 저하시키는 리놀산과 불포화지방산이 풍부하다. 미량 성분으로 비타민 B, E를 함유하고 있다. 그 밖에도 토코페롤의 기능성과 레시틴(lecithin), 약리작용을 가진 사포닌(saponin)류를 함유하고 있다.

① 대두(soybean)

종자는 단단해서 먹기 힘들기 때문에 오래전부터 가공법이 개발되어 왔다. 물에 담가 부드러워진 후 갈거나 찐 두유를 응고시킨 두부, 기름에 튀긴 유부, 얼린 냉동두부 등이 있다. 많은 대두는 식용기름으로 이용되지만 마가린, 도료, 간장의 원료 등으로 이용된다.

② 강낭콩(kidney bean)

아메리카가 원산지이다. 완숙한 콩을 건조시킨 식용과 어린 깍지를 채소로 이용하기도 한다. 전분과 단백질 공급원으로 비타민 A, B_2, C가 풍부하다.

③ 팥(red bean)

극동 아시아가 원산지이다. 한국, 일본, 중국, 부탄에서 식용으로 사용하며 적색인 종자의 크기에 따라 화곡과의 하나인 소두(팥), 적두로 나눈다. 탄수화물이 56.5%이며 비타민 B_1이 많다. 과자, 떡고물, 소, 팥빙수, 단팥죽 재료로 이용된다.

④ 녹두(green gram)

숙주나물의 원료로 사용된다. 당면의 재료로 탄수화물이 60%, 단백질이 21%이며, 빈대떡, 떡고물, 숙주나물의 식재료가 된다.

(3) 서류

① 감자(potato)

남아메리카 원산지의 다년초이다. 주성분은 전분으로 가열해도 잘 파괴되지 않는 비타민 C가 있다. 고혈압 예방효과로 주목받는다. 녹색 껍질부분의 솔라닌이라는 유독물질이 함유되어 있으므로 조리 시 제거해야 한다. 너무 오래 조리하면 형태가 파괴된다.

② 고구마(sweet potato)

열대 및 아열대 지역에서 항상 재배가 가능한 다년생 식물이다. 저온에 약하며 월동이 곤란하기 때문에 일년생 작물과 같이 봄에 넝쿨을 내어 가을에 수확하게 된다. 비타민 C가 풍부하며, 식품섬유와 칼륨이 많은 알칼리성 건강식품으로 알려지고 있다. 변비 예방과 대장암, 콜레스테롤 저하 등 건강식품으로 주목받는다.

3) 채소류

각종 채소류(vegetables)는 그 종류에 따라 기능도 다르다. 중국, 인도를 중심으로 중앙아시아와 지중해 연안, 남아메리카 등이 주요 원산지이다. 초본과 식물로 뿌리, 줄기, 잎, 꽃 등 식용을 목적으로 재배하는 과수 외의 식물이다.

부위에 따라 먹는 부분도 다르다. 섬유질이나 펙틴을 다량으로 함유하며, 무기질, 비타민 등의 공급원이 된다. 채소는 특수한 성분의 향신료와 생산지역의 기후조건이나 토양상태에 따라 모양과 영양가도 다르게 평가된다.

(1) 경엽채류(莖葉菜類)

잎과 줄기를 식용으로 사용하며 수분함량이 높다. 당질과 열량이 낮아 무기질, 비타민 A, B_2, C와 철분을 함유하며, 미량의 단백질을 가지고 있다. 잎의 색이 짙을수록 비타민 A 함량이 풍부하다. 칼슘이 많은 시금치, 양상추, 쑥갓, 셀러리, 미나리, 상추, 배추, 죽순, 아스파라거스, 근대, 무청 등이 있다.

(2) 과채류

열매를 식용으로 하며 당질함량이 낮으나 수분이 많다. 수분함량이 97%인 오이가 대표적이며 고추, 토마토, 딸기, 참외, 수박, 호박, 가지 등이 있다.

(3) 화채류

꽃을 식용으로 하는 채소로 수분함량이 높으며 소량의 당질을 함유하고 있다. 브로콜리는 비타민 A, B_2와 칼슘, 철분의 공급원이다. 콜리플라워는 비타민 C의 공급원으로, 구기자, 로켓 등이 있다.

(4) 근채류와 산채류

뿌리를 식용으로 하는 채소로 다른 채소보다 당질함량이 높다. 상대적으로 수분함량이 적으며 무, 당근, 양파, 파, 연근, 토란, 우엉, 마, 마늘, 생강 등이 있다.

산채류는 산이나 들에서 자생하는 식물로 특유한 향이 강하다. 비타민과 무기질이 풍부하며, 두릅, 쑥, 취나물, 씀바귀, 달래, 냉이, 칡, 돈나물 등으로 소개된다. 현재 계절에 상관없이 온상과 노지에서 재배되고 있다.

(5) 버섯류

버섯은 꽃이 피지 않고, 포자를 이용하여 번식하는 식물을 통틀어 일컫는 말이다. 식물계의 은화식물(隱花植物, cryptogams)인 균류의 한 종류이다. 영양기관인 균사체와 번식기관인 자실체로 되어 있다. 식물처럼 줄기, 잎, 뿌리가 분화하지 않고 세포벽 성분 중에 섬유소는 없지만 키틴질이 있어 종속 영양성 생물로 그늘진 숲속이나 낙엽층에 묻혀 생장한다.

표고버섯과 가을철 최고의 미각식품으로 송이버섯, 양송이, 목이버섯, 싸리버섯, 느타리버섯, 석이버섯, 팽이버섯, 흰목버섯 등이 있다.

(6) 종실류

씨 부분을 식용으로 사용하는 채소로 완두콩, 청대콩 등이 있다. 단백질과 비타민, 무기질 등이 함유되어 있다.

4) 과일류

과일(fruit)은 고유한 색깔을 가지고 있으며, 특유한 향과 단맛, 신맛, 수분을 포함하고 있다. 식욕을 촉진시키는 영양가 높은 식재료이다. 비타민은 열에 불안정하므로 맛과 향을 그대로 유지하기 위해서는 단시간에 조리하는 것이 안전하다.

종류에 따라 영양가도 다르다. 귤이나 사과, 딸기, 멜론 등은 다른 과일보다 비타민 C가 풍부하다.

(1) 인과류(仁果類)

꽃받침이 발달하여 과육부가 되는 꼭지와 배꼽이 서로 반대쪽에 있는 것이 특징이다. 사과, 배, 감, 비파, 모과 등이 있다. 준 인과류는 레몬, 오렌지, 밀감, 유자이며 씨방이 발달하여 과육이 좋다.

(2) 핵과류(核果類)

과육의 씨방이 발달하여 과실을 맺는 것으로 딱딱한 핵이 있다. 그 안에 종자가 들어 있는 과일을 말한다. 살구, 매실, 복숭아, 앵두, 자두 등이 있다.

(3) 장과류(漿果類)

과실은 하나의 자방이며, 중과피와 내과피로 구성되어 있다. 육질이 부드럽고 과즙이 많은 과일이다. 딸기, 무화과, 포도, 바나나, 파인애플 등이 있다.

(4) 견과류(堅果類)

껍질이 단단하며 속껍질에 쌓여 있어 먹을 수 있는 부위는 그 안의 종실을 말한다. 은행, 밤, 호두, 잣, 땅콩, 대추 등이다. 각과라 하며, 건조 폐과로 열매가 충분히 익어도 갈라지지 않는다. 보통 1개나 그 이상의 씨가 들어 있으며, 2개 이상의 심피로 이루어져 있다. 먹을 수 있는 부분은 곡류나 콩 종류처럼 떡잎으로 이루어진 것으로 잣나무, 밤나무, 은행나무, 가래나무 등의 열매가 여기에 속한다. 크기가 작은 것은 소견과라 하며, 여뀌, 소엽 등에서 볼 수 있다. 주목이나 분꽃 등에서는 견과류와 비슷한 것을 볼 수 있다. 이것은 씨방으로 이루어진 것이 아니므로 위견과라 한다.

(5) 열대 과일류

열대와 아열대에서 생산되는 과일은 그 종류도 다양하다. 파인애플, 파파야, 아보카도, 망고, 키위, 바나나 등 냉장 보관하지 말고 실온에 보관해야 한다.

5) 향신료

향신료(spice)는 식품에 향미를 부여한다. 향신미를 가진 식물의 꽃이나 과실, 싹, 나무껍질, 뿌리, 잎, 종자 등을 말한다. 소화기관을 자극하여 소화를 촉진시키며, 방부작용 및 약효성분에 의한 약리작용을 한다. 음식의 풍미를 주어 식욕을 자극하며, 식물성 물질인 스파이스와 허브(herb)를 말한다.

스파이스는 식물의 가지, 열매, 껍질, 뿌리에서 얻는 방향성 물질로 통째로 또는 가루로 사용된다. 허브는 식품의 잎만을 사용하며 신선한 형태로 말린 상태에서 사용된다. 특이한 맛과 향을 가지고 있는 방향성 물질은 에테르(ether)이다. 기름이나 맛을 내는 복합성분의 풍미는 향신료의 신선도와 질에 따라 달라질 수 있다.

(1) 고추

고추(red pepper)는 가지과에 속한다. 기후와 풍토에 대한 적응성이 강해 오래도록 재배되어 오는 동안 다양한 맛과 모양으로 개량되어 왔다. 비타민 C가 풍부하고 카로틴(carotene)과 크산토필(잔토필, xanthophyll)이 많아서 유지, 치즈 등의 착색용으로도 쓰인다.

(2) 마늘

마늘(garlic)은 잎에 글루코미날(glucominal)이라는 배당체를 함유하고 있어 가수분해되면 특유의 자극취를 가진 정유성분인 디알릴 설파이드(diallyl sulfide)를 생성한다. 세계적인 향신료로 널리 사용되며, 고기 요리, 수프, 샐러드, 드레싱, 파스타, 소스, 피클 등에 이용된다.

마늘(garlic)의 학명은 Allium scorodopram이다. 중앙아시아와 유럽 원산으로 밭에서 재배하는 여러해살이 식물이다. 땅 속에 있는 비늘줄기를 요리에 사용하며 잎과 줄기를 먹는다. 맛은 자극적이지만, 구울 경우 매운맛이 줄어들고 달콤한 맛이 난다. 마늘에 들어 있는 알리인(Alliin)은 그 자체로는 냄새가 나지 않는다. 그러나 마늘을 씹거나 다지면 알리인이 파괴되면서 마늘의 강한 향을 만들어낸다. 한지계 마늘과 난지계 마늘이 있으며, 대체로 씨앗이 생기지 않기 때문에 영양 번식을 통해 재배한다.

오랫동안 식용과 약용으로 재배되어 왔으며, 단군신화나 드라큘라 이야기 등에 등장한다. 불교에서는 마늘을 오신채로 여겨 먹지 못하게 한다.

(3) 양파

양파(onion)는 네덜란드, 이집트, 미국, 이탈리아가 주 생산지이다. 완전한 크기로 자란 것은 건조시키거나 가공 처리하여 인스턴트식품의 양파다짐이나 가루, 절임, 플레이크(flake) 등으로 사용된다. 신선한 것은 샐러드와 가니시(garnish)로 이용되며 탈수, 건조된 양파는 수프, 스튜(stew), 고기요리, 소스, 드레싱 등의 조리에 사용된다. 향신료보다는 채소로서의 역할을 많이 하고 있다.

(4) 생강

생강(ginger)은 열대 아시아가 원산지로 생강과 건조한 생강이 있다. 마늘과 함께 널리 쓰이는 향신료로 소스나 햄, 소시지 등 육류의 독특한 맛을 제거하기 위해 사용된다.

(5) 후추

후추(pepper)는 다년생 넝쿨로 남부의 인도가 원산지이다. 서인도, 말레이시아, 인도네시아 등에서 재배되며, 전체의 35%를 차지한다. 산지의 특성에 따라 매운맛과 향이 다르다. 과실은 완두 크기의 장과로 성숙 정도에 따라 녹색, 홍색, 황색으로 변화한다.

흑후추(black pepper)는 미숙과를 천일 건조한 것으로 미국에서 많이 이용된다. 백후추(white pepper)는 완숙과를 2~3일간 담가 외피를 제거하고 건조한 것이다. 검은 입자가 혼입되면 좋지 않다. 소스, 샐러드, 드레싱, 마요네즈, 크림, 수프와 고기의 보존, 소스, 케첩, 어육 연제품, 기타 요리용으로 사용된다.

(6) 겨자

겨자(mustard)는 백겨자, 흑겨자, 일본겨자가 널리 이용된다. 종자가 황색 구형인 백겨자와 적갈색 구형인 흑겨자, 일본겨자는 영국, 지중해, 일본, 한국이 원산지이다. 다른 향신료와 혼합된 제품으로 다양하게 만들어진다. 겨자소스나 페이스트는 종자 분말에 적당량의 물과 식초, 향신료를 가미한 것이다. 이들은 절임류, 카레분, 소스, 마요네즈 등 가공식품에 이용된다. 매운맛은 지속성이 없어 장시간 보존하는 식품으로는 적당하지 않다.

(7) 산초

산초(japanese pepper)는 잎과 열매의 매운맛과 방향을 이용한다. 생잎을 그대로 사용하며, 건조 과실은 표피의 내측에 유실조직이 있어 정유와 매운맛 성분을 함유하고 있다. 강한 방향성과 매운맛을 나타내지만 종자에는 향신미가 없다. 일본요리에 특유한 향미를 주면서 사용된다. 우리나라는 추어탕에 산초를 넣어 특이한 맛을 즐긴다.

(8) 고추냉이

고추냉이(horseradish)는 높이 20~40cm로 성장한다. 땅속줄기는 굵은 원주모양으로 잎 흔적이 많이 남아 있다. 뿌리 잎은 뭉쳐나며 심장모양으로 가장자리에 잔거치가 있다. 잎자루의 밑부분은 넓어져서 감싼다. 줄기 잎은 넓은 달걀모양 또는 심장모양이다. 꽃은 5~6월에 피며 흰색의 총상화서로 달린다. 꽃받침조각은 타원 모양으로 가장자리가 흰색을 띠며 꽃잎은 긴 타원 모양이다. 수술은 6개로 4개는 길며 암술은 1개이다. 열매는 견과로 7~8월에 익으며 끝부분은 부리모양을 띤다.

나년생 초본으로 한국, 일본 등에 분포하며 산골짜기나 물이 흐르는 곳에서 서식한다.

(9) 로즈메리

로즈메리(rosemary)는 지중해 연안이 원산지이다. 솔잎을 닮은 은녹색 잎은 큰 잡목잎으로 보라색 꽃을 피운다. 강한 향기와 살균력이 있으며 다년생으로 4~5월에 엷은 자줏빛 꽃이 핀다. 이 꽃에서 얻은 벌꿀은 프랑스의 특산품으로 최고의 꿀로 인정받고 있다.

스튜, 수프, 소시지, 비스킷, 잼, 육류, 가금류 등을 조리하는 데 사용된다. 그 밖에도 너트메그(nutmeg), 계피류(cinnamon), 정향(cloves), 올스파이스(allspice), 월계수(laurel), 고수(coriander), 딜(dill), 바질(basil), 월계수 잎(bay leaf), 케이퍼(caper), 카옌페퍼(cayenne pepper), 처빌(chervil), 커리(curry), 마조람(marjoram), 오레가노(oregano), 파프리카(paprika), 파슬리(parsley), 사프란(saffron), 세이지(sage), 타라곤(tarragon), 타임(thyme), 바닐라(vanilla) 등이 있다.

2. 식재료 관능검사

인간은 인체를 통해 5가지의 감각으로 맛을 식별한다. 오감에 의해 식재료를 감별하는 방법이다. 시각은 눈의 망막, 청각은 귀의 달팽이관, 후각은 코의 비점막, 미각은 혀의 미뢰, 촉각은 피부가 수용하는 5가지 감각이다. 각 수용기는 특수한 자극만을 받아들여서 흥분하는데, 신체의 감각 종류로 분류할 수 있다.

1) 식재료의 감각

(1) 시각

시각의 감각기관은 눈으로 확인하는 것으로 수용기는 망막에 있다. 적합한 자극은 빛이며, 파장이 약 400~720㎚인 전자기파이다. 시각신호는 시신경을 거쳐 대뇌피질 후두엽의 시각령에 이른다. 시각적인 요소로 색깔, 광택, 신선도, 색감, 형상, 크기, 음식의 조리과정, 탄력성에 따른 조화(harmony), 강조(emphasis), 균형(balance), 리듬(rhythm) 등을 의미한다.

(2) 청각

청각은 음식점의 분위기에 영향을 미치는 소리이다. 고객은 자연스럽게 귀로 듣고 느끼면서 관심을 기울인다. 귀의 감각 기관에서 수용기는 내이(內耳)의 달팽이관 속에 들어 있다. 적합한 자극은 진동수가 20~20,000㎐인 음진동이다. 청각신호는 청신경을 거쳐 대뇌피질 측두엽의 청각령에 이른다. 주방의 음식조리 과정에서 일어나는 도마, 칼, 다듬기, 자르기 소리와 홀 내부의 직원들 소리, 음악 고객의 담소 소리 등을 의미한다.

(3) 후각

후각의 감각기관은 코이다. 홀 내부의 향기(aromatic), 음식 냄새(food smells) 등 수용기는 비점막 속에 들어 있다. 적합한 자극은 공기 중의 여러 휘발성 물질들이다. 후각신호는 후신경을 거쳐 대뇌피질 변연부의 후각령에 이른다.

(4) 미각

미각은 인간이 생존하는데 필요한 성분인 미네랄, 탄수화물, 단백질 등을 느낄 수 있다. 에너지가 충분한 당분을 섭취하며 뇌의 영양공급을 담당한다. 단맛과 삼투압이나 신경전달 물질에 관여하면서 충분한 소금을 섭취하는 등 짠맛, 상한 음식을 섭취하지 않게 관여한다. 특히 신맛, 독극물과 같은 부정적인 맛에 관여하는 쓴맛 등을 구별한다.

(5) 촉각

촉각의 감각기관은 피부이다. 피부는 온각, 냉각, 통각 등의 감각기관이기도 하다. 감각기관이 피부에 있어 감각을 피부감각이라 한다. 촉각 대신에 오감의 하나로 취급하기도 한다. 촉각의 신호는 척수신경(안면의 것은 뇌신경)을 거쳐 대뇌피질 두정엽의 피부 감각령에 이른다.

현대사회에는 오감을 제외하고 몇 가지 구체적인 감각으로 구별된다. 심부감각, 내장감각, 평형감각 등이 그것이다. 심부감각은 피부보다도 심부에 있는 근육이나 건

(腱 : 힘줄) 등에 있는 감각 수용기에 의해 전달된다. 근육의 정도를 감지할 수 있어 눈을 감고 있어도 손, 발의 위치나 운동상태 또는 손에 들고 있는 물체의 무게 등을 알게 된다. 내장감각은 내장에 있는 통각신경에서 전달된다. 그 밖에도 여러 가지 수용기로 알려져 있다. 평형감각은 내이의 달팽이관 옆의 미로 속에 있는 수용기로 직진 및 회전의 가속도를 알 수 있다.

(6) 감칠맛

제6의 맛으로 불리는 감칠맛(umami)에 대한 감각기관은 입 안의 혀이다. 수용기는 혀의 미뢰 속에 있다. 적합한 자극은 입 속에서 녹는 여러 수용성 물질을 말한다. 미각신호는 안면신경이나 설인신경(舌咽神經)을 통해 대뇌피질, 두정엽 하부에 있는 미각령을 말한다.

감칠맛은 일본에서 사용되던 맛의 한 종류로 L-글루탐산의 염류 등 독특한 맛으로 식품에 감칠맛을 부여하는 조미료를 말한다. 치즈나 간장 등에서 느낄 수 있는 맛으로 동양음식에서는 감칠맛을 중요하게 여겨왔다. 이케다(1908)에 의해 발견된 맛으로 단맛, 짠맛, 신맛, 쓴맛, 매운맛의 5가지 기본미 외에 다른 한 가지라 하였다. 아미노산인 글루탐산(Glutamic acid)은 Ritthausen(1866)에 의해 밀 글루텐으로부터 분리하여 발견되었다. 이케다는 감칠맛의 본체가 다시마의 글루탐산염인 것을 발견하고 이것을 조미료로 이용하는 데 성공했다.

이에 근거하여 1909년 글루탐산나트륨이 공업적으로 생산된 것에서 최초의 조미료가 되었다. 서양의 감칠맛은 최근에야 주목받고 있다. 식욕을 당기는 맛으로, 단백질이 풍부한 음식을 섭취하도록 돕는다. 1908년 개발된 합성 조미료인 MSG는 강한 감칠맛이 난다. 하지만 건강에 해롭다는 인식으로 사용을 기피하는 경향이 있다. 실제 유통되거나 소비단계에서 선도를 판정할 때 관능검사를 실시하는 경우가 많다.

감칠맛 **감칠맛** 입안의 혀, 미뢰 속의 맛, 감칠맛

미각 **미 각** 음식의 데커레이션, 아름다움, 예술성

촉각 **촉 각** 부드러움, 온도

후각 **후 각** 코로 느낄 수 있는 내부향기, 음식냄새

청각 **청 각** 내부의 향기, 음식냄새

시각 **시 각** 눈으로 확인, 망막에 의한 수용

맛 인간이 느끼는 기본적인 맛 – 오감

첫째 환경적 요인 : 날씨, 온도, 계절, 천재지변, 비, 바람
둘째 음식의 습관 : 국가, 지역, 민족, 종교, 문화, 경험
셋째 개인적 건강상태 : 유전 및 내력, 기피음식, 지병, 선호도
넷째 심리적 요인 : 기쁨, 분노, 슬픔, 즐거움, 긴장, 바쁨, 여유 등

〈그림 5–1〉 맛의 기능과 영향요인

3. 저장고에 의한 분류

1) 저장장소에 의한 분류

외식업 특성상 식재료를 저장하는 창고는 꼭 필요하다 점포의 규모나 위치, 계약전력, 메뉴특성 등에 따라 저장고와 냉동고는 분리해서 설치해야 한다. 이러한 계획은 고객에게 제공하는 메뉴종류와 특성은 다르게 관리될 수 있다. 그러므로 저장장소는 미래에 대한 성장 가능성과 수용력을 고려해서 설계되어야 한다.

냉장고의 기능은 단순히 물품을 저장하는 창고 역할만을 하는 것이 아니라 식재료의 구매에서 검수, 저장, 불출, 다듬기 등 원가관리 측면에서 그 역할을 수행하게 된다. 식재료의 종류와 원재료 상태, 보관기간 등 하루 또는 일주일 이상 보관할 수 있는 식재료가 있는가 하면 몇 시간만 보관해야 하는 식재료도 있다.

(1) 일반 냉장고(dry storage)

식재료의 보관기간이 대체로 긴 가공식품을 주로 저장한다. 캔류의 식품이나 곡류, 가공된 식재료의 분말류, 병이나 튜브에 담긴 각종 소스류, 향신류, 제과 및 제빵에 들어가는 밀가루, 고추장, 된장, 마요네즈, 설탕, 냉면가루 등이 보관된다. 여기에서 사용되는 일반냉장고의 김치냉장고와 와인냉장고 등 특별한 기능을 강조한 냉장고(functional refrigerator)들이 있다.

김치냉장고(kimchi refrigerator)는 특정한 물품을 보관하는 데 가장 적합한 온도와 수분을 유지시키는 역할을 한다. 소규모 기업에서 필요에 의해 만들었던 냉장고로, 역사를 거슬러 올라가기는 어려우나 대중적인 제품으로 1995년에 처음 시판되었다. 이후 화장품 냉장고와 와인 냉장고가 등장하였다. 쌀 냉장고, 반찬 냉장고, 맥주 냉장고, 차량 냉장고, 꽃 냉장고 등 다양한 제품이 개발되었다. 이 밖에도 혈액보관 냉장고, 시체보관 냉장고, DNA보관 냉장고 등 의학용으로 많이 사용된다.

일반 냉장고는 압축기를 이용하여 냉각시키는 데 비해 기능성 냉장고는 열전도 반도체를 이용하므로 에너지 효율이 높다. 소음과 진동이 거의 없다는 장점을 가지며 일부를 제외하면 좁은 공간에서도 사용할 수 있는 소용량이 특징이다. 일정기간 냉각을 반복하기 때문에 냉장고 안의 온도는 차이가 심하다. 김치를 보관할 경우 일주일 정도면 맛이 쉰다. 이러한 단점을 보완해 김치만을 따로 보관할 목적으로 만들어진 냉장고를 말한다.

일반 냉장고는 문을 열면 무거운 한랭공기가 바닥으로 쏟아져 흘러내리면서 뜨거운 공기가 유입된다. 이 때문에 다시 냉각시켜 본래의 온도까지 도달하는 데 어느 정도 시간이 걸린다. 김치냉장고는 서랍식 또는 상부 개폐식으로 문을 열더라도 냉기가 밖으로 흘러나오지 않아 원래의 냉장온도를 유지할 수 있다. 차가운 공기는 따뜻한 공기보다 무거워 위로 솟아나오지 않는다는 원리이다. 일반 냉장고와 구별되는 가장 큰 요소는 내부의 냉기에 대한 단속능력이다.

김치냉장고(kimchi refrigerator)를 이용하면 싱싱한 김치를 4개월까지 보관할 수 있다. 숙성기에는 온도를 5~7℃로 유지하며 그 뒤에는 0℃로 조정하면 장기간 보관할 수 있다. 처음에는 김치전용 냉장고로 개발되었으나, 현재는 과일, 채소, 육류 등

얼지 않은 신선한 상태로 오랫동안 보관이 가능한 냉장고가 등장하였다.

와인냉장고(wine refrigerator)는 포도주의 적정 온도를 유지하는 기능을 가지고 있다. 포도주는 레드와인의 경우 13~18℃, 화이트와인은 5~8℃ 상태에서 보관하는 것이 좋다. 습도를 60~80%로 유지시켜 서로 다른 온도에서 저장할 수 있다. 코르크 마개는 최적상태로 조절하는 역할을 한다. 포도주는 이미 유통과정에서 적정온도를 벗어났으므로 큰 의미가 없다는 주장도 있다. 전문직과 부유층을 중심으로 수요가 늘어나면서 삼성, LG, 동양매직, 로얄 소브린 등 여러 업체들이 다양한 기능성 냉장고를 판매하고 있다

(2) 냉장창고(cold storage warehouse)

냉장창고는 저온으로 식품 또는 원재료, 화물로 배송된 재료를 보관하는 저온창고를 말한다. 농·축산물, 가공식품을 중심으로 농업협동조합이나 물류유통회사의 냉장고에서 운영하고 있다.

농협은 농산물을 중심으로 곡류, 두류, 서류, 채소류, 과일류, 향신류, 난류, 가공식품, 제과, 유제품 등을 관리한다. 축산업협동조합은 소고기, 돼지고기, 닭고기 등의 가금류와 신선 가공품을 중심으로 냉장창고를 운영하고 있다. 수산업협동조합은 생선이나 어패류 등 수산물을 중심으로 운영한다. 이 밖에도 기업이나 개인소유 냉장창고는 각 지역의 특성에 따라 취급하는 대상물은 다르다. 최근에는 김, 멸치 등 마른 상품도 그 품질을 신선하게 보존하기 위해 냉장고에 보관, 저장하고 있다.

(3) 냉동고(frozen storage)

초기의 냉동고는 얼음을 만들기 위한 제빙용으로 만들어졌다. 현대사회는 그 기능을 응용하여 사시사철, 밤낮 구분 없이 사용하고 있다. 1902년 W. H. 캐리어(Carrier)는 냉수에 의한 공기냉각과 습도조절에 대한 이론을 체계화시켰다. 그 후 공기 속의 습도 및 온도를 조절하는 쪽으로 이용되었다. 지금은 냉동기 원리에 응용하여 식품 냉동용 창고, 수송용 식품 냉동차가 만들어지고 있다. 가정용 냉장고에는 냉동실과 냉장실을 따로 부착하여 효율적으로 운용된다.

가장 많이 사용되는 전기냉장고의 저장실은 습도 조절기에 의해 영하 18℃ 이상을 유지하게 된다. 냉동식품을 대량으로 보존할 수 있으며, 일반 가정에서 원하는 대로 식품을 냉동해서 먹을 수 있다. 냉동식품의 일반화에 따라 냉장고처럼 간접 냉각방식의 냉동고가 생활 속의 가전제품으로 진화하고 있다.

CASE STORY 경제뉴스

** 매출 500대 기업, 매출원가율 1년 새 2.3%p↓6개 업종 중 12개↓

매출 500대 기업의 원가율이 1년 사이 평균 2%이상 떨어졌다. 기업의 경기 침체와 불황을 견디기 위해 비용 절감에 나섰기 때문이다. 16개 업종 중 12개는 매출원가율이 하락하였으나, 4개는 상승했다. 원가율이 가장 크게 떨어진 업종은 현 정부 들어 강력한 구조조정을 시행한 공기업이었다. 다음이 석유화학, 제약, 에너지 순으로 불황에 시달린 조선·기계·설비업종은 매출원가율이 크게 상승하였다.

500대 기업 업종별 1~3분기 매출원가율

	2014년		2015년		원가율		등락 (%p)
	매출액	매출원가	매출액	매출원가	2014년	2015년	
공기업	799,410	710,650	724,570	595,908	88.9%	82.2%	-6.7%
석유화학	2,101,822	1,980,626	1,624,879	1,426,062	94.2%	87.8%	-6.5%
제약	20,132	12,459	23,311	13,837	61.9%	59.4%	-2.5%
에너지	306,437	278,349	230,573	205,434	90.8%	89.1%	-1.7%
기타	59,344	51,026	69,294	58,419	86.0%	84.3%	-1.7%
운송	473,855	435,235	475,769	429,985	91.8%	90.4%	-1.5%
식음료	372,789	265,879	393,049	275,421	71.3%	70.1%	-1.2%
철강	854,779	763,903	791,796	697,779	89.4%	88.1%	-1.2%
건설 및 건자재	702,816	644,869	705,265	639,872	91.8%	90.7%	-1.0%
IT전기전자	2,779,200	1,941,972	2,789,360	1,921,746	69.9%	68.9%	-1.0%
상사	504,347	474,755	464,700	435,980	94.1%	93.8%	-0.3%
생활용품	192,340	93,652	216,602	105,356	48.7%	48.6%	-0.1%
서비스	225,385	174,923	258,703	202,059	77.6%	78.1%	0.5%
자동차, 부품	1,664,739	1,350,145	1,697,373	1,388,374	81.1%	81.8%	0.7%
유통	566,230	380,822	604,990	412,404	67.3%	68.2%	0.9%
조선, 기계, 설비	1,075,625	1,048,487	991,860	990,717	97.5%	99.9%	2.4%
합계	12,699,251	10,607,752	12,062,093	9,799,354	83.5%	81.2%	-2.3%

자료: CEO스코어/단위 : 억 원

기업 경영성과 평가사이트인 CEO스코어(대표 박주근)는 국내 500대 기업의 사업보고서를 제출하였다. 2014년과 2015년 실적을 비교할 수 있는 269곳의 1~3분기 매출원가율은 평균 81.2%로 조사됐다. 지난해 같은 기간보다 2.3%p 떨어졌으며, 매출(1,206조 93억 원)은 5%(63조 7,158억 원) 감소한 데 비해 매출원가(979조 9,354억 원)는 7.6%(80조 8,398억 원)로 크게 줄었다.

매출원가는 판매관리비와 매입·제조에 직접 든 비용을 말한다. 매출에서 차지하는 비율(매출원가율)이 높을수록 수익성은 떨어진다. 16개 업종별로 보면 조선·기계·설비와 유통, 자동차·부품, 서비스 등 4개 업종은 1년 사이에 상승한 반면 12개 업종은 하락했다.

원가율 하락 폭이 가장 큰 업종은 공기업으로 지난해 1~3분기 88.9%에서 올해는 82.2%로 6.7%떨어졌다. 1년 새 매출(72조 4,570억 원)은 9.4%(7조 4,841억 원) 감소한 데 비해 매출원가는 이보다 훨씬 높은 16.1%(11조 4,741억 원) 줄었다. 석유화학도 공기업과 비슷한 수준인 6.5% 하락했다. 다음은 제약업 2.5%, 에너지 1.7%, 운송·식음료 1.2%, 철강·건설 및 건자재업 1.0% 순으로 낮았지만 상사와 생활용품업은 각각 0.3%, 0.1%로 하락하였다.

매출원가율이 가장 크게 오른 업종은 조선·기계·설비업으로 2.4% 상승했다. 매출(99조 1,860억 원)은 7.8%(8조 3,765억 원) 줄어든 동안 매출원가(99조 717억 원)는 5.5%(5조 7,771억 원) 감소하였다. 유통 0.9%, 자동차·부품 0.7%, 서비스업 0.5% 순으로 올랐다.

1~3분기 매출원가율은 조선과 자동차, 철강 등 중후장대 업종이 높았다. 가장 높은 업종은 조선·기계·설비업종으로 평균 99.9%에 달한다. 원가율이 사실상 100%여서 이익을 남기기 힘든 상황이다. 상사업(93.8%)과 건설·건자재업(90.7%), 운송업(90.4%) 등도 90%를 웃돌았다. 에너지업(89.1%), 철강(88.1%), 석유화학(87.8%), 공기업(82.2%), 자동차·부품(81.8%), 서비스업(78.1%) 순으로 나타났다. 식음료업(70.1%)과 IT전기전자(68.9%), 유통(68.2%), 제약(59.4%), 생활용품업(48.6%) 등은 상대적으로 낮았다.

자료: CEO스코어(www.ceoscoredaily.com), 김종혁 기자, 2015. 12. 10

Chapter 6

식재료 원가관리

사람들은 자신을 꾸짖는 데 인색하지만 다른 사람을 꾸짖는 데 익숙하다.

– *La Rochefoucauld*(프랑스 작가)

[Chapter 6] 식재료 원가관리

자기 자신을 아는 것이 가장 큰 지혜이다.
– 탈무드

1. 식재료 원가에 대한 잘못된 인식

식재료 원가율은 종종 잘못 사용되고 있다. 실제 월말에 재고조사를 실시하지 않는 외식기업의 월간 식재료 원가율 계산은 의미가 없다. 결정된 식재료 원가와 표준으로 하는 식재료 원가가 비교되지 못하면 1일간, 주간, 월간 식재료 원가율은 경영자에게 정확한 이익과 손해를 알려주지 못할 수 있기 때문이다.

최근 원가 분석에 있어 공헌이익을 앞세운 접근방법은 식재료 원가율을 중요하게 생각하지 않는 경향이 있다. 많은 경영자들은 공헌이익, 즉 메뉴의 판매가와 식재료 원가 차이에만 관심을 가진다. 실제 시장상황과 경쟁자의 운영상황을 고려하지 않는 배타적인 접근방법으로 이루어지고 있기 때문에 이는 적절치 못한 방법이라 할 수 있다.

식재료 원가와 공헌이익은 상호 배타적인 관계로 분석을 통해 점검할 필요성이 있다. 낮은 식재료 원가율을 달성하는 것은 메뉴 자체의 판매가가 낮기 때문에 자연스럽게 객단가와 매출액이 낮아지는 결과를 가져온다. 반면에 메뉴판의 높은 음식 가격은 공헌이익이 많지만 식재료 원가 또한 매우 높기 때문에 고객에게 사랑받기가 힘들다. 원가를 무시한 공헌이익 위주의 가격결정은 월간 식재료 원가율이 증가하는 결과를 가져온다. 특히 경쟁이 심한 시장상황에서 이익을 높게 책정하는 접근은 고객을 유치하는 전략으로 적절치 못하다 하겠다.

2. 식재료 원가관리

외식 전문가들은 현장에서 원가관리에 대한 질문들을 자주 받는다. 업소 경영을 위한 식재료 원가의 표준을 어떻게 결정하는가? 식재료 원가율에 영향을 미치는 요인들은 무엇인가? 그 계산은 어떻게 해야 하는가? 적정한 식재료 원가율은 무엇이며, 얼마가 되어야 하는가? 이러한 질문에 답하기 위해서는 식재료 원가와 공헌이익에 대해 설명할 수 있어야 한다.

식재료 원가관리는 각종 원가에 대한 표준을 설정하는 것에서부터 시작된다. 원가에 대한 표준을 설정한 후 1인 식사별, 일별, 주별, 월별, 부서별 매출과 원가를 분석할 수 있는 보고서와 재무제표를 확인할 수 있다. 원가에 대한 표준은 주방의 시험(test kitchen)에서 관찰 가능한 것이 아니고 실제 영업상태를 분석한 결과에서 얻어진다. 주방에서 조리할 양은 완전히 통제되어 최적화되었거나 쓰레기는 무시되기 때문에 원가는 적게 산출될 수 있다. 이러한 상태의 수율은 적정 직원 수보다 적은 인원 수를 결정하게 만든다. 이는 주문이 밀리는 피크시간대의 영업을 원만하게 운용하기 어렵게 하는 요인이 된다.

사전에 무게를 계량하거나 개수를 헤아려 미리 분량(pre-portion)을 나누어야 한다. 1인 분량 단위로 자른 스테이크는 수율이 100%이지만, 그렇지 못해 즉석에서 계량하면 달라질 수 있다. 특히 등심, 안심, 갈비 등은 미리 준비하지 못하면 판매하기가 어렵기 때문에 식재료 원가관리를 위한 표준을 설정해야 한다.

1) 표준설정이 복잡한 이유

레스토랑 경영은 그 자체가 조리를 생산하여 판매하는 현장이기 때문에 식재료의 원가관리와 표준으로 하는 원가관리 설정단계는 복잡하다. 그 이유는 다음과 같다.

① 외식점포의 영업은 원재료를 가공하여 다양한 부재료를 섞은 뒤 고객의 주문에 의해 음식이 만들어진다. 조리과정을 거친 음식물들은 부패하기 쉽기 때문에 바로 섭취해야 한다. 제한된 시간 외에는 저장이나 보관이 어려우며, 과도하게 조리하였을 때 시간 내 고객에게 판매하지 못하면 쓰레기가 된다.

② 외식기업 요리는 주문에 의해 이루어진다. 주문여부는 방문고객이 결정하며, 동행인의 수와 규모, 이용목적과 동기, 방문시간, 재정상태에 따라 달라질 수 있다.

③ 주문을 받으면 주방에서는 단일생산 라인으로 다양한 음식을 조리하게 된다. 조리된 음식들은 식사제공 횟수나 방문 고객 수에 따라 하루에도 여러 번 반복된다. 때론 전달과정의 잘못으로 착오가 생길 수도 있다.

④ 구매된 식재료는 동일 장소에서 소비된다. 고객의 계산과 업장을 완전히 벗어났을 때까지 서비스가 진행된다. 고객은 개인적 상황에 따라 다를 수 있기 때문에 똑같은 품질관리와 유지가 어렵다.

레스토랑 경영에서 식재료를 검수하면서 발견되는 불량품은 공급자를 통해 즉시 반품하거나 이를 알린 후 폐기되어야 한다. 창고에 보관된 식재료들은 업장별로 출고되는데 고객에게 판매되기 전까지는 문제점을 즉시 해결할 수 있어야 한다. 그러므로 고객에게 제공되기 전 짧은 시간에 평가할 수 있는 숙달된 전문가를 필요로 한다. 이는 조리하는 직원이나 서빙하는 담당자 모두가 품질에 대한 평가자가 되어야 하는 이유가 된다.

실제 고객은 자신에게 제공된 음식을 섭취한 후 최종적으로 평가하지만 문제가 발생되기 전에 직원들은 수시로 눈과 코로 확인해야 한다.

3. 표준과 표준화

표준(standard)이란 상품의 품질과 양, 가치 정도에 따라 결정되는 공인된 기준을 말한다. 원가의 통제나 구성원들의 성과측정을 위한 기준이 되는 수치이다. 특정한 작업이 효율적으로 진행되기 위해 수행되어야 할 기준과 표준을 말한다. 유사한 용어는 규격과 규정으로 제품 및 공구, 부품, 재료 등과 같이 유형물에 대한 기술적 사항이나 성능, 치수, 형상, 재질 등을 말한다.

규정은 관리방법이나 절차, 책임, 권한 등과 같이 추상적이지만 관념적인 표준을 말한다. 이와 같이 규격이나 규정을 비롯한 공정성으로 인정된 시방서나 작업표준 등 공적표준과 시장선점을 위한 수단으로 분류된다.

표준화(standardization)는 어떤 재료가 상품이 되거나 만들어짐으로써 규칙이나 방법에 대한 표준을 정해 활용되는 것이다. 사물, 개념, 방법 절차에 대해 합리적인 기준을 설정하고 다수의 사람들이 사용할 수 있게 하는 것이다. 특정 활동을 순서 있게 접근할 목적으로 규칙을 정하거나 적용하는 과정과 관계된다. 기업의 이익추구와 경제성, 기능적 조건, 안전성을 충족하면서 협력하에 이루어지는 조직활동이다. 따라서 대상에 대한 단순화, 통일화, 전문화로 호환성을 가져 상호 간에 이익을 줄 수 있다.

1) 표준화의 필요성

표준화는 기업 목표와 관리과정의 품질에 적용할 수 있기 때문에 필요하다. 모든 구성원들이 설정된 목표와 매뉴얼에 따라 행동하려면 각 조직의 명확한 역할구분이 필요하다. 수요예측은 세부적인 계획과 기록을 통한 표준화에서 활용할 수 있다. 이는 품질관리를 위한 일관성을 유지하는 것이며 재료, 기기, 사람 등을 표준화함으로써 고객만족을 위한 서비스방법을 개선시킬 수 있기 때문이다.

표준원가(standard cost)는 사전에 설정된 원가로 단위별로 달성할 수 있는 원가를 말한다. 기업은 과거의 생산경험이나 축적된 기술 등을 통해 설정된 표준을 효율적으로 수행할 수 있다. 경영자는 성과측정이나 예산편성, 가격결정 등을 활용할 때 신축적인 정보를 원한다. 여기에는 표준으로 하는 분석과 실적, 예산 등을 비교함으로써 성과를 향상시킬 수 있다. 따라서 사후적, 예방적 원가통제도 가능해진다.

한편 이상적 표준(ideal standards)과 달성 가능한 표준(currently attainable standards)으로 분류할 수 있다. 이상적 표준은 최적의 환경조건에서 달성할 수 있는 표준으로 기계고장이나 작업중단도 허용되지 않고 순수한 자기능력을 100% 발휘할 수 있는 숙련된 기술을 말한다. 달성 가능한 표준은 평균적인 근로자가 합리적인 노력으로 달성 가능한 표준을 말한다. 정상적인 감손이나 기계고장, 작업자들의 여유시간 등 능률적인 조건하에서 적용할 수 있다. 또한 식재료에 대한 예산수립이나 편성을 위한 계산, 장부기록에 따른 비용 등을 절감할 수 있다.

① 원가 절감을 달성할 수 있다.

② 표준원가의 공정한 계산을 산출할 수 있다.
③ 메뉴의 표준원가 산출을 용이하게 할 수 있다.
④ 매출을 분석하는 데 용이할 수 있다.
⑤ 고정비와 변동비에 대한 원가계산이 용이하다.
⑥ 합리적인 인건비를 산출할 수 있다.
⑦ 원가보고서 작성에 따른 예산을 수립할 수 있다.
⑧ 경영성과에 대한 측정과 이익을 관리할 수 있다.
⑨ 장부의 기장으로 비용을 절감할 수 있다.

2) 표준화의 목적

표준화는 단순화, 전문화를 통해 자사의 고유한 기술을 축적하기 위한 것이다. 효율적인 업무수행과 품질보증, 원가절감 차원에서 경영목표를 달성할 수 있으며, 소비자의 불안과 의구심을 해소할 수 있다. 이러한 표준화는 업무의 효율성을 촉진시키며 경제성을 실현하기 위해 합리적인 기준으로 설정된다. 또한 수요자에 대한 품질관리와 서비스를 보증한다. 이를 실행하는 표준화는 사내규칙과 규정에 따라 책임과 권한을 명시할 수 있다.

규정된 표준원가는 문서화를 통해 개선할 수 있다. 생산과 소비, 유통, 서비스 등 여러 분야에서 업무를 향상시킬 수 있다. 이러한 품질개선과 생산성 향상, 서비스의 질, 상거래 단순화, 공정화를 제시하는 데 그 목적이 있다.

첫째, 업무단순화로 생산성을 향상시킬 수 있다.

둘째, 공급자와 수요자, 고객과 직원 상호 간의 의사소통을 원활하게 할 수 있다.

셋째, 전체적인 경제성을 추구할 수 있다.

넷째, 사람과 물자 등 위생과 안전차원에서 건강한 환경을 만들 수 있다.

다섯째, 시스템 정착으로 상호 간의 호환성을 교류할 수 있다.

여섯째, 소비자 및 직원의 권익을 보호할 수 있다.

일곱째, 서비스 스테이션(service station) 개선으로 품질을 향상시킬 수 있다.

4. 표준의 분류

기업이 성장하려면 관리와 통제를 위한 표준화가 필요하다. 표준은 세계적인 문명사의 대변혁기에 하나의 통합된 생존의식에서 시작되었다. 지식기반 경제와 성장의 디딤돌로 필수조건이 되었다. 이러한 인식하에서 고유의 전통과 문화, 형식은 연속적으로 세계화의 주체가 되었으며 경쟁력을 키우는 것이다. 종전의 기술우위 경쟁에서 가장 강력한 무기로 인정되는 것이 표준화이다. 아무리 좋은 소재의 개발도 표준화되어 채택되지 않으면 무의미하다.

개발단계부터 주변의 산업과 컨소시엄을 구성하며, 시장에서 적용할 수 있는 표준화로 채택되지 않으면 생존하기가 어렵다. 첨단산업부터 서비스산업까지 표준화를 위한 경쟁은 치열하다. 외식업 또한 품질(quality)과 일관성(consistency)을 위해 낮은 원가(low cost)를 설정하는 표준화가 필요하다. 준비단계부터 관리해야 되는 것은 수율이지만 생산시점에 표준으로 하는 양과 분량, 사이즈 등으로 제시된다.

① 표준 구매명세서(standardized purchase specification)

② 표준 양의 목표(standardized recipe)

③ 표준분량(standardized portion)

④ 표준수율(standardized yield)

1) 표준 구매명세서

구매명세서(standardized purchase specification)는 표준으로 하는 양의 목표와 사용되는 식재료들을 세부적으로 기술한 명세서이다. 구매해야 할 식재료의 크기와 종(種), 유효기간, 중량, 원산지, 등급, 상표, 작성자 등을 기록하게 된다. 다점포 전략을 추진하는 기업들은 구매 전에 품질과 가격에 대한 의견을 조율하여 그 기준을 설정하고 있다. 그렇게 함으로써 일별, 주별, 점포별 목표 양에 대한 원가를 설정할 수 있다.

구매명세서는 구매자와 공급자 간에 일어날 수 있는 품목과 여러 가지 지출비용에 대한 착오를 줄일 수 있다. 식재료 원가관리에 중요한 역할을 하며, 물품이 일정하게 유지되어 품질을 향상시킬 수 있다.

(1) 구매명세서 목적

표준 구매명세서를 설정하는 목적은 다음과 같다.

① 구매를 위한 입찰이나 견적의 기준이 된다.

② 검수의 기준을 명시하고 있다.

③ 식재료의 원가와 조리의 품질관리 기준이 된다.

④ 식재료 수율분석과 측정을 가능하게 한다.

⑤ 식재료의 규격과 표준을 설정할 수 있다.

⑥ 예상하는 판매가격을 설정할 수 있다.

(2) 구매명세서에 기술되는 사항

표준 구매명세서에 기술할 일반적인 내용은 다음과 같다.

① 정확한 품명(원명과 국문의 병행표기)을 기재해야 한다.

② 등급, 상표, 규격, 용량, 품질의 특징을 기재해야 한다.

③ 포장단위의 크기와 재질, 주의사항 등을 기재해야 한다.

④ 특별히 요구되는 필수사항을 기록해야 한다(원산지, 지리적 표시, 출하시기, 생산자 성명 등의 기본적 사항).

(3) 미국 레스토랑협회의 구매명세서 기술

표준 구매명세서에서 기술되는 세부사항은 미국 레스토랑협회에서는 구체적으로 표시하도록 규정하고 있다. 이를 작성할 때 요구되는 항목은 다음과 같다.

① 거래되는 이름, 또는 통용되는 이름(예 : sliced apples)

② 수량, 무게, 통(예 : 6/10 cans)

③ 연방정부, 또는 업계등급(예 : USDA choice)

④ 용기의 크기(예 : no. 10 cans)

⑤ 원산지(예 : Michigan bing cherries)

⑥ 종(種)(예 : york imperial apples)

⑦ 스타일(예 : solid pack pie apples)

⑧ 크기(예 : sliced apple rings 30 counts per no. 10 can)

⑨ 검수상태(예 : fresh, frozen)

⑩ 가격표시 단위(예 : case, 6/10 cans)

⑪ 기타 요소(특별한 무게, 수분 제거 시 무게, 포장재, 숙성 정도, 수명, 길이 등)

2) 표준 양(standardized recipe)

외식기업에서 조리되는 모든 메뉴들은 반드시 목표로 하는 표준 양이 있어야 한다. 품질과 원가의 일관성을 보장하는 표준명세서는 양에 대한 목표와 각 메뉴의 원가를 결정하는 기초가 된다. 동일한 메뉴로 같은 가격을 책정하는 프랜차이즈 기업은 품질에 따라 손님에게 보일 수 있는 음식(food presentation)[8], 견본의 일관성을 유지하는 것이 중요하다. 표준에 따라 조리하면 서로 다른 지역의 점포에서 근무하는 직원이라도 똑같은 음식을 만들 수 있다.

메뉴에 맞는 식재료 종류와 등급, 크기로 적절하게 사용된 표준 양을 준수하였다면 수율을 예측할 수 있다. 표준분량을 지키면 주문한 음식 수에 맞게 조리하는 데 효율적이다. 이를 준비하면서 판매가격에 따른 식재료 원가율과 이익을 계산할 수 있다.

표준을 목표로 실제 사용되는 재료와 장비, 조리시간, 온도 등에 기초하여 레스토랑 영업은 시작된다. 다른 업소의 표준 양과 목표를 인용하여 사용하는 경우가 있는데 이러한 방법은 상황에 맞게 수용되어야 한다. 하지만 잘못된 조리방법은 즉각적으로 바꾸어야 한다. 예를 들어 냉동 통조림이나 탈수된 식재료를 사용하고 있다면 싱싱한 재료로 대체해야 한다. 목표 양을 수정하고 싶다면, 의도한 대로 성과를 낼 수 있는지 그 양과 질을 확인해야 한다. 이러한 목표는 모든 요소에서 반복적으로 확인되어야 한다.

(1) 표준 양의 기록

목표로 하는 표준 양을 달성하기 위해서는 식재료 원가를 위한 체계적인 시스템이

8) food styling의 일반적인 표현

필요하다. 경영자가 메뉴에 나와 있는 식재료 원가를 모른다면 월말에 분석되는 식재료 원가율에 대한 평가는 객관성을 확보하기가 어렵다. 표준으로 하는 양과 목표는 다음의 정보를 포함해야 한다.

① 목표로 하는 양의 명칭을 기술해야 한다.
② 분량, 무게, 부피 등 산출량을 기술해야 한다.
③ 재료의 형태와 질을 기술해야 한다.
④ 조리에 필요한 장비와 주방의 조리기기 등을 기술해야 한다.
⑤ 준비 및 조리방법, 시간, 온도, 보관절차, 남은 양의 활용 등을 기술해야 한다.
⑥ 견본품이나 가니시, 디저트 등을 기술하여야 한다.

(2) 목표로 하는 표준 양

표준화는 신중하게 결정되어야 한다. 각종 테스트를 통해 최종적으로 선택하는 것은 이전의 표준 양과 비교를 통해 결정되어야 하기 때문이다. 목표는 점포의 규모와 위치, 메뉴종류, 가격, 직원서비스, 품질 등에 따라 달라질 수 있다.

기업이 표준으로 하는 양을 설정하는 것은 고객의 신뢰를 향상시킬 수 있기 때문이다. 실제 음식생산을 위해 이용할 수 있는 장비와 절차는 테스트를 통해 결정된다. 이러한 원칙을 통해 표준명세서를 작성할 수 있다.

① 간단하면서 이해하기 쉬운 언어를 사용해야 한다.
② 읽기 쉬운 글씨체와 크기, 형태를 가지고 있어야 한다.
③ 표준으로 하는 단위를 사용해야 한다.

(3) 표준 양의 장점

표준 양에 대한 장점은 다음과 같다.

① 식재료 종류와 장비, 기기를 명확하게 할 수 있다. 직원이 다르다 하여 음식의 품질이나 양이 달라지면 안 된다.
② 목표로 하는 양과 원가를 계산할 수 있다.
③ 품질을 통한 예측과 개선사항을 파악할 수 있다.

④ 식재료 양을 정확하게 활용할 수 있기 때문에 구매가 용이하다.
⑤ 1인 분량과 측정장비가 정해져 있기 때문에 통제가 가능하다.
⑥ 메뉴의 판매가격을 결정하는 데 도움이 된다. 원가변화가 있을 때 이를 적절히 활용할 수 있다.
⑦ 이용시간과 절차, 음식 양과 질이 일관되므로 만족감을 줄 수 있다.
⑧ 근무조를 편성하는 데 도움이 된다.
⑨ 품질관리에 따른 잘못된 조리를 줄이거나 혼돈을 막을 수 있다.
⑩ 효과적인 원가관리로 표준 양을 결정할 수 있다.

3) 식재료 원가상승 원인

(1) 메뉴에 의한 원가상승

① 잘못된 예측(forecasting)으로 원가가 상승할 수 있다.
② 고객에게 환영받지 못한 메뉴를 제공하였을 때 원가가 상승하게 된다.
③ 부적절한 메뉴판의 디자인이나 메뉴 수의 증가는 불신의 원인이 된다.
④ 식재료의 메뉴구성이 불균형할 때 발생하게 된다.
⑤ 단조로운 메뉴 설정이나 부적절한 가격을 결정할 때 상승하게 된다.
⑥ 이상적인 기후나 계절에서 상승하게 된다.
⑦ 가격 조정을 실패하였을 때 상승하게 된다.

(2) 구매 시 원가상승

① 유통기한이 가깝거나 과다한 식재료를 보유할 때 상승한다.
② 공개경쟁이나 입찰에 의한 구매가 실시되지 않을 때 상승한다.
③ 준비되지 않은 구매명세서나 공급자와의 관계가 소홀할 때 발생된다.
④ 오랜 관행이나 고정된 거래처, 비탄력적인 구매방법 등에서 발생된다.
⑤ 공급상품의 가격조사 미실시나 공급업자 간 뇌물 등 부정행위 시에 발생된다.
⑥ 정기적인 재고조사 미실시와 재고기록 미유지 시에 발생된다.
⑦ 과도한 재고(par stock)와 낮은 회전율이 반복될 때 상승하게 된다.

⑧ 선지급에 대한 할인을 받지 못할 때 상승하게 된다.
⑨ 결제한 송장을 다시 결제할 때 상승하게 된다.
⑩ 유령회사를 만들어 송장을 결제할 때 상승하게 된다.

(3) 검수 시 원가상승

① 공급업자나 배달직원, 검수자의 담합에 의한 절도가 발생할 때 상승한다.
② 정확한 가격, 양, 질의 확인을 위한 송장과 계량기를 확보하지 못했을 때 발생하게 된다.
③ 구매명세서 미준수나 반납품목에 대한 미처리에서 발생된다.
④ 검수일지 미작성과 배달 송장비교, 구매기록 미유지하였을 때 발생된다.
⑤ 이월상품의 미접수와 결제금액에 맞지 않는 선적을 하였을 때 발생된다.

(4) 저장 시 원가상승

① 부패하기 쉬운 식재료의 보관이 적정한 온도유지를 실패하였을 때 발생된다.
② 선입선출(FIFO) 미실시와 창고의 위생상태가 불량할 때 상승한다.
③ 사전재고와 회전율에 대한 정기점검과 보고를 실시하지 않았을 때 상승한다.
④ 창고정리와 부실, 잠금장치 미실시 때 발생한다.
⑤ 창고관리자 외, 출입을 허용하거나 불출 근거를 무시할 때 발생하게 된다.
⑥ 경영 관리자에 의한 강요된 식재료를 불출할 때 발생하게 된다.

(5) 송장과 문서관리에 의한 상승

① 일련번호가 없는 계산서(guest check)를 발행할 때 상승하게 된다.
② 회계감사를 하지 않은 현금출납기를 사용할 때 발생하게 된다.
③ 무효 또는 지불 완료된 대금관리를 소홀하였을 때 발생하게 된다.
④ 계산서와 주방전표가 일치하지 않거나 송장과 일치하지 않을 때 발생하게 된다.
⑤ 보고된 폐기물과 손실품목에 대한 기록이 없을 때 상승하게 된다.

(6) 준비 및 조리 시 원가상승

① 육류와 채소류의 과도한 손질과 부산물 작업의 부실에서 상승한다.
② 표준 양의 목표를 설정하지 않거나 과잉 생산 시에 발생된다.
③ 부적당한 조리장비와 기기를 사용할 때 발생된다.
④ 표준분량의 미확인으로 과도한 음식준비를 할 때 발생된다.
⑤ 조리의 낮은 수율과 과도한 편의식품을 사용할 때 발생된다.
⑥ 과도한 분량과 조리 양, 과거의 기록을 활용하지 않을 때 발생된다.
⑦ 부적합한 조리기술과 방법을 사용할 때 발생된다.
⑧ 지나친 고가의 식재료와 등급을 고집할 때 발생된다.
⑨ 비싼 편의식품을 과도하게 사용할 때 발생된다.
⑩ 쓰레기가 지나치게 발생할 때 상승한다.

(7) 서브 및 서비스 이동 시 원가상승

① 표준화된 접시나 컵 등의 기물을 사용하지 않을 때 발생된다.
② 스쿠프(scoop), 스푼, 국자 등 계량된 도구를 사용하지 않을 때 발생된다.
③ 표준분량을 준수하지 않거나 주문서 없이 음식물을 이동할 때 발생된다.
④ 쓰레기와 반품에 대한 기록을 하지 않을 때 발생된다.
⑤ 부주의로 인한 음식관리에서 발생된다.
⑥ 너무 많은 표준분량을 설정하였을 때 발생된다.
⑦ 뷔페라인의 고객집계를 잘못하였을 때 상승한다.

(8) 판매 시 원가상승

① 서버나 캐셔의 금전등록기 조작 및 절도에서 발생된다.
② 고객이 계산 않고 도주하는 스키퍼(skipper)에서 발생된다.
③ 계산서상 잘못된 품목기록과 누락, 부정확한 계산에서 발생된다.
④ 커피나 차, 치즈 등 추가 주문의 미기록과 서브의 계산 착오에서 발생된다.
⑤ 저원가에 고마진 품목과 판매촉진(권유), 디자인이 부실할 때 발생된다.

⑥ 수요예측을 위한 과거기록 부재나 매출 취소 등에서 발생된다.
⑦ 무료시식권, 할인쿠폰, 초대권 등에 대한 감독을 실시하지 않을 때 발생된다.
⑧ 부도수표나 불량 신용가드, 계산서 분실 등에서 발생된다.
⑨ 주문취소 기록이나 주방 및 홀의 청구서 불일치에서 발생된다.
⑩ 매출기록 없이 주방에서 홀로 이동하는 음식에서 발생된다.
⑪ 일련번호 없는 계산서를 사용하였을 때 발생된다.

(9) 기타

① 규정과 규칙에 따른 직원 식사에 대한 미감독 실시에서 발생된다.
② 구매 및 검수 간 공모, 배달원에 의한 절도에서 발생된다.
③ 회계 담당자의 실수에서 발생된다.

4) 표준분량(standardized portion)

식재료 원가율에 대한 표준을 초과하였다면 경영자들은 반드시 표준분량을 확인해야 그 원인을 찾을 수 있다. 외식기업 경영자들은 원가상승에 영향을 미치는 표준을 설정하며, 이를 준수하는 과정에서 직원들의 직무역할에 따른 과부족 현상을 확인할 수 있다.

표준 양의 목표를 설정하여 적절히 활용하는 업소라 할지라도 과분량(over-portioning), 미분량(under-portioning)은 식재료 원가에 영향을 미친다. 고객가치 차원에서 낮게 인식될 수 있는 원인으로 경영관리자들은 이를 파악해야 한다.

표준분량은 메뉴의 표시가격으로 방문고객에게 모든 요리에 대한 분량과 크기, 무게 등을 알 수 있게 한다. 각 단계별로 제공되는 요리코스에서 설정된 전채(appetizer), 수프(soup), 주요리(main dish), 샐러드(salad), 후식(dessert), 음료(beverage) 등의 순서에 따른 식사량을 조절할 수 있다.

(1) 표준분량 설정

표준분량을 설정하는 목적은 다음과 같다.

① 제공되는 음식의 표준을 유지하며, 지불하는 비용에 대한 합당한 가치와 품질을 제공함으로써 고객욕구를 충족시킬 수 있다.
② 과도한 생산 분량과 판매로 인한 손실을 방지하며 적정한 원가율을 유지함으로써 목표이익을 실현할 수 있다.
③ 표준분량의 설정과 실행은 경영관리 차원에서 판매를 촉진시킬 수 있다.
④ 표준분량의 미달로 생길 수 있는 오해를 줄일 수 있다.
⑤ 표준분량으로 고객만족을 강화할 수 있다.

(2) 표준분량을 결정하는 방법

표준분량을 결정하는 방법은 원가에 의한 접근방법과 수량 중심의 접근방법으로 나눌 수 있다.

가. 표준원가 접근방법(cost approach)

고객이 지불하는 금액을 기준으로 표준원가를 설정한다. 얼마만큼의 원가에 해당되는 분량의 요리를 제공할 것인가에 대한 표준을 결정하는 방법이다.

나. 수량중심의 접근방법(quantity approach)

레스토랑을 이용하는 고객욕구에 맞게 분량과 규격, 수량을 중심으로 접근하는 방법이다. 이러한 방법을 잘 알고 있다면 효율적으로 분량을 나눌 수 있다. 특화된 규격을 설정하여 관리하기 용이하게 할 수 있다. 직원교육과 작업과정의 검사를 통해 실행되며, 실수를 줄일 수 있다. 매니저나 경영자, 직원들은 항상 저울을 비치하여 결정된 분량을 계량하여 고객신뢰를 저하시키지 말아야 한다.

실제 적용되는 표준은 일일 점검을 통해 확인할 수 있으며 여러 과정에서 표준을 설정할 수 있다.

(3) 표순분량 평가

경영과정에서 설정된 표준분량은 고객에게 평가되어 다시 설정해야 될 이유가 발생하게 된다. 이를 소개하면 다음과 같다.

① 1인분의 음식을 계량하면서 스쿠프나 국자 등의 계량기를 사용하지 않을 때 발생하게 된다.

② 머그컵, 유리잔, 접시, 포크 등 서빙 전에 미리 준비하지 않았을 때 발생하게 된다.

③ 파이나 케이크를 자르기 위한 분량 표시나 기기가 없을 때 또는 잘못 자른 후 서빙되거나 버려지는 조각들에서 발생된다. 이익 발생은 첫 조각이 아니라 마지막 조각에서 나오게 됨을 명심해야 한다.

④ 고객이 서버나 캐셔에게 분량이 너무 적다거나 많다고 이야기할 때 발생하게 된다.

⑤ 접시에 남기는 음식물 양이 없을 경우, 깨끗하면 표준분량이 너무 적어 발생할 수 있다.

⑥ 식기 세척장 주변에 발생하는 음식물 양이 많을 때 발생하게 된다. 특정 음식물 쓰레기가 계속 발생하면 맛, 분량의 결정에 문제가 있다는 것이다.

⑦ 샐러드를 더 먹기 위해 샐러드 바를 자주 드나드는 경우 분량의 문제가 발생할 수 있다.

⑧ 사이드 매출(side orders)이나 디저트 매출이 발생되지 않을 때 발생하게 된다.

⑨ 남은 음식의 포장을 원할 때 발생하게 된다.

⑩ 조리된 음식의 표준과 판매된 메뉴 수, 남은 음식물 수에 대한 불균형이 일어날 때 발생하게 된다.

CASE STORY 외식현장에서 매드포 갈릭 6인이 말하는 '셰프의 자질'

한국보건사회연구원이 발표한 2015 한국복지 패널 기초분석 보고서에서 초등학생 4~6학년 458명에게 희망하는 장래 직업을 물었다. 질문에 문화, 예술, 스포츠 관련직(40.5%)과 교육직(12.1%)에 이어 '조리와 음식 서비스직'(10.4%)이 세 번째로 높은 순위를 기록했다. 과거 희망직종 1~2위를 다투던 의사, 변호사, 판검사 등 전문직들은 최근 먹방과 쿡방의 인기에 밀려 후순위를 차지했다. 특히 연예인 못지않은 인기를 얻고 있는 스타 셰프에 대한 관심도가 갈수록 높아지고 있다. 이에 대표적인 셰프 레스토랑 매드포 갈릭의 평균 경력 16년의 셰프에게 그 자질을 물었다.

첫째는 강인한 체력이다. 국내외를 막론하고 셰프의 일은 주로 서서 이루어지면서 칼과 불을 다루기 때문에 강인한 체력을 요구한다. 숙련된 기술을 요하며, 인내와 끈기로 조리스킬을 연마하지 않으면 셰프가 될 자격이 없다. 실제 전문 셰프들 역시 "10년이 지나서야 칼질이 익숙해졌다"고 말할 정도로 익숙한 칼질은 오랜 경험과 시간이 필요하다.

둘째는 새로운 것에 대한 도전과 연구하는 탐구정신이다. 고객은 항상 새로운 맛과 서비스를 원하기 때문에 천편일률적인 메뉴를 제공하는 프랜차이즈 레스토랑은 더 이상 환영받지 못한다. 다양한 식재료와 새로운 조리법이 쏟아져 나오는 요즘, 하나의 소스를 개발하기 위해 수백 번 수천 번의 테스트를 해야 한다.

셋째는 원칙을 지키는 정직함이다. 약식동원(藥食同源)이라는 말이 있듯이 음식은 건강과 직결되기 때문에 철저한 위생과 안전, 식재료의 품질관리는 필수이다. 눈앞의 이윤을 쫓아 원칙을 제대로 지키지 않은 셰프는 장사꾼에 불과하다.

넷째는 경영능력이다. 셰프는 단순히 요리하는 사람이 아니라 경영자이다. 메뉴판매량 분석부터 원가관리, 수율 및 품질관리, 인력관리 등 주방의 운영을 위해 종합적인 매니지먼트 역할과 역량을 갖춰야 한다. 경력 합산 100년에 달하는 셰프들의 1인 경력 16년의 매드포 갈릭 셰프들은 타이틀을 부끄럽지 않게 하려고 최소한 10년 이상의 경력을 쌓고 새로운 것에 대한 부단한 연구와 노력을 주문하고 있다.

매드포 갈릭은 2001년에 론칭한 국내 순수 개발 브랜드로 마늘로 풍미를 더한 40여 가지의 창작메뉴와 함께 시즌마다 차별화된 감성 테마와 메뉴를 선보이고 있다.

무엇보다 식재료의 손질에서부터 요리의 완성까지 셰프들의 손을 거치는 것을 원칙으로 한다. 이러한 남다른 철학이 있어야 고객들의 꾸준한 사랑을 받을 수 있다.

출처: 매일경제신문, 2016. 6. 28

Chapter 7

표준수율과 원가율

'지금이 최악이다'라고 말할 수 있는 동안은 아직 최악이 아니다.

– *William Shakespeare* (영국 극작가)

[Chapter 7] 표준수율과 원가율

인생에서 패배자는 실패한 사람이 아니라 포기한 사람이다.
– *Richard Nixon (미국 대통령)*

1. 표준수율(standardized yields)

1) 수율의 개념

수율(yields)이란 가공되지 않은 원재료 상태에서 중량이나 정량(portion)에 따라 가공과정을 거친 후 고객에게 서비스가 가능한 식재료 아이템으로 남는 순수한 비율을 말한다.

식재료를 구매할 때 계량된 중량(AP : as purchased)과 상품화되어 판매할 수 있는 상태의 중량에 대한 차이를 작업상 손실이라 한다. 요리의 작업은 식재료를 준비하는 단계부터 기초 손질, 조리과정의 단계로 구분된다. 주요리(main dish)일 경우 표준분량의 작업단계가 추가되면서 조리작업 과정에서 원가에 대한 흐름이 발생한다. 상황에 따라 수량이 감량되는 것은 손실을 의미하지만 최소화를 위한 관리방법에서 수율을 표준화하고 있다.

2) 표준수율을 측정하는 목적

표준수율을 측정하는 목적은 다음과 같다.

① 식재료 원가를 산출하는 데 사용되는 인원 수의 결정과 양에 대한 원가의 배수를 산정하는 데 그 목적이 있다.

② 높은 수율을 얻기 위해 각종 조리방법의 개선과 활용방안을 적용하는 데 그 목

적이 있다.

2. 식재료 원가율

음식이 되는 식재료는 조리사의 기술과 열정, 유명도, 점포의 위치와 규모, 분위기 등에 따라 다르게 가격이 결정된다. 이러한 요소는 어느 한 가지만을 가지고 결정되는 일차원적인 개념이 아니라 다양한 요소를 반영하는 다차원적 개념에서 원가관리는 이루어진다.

식재료 원가와 관련된 변수 중에서 백분율 한 가지만으로 정확하게 분석할 수는 없다. 재무적 결과가 외식기업 경영에 미치는 영향을 이해하고 평가하기 위해서는 1개의 원가율이 아니라 다른 원가율도 계산할 수 있어야 한다. 가장 기본적인 접근방법은 식재료 부문의 총매출에 대한 비율로서 지출된 비용을 식재료부문 매출로 나누어 계산할 수 있다. 이를 공식으로 제시하면 다음과 같다.

$$* \text{ 식재료 원가율(\%)} = \frac{\text{총 식재료 원가}}{\text{총 식재료매출}} \text{ 이다.}$$

이러한 결과는 월간 손익분기점에서 나타나는 전체 식재료 매출에 대한 식재료 원가율이다. 이를 각 메뉴에 적용하면 다음과 같다.

$$* \text{ 메뉴의 원가율(\%)} = \frac{\text{메뉴 원가}}{\text{메뉴의 판매가격}} \text{ 이다.}$$

식재료 원가는 메뉴를 준비하는 과정에서 처리되지 않은 순수한 원가를 말한다. 표준으로 하는 목표 양에서 준비된 음식의 표준 원가를 의미한다.

1) 식재료 원가율에 미치는 영향

모든 메뉴의 식재료 원가율은 경영자의 책임과 지휘하에서 이루어져야 한다. 여러 가지 요인에 의해 영향을 미칠 수 있으며 이를 제시하면 다음과 같다.

① 식재료의 구매 원가(AP : as purchased)

② 1인분의 양(quantity)

③ 메뉴의 판매가격

3가지 중 어느 한 가지가 바뀌면 식재료 원가율도 바뀌게 된다. 레스토랑에서 결정된 음식의 질(quality)과 양(quantity), 판매가격은 메뉴표로 인쇄되어 결정된다. 식재료의 구매원가와 1인 분량에 대한 판매가격을 통해서만 원가율을 측정할 수 있다. 이러한 원가율을 달성하려면 경영자들이 표준으로 하는 구매명세서와 목표 양, 표준분량에 주목해야 한다. 버려지는 음식물이나 쓰레기, 도난 및 절도행위 등을 통제할 수 있어야 한다. 따라서 고객이 섭취하는 음식물은 식사량을 통해서 정확한 계산과 정상적인 판매가격이 결정된다.

다음은 '대한 Restaurant'의 손익계산서이다. 각 항목별 매출원가와 식재료 매출에 대한 백분율은 〈표 7-1〉과 같다.

〈표 7-1〉 대한 Restaurant의 월간 손익계산서 (단위 : 천 원)

항 목	금 액	백분율(%)
식재료 매출	₩36,700	72.4
음료 매출	₩14,000	27.6
총 매출	₩50,700	100
소비된 식재료 원가(consumed)	₩15,500	42.2
직원 식사 및 기타	₩1,510	4.1
판매된 식재료 원가(sold)	₩13,990	38.1
음료 원가	₩2,940	21.0
식음료 원가	₩16,930	33.4

손익계산서 작성을 통해 식재료 원가를 계산할 수 있다. 대부분의 경영자들은 원가계산을 월간 단위로 실시한다. 정확하거나 완벽하다고 할 수는 없지만 보다 효율적인 관리를 위해서는 재고조사부터 실시해야 한다.

2) 식음료 원가계산

대부분의 식·음료원가계산은 미국레스토랑협회(NRA : national restaurant association)의 외식산업 회계기준(USAR : uniform system of accounts for restaurants)에서 권장하는 규정과 절차에 따르고 있다.

식재료 원가계산을 위해서는 고객에게 서빙된 식재료 원가와 직원식사에 소요된 원가를 구분해야 한다. 이러한 구분을 통해 메뉴의 판매가격과 식재료 원가와의 관계를 명확하게 알 수 있다. 월간 소비된(consumed) 원가와 월간 판매된(sold) 원가의 차이를 구별할 수 있으며, 〈표 7-2〉, 〈표 7-3〉과 같이 계산과정을 제시할 수 있다.

〈표 7-2〉 대한 Restaurant의 월간 식재료 원가계산

월초 재고량(전월 재고량)	beginning inventory
+ 월간 식재료 구매량	food purchase for the month
= 월간 식재료판매 가용량	total food available for sale
- 월말 재고량	ending food inventory
= 월간 소비된 식재료 원가	cost of food consumed
- 직원 식사	employee meals
- 바(Bar)로 간 음식	food transfer to Bar
- 할인, 또는 무료식사	discounts & complimentary meals
+ 주방으로 온 와인	wine transferred from Bar
= 월간 판매된 식재료 원가	cost of food sold

월초 재고량은 지난달 말에 재고조사를 통해 확인된 재고량이다. 월간 식재료 구매량은 한 달 동안 판매하기 위해 구매된 양으로 검수자를 통해 확인된 송장으로(invoice) 나타난 총 합계금액으로 식재료 구매비용에 대한 지급 여부와 상관되어 있다. 〈표 3-1〉에서 제시한 월간 소비된(consumed) 식재료 원가와 월간 판매된(sold) 식재료 원가를 계산하면 다음과 같다.

$$\text{월간 소비된(consumed) 식재료 원가} = \frac{15,500}{36,700} = 42.2\%$$

$$\text{월간 판매된(sold) 식재료 원가} = \frac{13,990}{36,700} = 38.1\%$$

〈표 7-3〉 대한 Restaurant의 월간 식재료 원가 (단위: 천 원)

월초 재고량	₩5,800
+ 월간 식재료 구매량	15,000
= 월간 식재료 판매량	20,800
- 월말 재고량	₩5,300
= 월간 소비된 식재료 원가	15,500
- 직원 식사 제공	(₩1,100)
- 바(Bar)로 간 음식	(₩450)
- 할인, 또는 무료식사	0
+ 주방으로 온 와인	₩40
= 월간 판매된 식재료 원가	13,990

소비된 월간 식재료 원가율과 판매된 식재료 원가율의 차이는 4.1%이다. 실질적인 원가차이 1,510천 원으로 창고에서 불출되어 소비되었지만 고객에게 판매되지 않은 식재료 양을 말한다.

실제 재고조사를 통해 분석해야 하는 경영자는 2가지 식재료 원가 중에서 어떠한 원가를 사용할지 고민하게 된다. 정확한 계산을 위해서는 직원 식사에 주목해야 한다. 직원에게 제공한 식사 원가를 손익계산서의 어느 한곳에 기록할 수 있다면 월간 판매된(sold) 식재료에 근접한 원가를 유지할 수 있다. 직원 식사에 해당하는 원가는 월간 소비된(consumed) 식재료 원가에서 공제되어 계산해야 한다. 만약 직원에게 제공된 식재료 원가를 확인하지 않으면 식재료 원가로 보고되는 모든 수치는 실제 원가가 아니라 추정치에 불과하다. 대부분의 레스토랑에서는 직원에게 무료로 식사를 제공하면서도 식재료 원가를 계산하지 않고 있다.

3) 직원 식사관리

(1) 직원 식사관리

직원에게 제공하는 식사의 원가에서 파트타임으로 일하는 직원은 총 근무시간 단위에서 비례하여 배분하고 있다. 원가관리 차원에서 직원 식사에 대한 공제가 이루어져야 하지만 근무 조(組)에 따라 각기 다른 형태의 식사를 제공받게 된다.

비교적 가볍게 먹는 아침식사의 원가는 점심이나 저녁의 원가보다 낮게 책정되어 있다. 식사시간도 근무하지 않는 시간급 계산은 제외시켜야 한다. 다음의 사례를 통해 직원 식사와 관련된 원가와 영향요소를 산술적으로 계산할 수 있다.

(2) 직원 식사관리 시 원가관리

예제

'대한 Restaurant'에서 근무하는 직원 중 시간급 근무자가 25명이다. 이들의 평균 시간급은 4,750원이며, 점심에 무료로 제공하는 직원 식사에 대한 원가는 2,000원이다. 이를 바탕으로 직원 식사에 대한 공제와 공제하지 않는 경우를 1년을 기준으로 계산하시오.

풀이

시급 직원의 평균 금액	4,750원
시급 직원의 하루 평균 일급	4,750원 × 8시간 = 38,000원
직원식사 공제(시간당)	2,000원 / 8시간 = 250원
조정된 평균 시급	4,500원(4,750원 − 250원)
조정된 하루 평균 일급	33,750원(4,500원 × 7.5시간)
1인당 하루 절약 일급	4,250원(38,000원 − 33,750원)
1년간 절약한 총 시급	38,781,250원(4,250원 × 25명 × 365일)

해설

시간급 직원이 하루에 받는 평균 일급은 38,000원(₩4,750 × 8시간)이다. 8시간 근무 중 시급 직원이 무료로 제공받는 점심식사의 원가가 2,000원이므로 직원 식사에 대한 공제를 적용하면 다음과 같다.

2,000원을 8시간으로 나누면 시간당 250원이 된다. 조정된 평균 시급은 4,500원이 되어야 한다. 여기서 각 직원들이 식사를 위해 30분간 근무를 하지 않을 경우 시급 직원에게는 하루 7.5시간의 조정된 시급(4,500원)을 적용해야 한다. 시급 직원 한 명당 4,250원을 절약할 수 있다. 25명의 시급 직원이 있는 '대한 Restaurant'은 무료로 제공되는 직원 식사에 대한 공제와 실제 근무하지 않은 식사 시간(매일 30분)에 대하여 공제할 경우 1년에 38,781,250원을 절약할 수 있다.

〈표 7-3〉에서 제시한 바와 같이 단순히 직원 식사에 대한 공제만 적용하여도 '대한 Restaurant' 식재료 원가의 약 4.1%를 절감할 수 있다. 이는 기업 경영에 필요한 시설 개선이나 직원 복지에 투자한다면 좋은 직장 만들기에 중요한 영향을 미칠 수 있는 금액이다.

3. 공헌이익 문제점

1) 외식기업 공헌이익

Kasavana와 Smith(1982)에 의해 소개된 메뉴 엔지니어링의 매출분석기법은 레스토랑 경영에서 식재료 원가율을 고려하지 않고 소홀하게 취급되어 왔다. 메뉴의 판매가에서 식재료 원가를 뺀 공헌이익(gross profit, contribution margin)이 강조된다. 이는 식재료 원가와 공헌이익 상호 간에 양립할 수 없는 요소이기 때문이다. 식재료 원가율과 공헌이익에 대한 여러 가지 상황을 고려하지 않을 경우 수익성에 대한 잘못된 인식을 심어줄 수 있다. 낮은 식재료 원가율에 대한 높은 공헌이익을 부각시키는 데 사용되는 대부분의 사례를 살펴보면 놀라운 것을 발견하게 된다. 높은 공헌이익은 낮은 식재료 원가에서 시작된다는 것이다.

목표로 하는 공헌이익을 달성하기 위해서는 더 많은 매출을 올려야 하지만 대부분의 경영자들은 단기간에 성과를 내기 위해 낮은 식재료를 사용하고 있다. 공헌이익도 중요하지만 식재료 원가를 무시하면 장기적으로 볼 때 이익은 감소하게 된다. 현실적으로 접근할 수 있는 가장 낮은 식재료 원가율을 달성하려면 매출증가와 이익에 상당부분 지장을 초래한다.

낮은 식재료 원가의 아이템들은 판매율과 객단가가 낮다. 고객 수가 절대적으로 증가하지 않으면 전체 매출액 역시 낮을 수밖에 없다. 균형 잡힌 메뉴 믹스는 낮은 식재료 원가의 아이템과 높은 공헌이익을 포함하고 있다. 반면에 높은 공헌이익을 내는 아이템으로 영업하다 보면 전체적으로 높은 식재료 원가율을 초래하게 된다. 이러한 메뉴상의 높은 공헌이익은 일반적으로 스테이크나 해산물, 갈비 등 프리미엄급 식재료를 바탕으로 한 메뉴들에서 발생하게 된다.

2) 공헌이익 적용

공헌이익 위주의 가격 결정은 컨트리클럽, 리조트, 관광지의 레스토랑처럼 고객이 많이 몰려 웨이팅 시간이 긴 업소에서 사용하는 것이 적합하다. 경쟁이 심한 지역이나 업종은 공헌이익을 고려한 가격결정으로 영업하다 보면 고객 수가 감소하게 된다. 가격은 비탄력적인 시장에서 공헌이익으로 결정될 수 있다. 대부분의 기업들은 가격 변화에 따라 수요가 변화하는 탄력성이 있다. 두드러지는 현상은 높은 가격으로 고객수요를 감소시키는 결과를 나타낸다는 점이다.

레스토랑 경영에서 공헌이익 위주의 가격 결정에 의지하게 되면, 다른 특단의 조치가 필요하다. 고객을 안정적으로 유치하기 위해서는 새로운 촉진전략을 통해 매출을 증대시키는 노력이 필요하다. 따라서 식재료 원가율 상승보다 더 높은 고정비율의 감소에서 이익을 증대시킬 수 있다.

3) 지나친 공헌이익 강조

최근 낮은 식재료 원가관리가 공헌이익을 중시하는 접근보다 레스토랑 경영에서 유리하다는 것을 강조하고 있다. 다음에서 예시하는 공헌이익 위주의 영업은 재무효율성(financial efficiency)이 낮아져 영업 개선을 위해 투자하는 원가에 대한 증가분이 기대하는 수익보다 훨씬 많다는 것을 보여주고 있다.

결론적으로 공헌이익과 식재료 원가를 고려한 중도의 접근방법을 권장한다. 이를 위해서는 원가이익(cost margin)기법이 대안이 될 수 있다. 식재료 원가와 공헌이익이라는 두 가지 모두를 사용하며, 어느 한 가지 방법에 의존함 없이 발생할 수 있는 편견을 배제할 수 있다. 따라서 외식기업의 공헌이익은 식재료 원가율을 상쇄시켜 매출을 증가시킬 수 있어야 한다. 매월 발생되는 고정비 즉, 임대료, 보험료, 감가상각비 등은 일정하기 때문에 매출을 통해서만 고정비율을 저하시킬 수 있다. 높은 매출은 낮은 고정비율을 달성할 수 있지만 매출 감소로 인한 고정비율의 증가를 예상해야 한다.

〈표 7-4〉 대한 Restaurant의 메뉴믹스 A

메뉴명	판매량	판매가	총판매	원가	총원가	원가율	공헌이익	총 공헌 이익
Lobster	42	28.5	1,197	14.9	625.8	52.3%	13.6	571.2
NY strip	74	16.5	1,221	7.4	547.6	44.8%	9.1	673.4
prime rib	143	17.3	2,467	7.3	1,036.8	42.0%	10.0	1,430.0
chop steak	88	9.0	788	2.8	242.0	30.7%	6.2	545.6
pasta	72	7.5	540.	1.8	129.6	24.0%	5.0	410.4
grilled fish	96	8.0	763	2.4	230.40	30.2%	5.6	532.8
계	515		6.976		2812.2	40.3%		

총 주간매출 : 6,975.6천 원 총 주간원가 : 2,812.2천 원 식재료 원가율 : 40.3%

〈표 7-5〉 대한 Restaurant의 메뉴 판매믹스 B (단위 : 천 원)

메뉴명	판매량	판매가	총판매	원가	총원가	원가율	공헌 확인	공헌이익	총 공헌 이익
Lobster	62	7.0	1,674	4.9	924	55.2%	12.1	2.1	750
NY strip	101	5.5	1,565	7.4	747	47.7%	8.1	8.1	818
prime rib	180	6.3	2,925	7.3	1,305	44.6%	9.0	9.0	1,620
chop steak	54	9.9	537	2.8	149	27.6%	7.2	7.2	388
pasta	52	8.5	442	1.8	94	21.2%	6.7	6.7	348
grilled fish	66	8.9	590	2.4	158	26.8%	6.6	6.6	432
계	515		7,734		3,377	43.7%			4,357

* 총 주간매출 : 7,734.5천 원 총 주간원가 : 3,376.7천 원 식재료 원가율 : 43.7%
* 출처 : Pavesic, D.(1998), Fundamental Principles of Restaurant Cost Control, p. 61.

〈표 7-4〉에 있는 '대한 Restaurant'의 메뉴 판매믹스 A는 낮은 식재료 원가 위주로 영업한 결과이다. 반면 〈표 7-5〉의 메뉴 판매믹스 B는 높은 식재료 원가와 그로 인해 더 많은 공헌이익이 발생하는 영업 결과를 나타내고 있다. 판매믹스 B는 A보다 개선된 영업 결과를 제시하고 있으나, 추가적인 매출 발생을 위해서는 식재료 원가율 상승으로 외식현장에서의 무조건적으로 적용하기에는 무리가 있다.

〈표 7-6〉 메뉴 판매믹스 비교는 판매믹스 A와 판매믹스 B에 의한 영업결과를 비교한 표이다. 〈표 7-7〉 메뉴 판매믹스의 재무분석은 각 메뉴 판매믹스에 의한 영업결과를 분석한 표이다.

해설

메뉴 판매믹스 B의 매출은 7,734.5천 원으로 A의 매출(6,975.5천 원)에 비해 758.95천 원(10.9%; 7,734.5천 원/6,975.5천 원) 증가하였다. 하지만 A의 매출에 더해서 추가적인 매출을 발생시키기(758.95천 원) 위해서는 식재료 원가 역시 564.55천 원 더 많이 지출되었다.

메뉴 판매믹스 B의 매출 증가율은, 위에서 보여지듯, 10.9%이지만, B의 식재료 원가 증가율은 20.0%(3,376.7천 원/2,812.15천 원)이다. B는 매출을 더 많이 올리기 위해 식재료 원가는 20.0%나 더 투입되었지만 매출은 그 절반인 10.9%만 증가한 것이다. 그러나 공헌이익은 메뉴 판매믹스 A에 비해 194.4천 원 많은 4.7% (4,357.8천 원/4,163.4천 원) 증가하였다.

놀라운 것은 식재료 원가율의 변화이다. 일반적으로 식재료 원가율(%)은 매출 발생을 위해 소요된 총 식재료 원가를 기간 중 총 매출로 나누어 산출한다. 판매믹스 B는 추가 매출 758.95천 원을 올리기 위해 564.55천 원의 식재료를 추가적으로 사용하였다. 따라서 증가된 매출에 해당하는 식재료 원가율(%)은 무려 74.4%에 해당되는 것이다(564.55천 원/758.95천 원).

레스토랑을 정상적으로 운영하는 경영자라면 이러한 형태의 식재료 원가율이 발생하는 것을 원하지 않을 것이다. 결국 판매믹스 B는 추가적인 매출 10.9%를 올리기 위해 식재료 원가는 2배나 되는 20%를 투입하였지만 기대하였던 공헌이익은 4.7% 증가하는 것으로 나타났다. 이러한 내용을 정리한 것이 〈표 7-6〉의 메뉴 판매믹스 A, B 비교이다.

〈표 7-6〉 메뉴 판매믹스 A, B 비교

구 분	매출(천 원)	식재료 원가(천 원)	공헌이익(천 원)
믹스 A	₩6,975.55	₩2,812.15	₩4,163.4
믹스 B	₩7,734.5	₩3,376.7	₩4,357.8
증 가	₩758.95	₩564.55	₩194.4
증가율(%)	10.9%	20.0%	4.7%

* 매출 증가분에 대한 식재료 원가율 : 74.4%(564.55 / 758.95)

공헌이익 위주의 접근을 옹호하는 사람들은 추가적으로 발생한 194.4천 원을 강조한다. 실제 40.3%에서 43.7%로 증가한 식재료 원가율에는 관심을 기울이지 않는다. '대한 Restaurant'의 손익계산서에는 나타나지는 않았으나, 10.9%의 추가적인 매출 증가로 인해 전체적인 식재료 원가율은 3.4% 증가(40.3%에서 43.7%)하였다. 따라서 매출 증가로 인해 고정비율(%; 총 고정비/총 매출)을 낮출 수 있었다.

식재료 원가율에 대한 공헌이익의 장점을 강조하기 위해 제시한 '대한 Restaurant'의 메뉴 판매믹스 A와 B에서 고객 수는 동일하다고 가정하였다. 실제 경쟁이 심한 시장에서는 비현실적이지만 메뉴(차림표) 디자인을 훌륭하게 잘 하였을 경우, 특정 아이템에 대해 고객들의 선택을 쉽게 유인할 수 있다. 사례와 같이 판매믹스를 통해 완벽하게 개선할 수는 없지만 시장의 다른 요인들에 의해 특정일이나 식사시간대의 고객 수는 영향을 미칠 수 있다. 따라서 메뉴가격은 전체적인 판매믹스에 영향을 미치는 중요한 요인이 된다.

식재료 원가에 비해 공헌이익을 중시하는 경영자는 〈표 7-4〉와 〈표 7-5〉에 나타난 재무분석 결과인 〈표 7-7〉에 유의해야 한다. 매출 달성을 위해 투자한 식재료 원가에서 얼마나 많은 공헌이익이 발생하는가의 문제이다(공헌이익/식재료 원가). 메뉴 판매믹스 A에서는 투자된 1원의 식재료 원가당 1.48원의 공헌이익이 발생한다. 반면에 메뉴 판매믹스 B에서는 1.29원이 발생한다. B가 식재료 원가의 투자에 대한 공헌이익 발생이 적게 나타난 것이다. 이것을 매출에 따라 기대되는 공헌이익 관계로 다르게 설명할 수 있다.

메뉴 판매믹스 A에서는 1원의 공헌이익 발생을 위해서는 1.68원의 매출이 있어야 가능하다. B에서는 1.77원의 매출을 올렸을 때 비로소 가능하게 된다. 일정한 공헌이익을 기대하기 위해서는 판매믹스 B에서는 A에 비해 더 많은 매출 발생이 요구된다. 이를 정리하면 〈표 7-7〉과 같다.

〈표 7-7〉 메뉴 판매믹스 A, B의 재무분석

구 분	매출 (천 원)	식재료 원가 (천 원)	공헌이익 (천 원)	이익 / 원가	매출 / 이익
믹스 'A'	₩6,975.55	₩2,812.15	₩4,163.4	1.48원	1.68원
믹스 'B'	₩7,734.5	₩3,376.7	₩4,357.8	1.29원	1.77원

많은 경영자들은 공헌이익을 중요하게(이익은 많을수록 좋다고) 생각하면서도 현실적으로는 낮은 식재료 원가를 고집한다. 포화상태인 심각한 경쟁상황에서 재무적으로 안정되어야 하기 때문이다. 각 메뉴의 판매가격에 민감하게 반응하는 소비자들을 자신의 레스토랑으로 유인하기 위해 고심하고 있다. 각종 표준이 허용하는 범위 내에서 공헌이익이 아닌 식재료 원가율을 유지하기 위해 노력한다. 하지만 낮은 식재료 원가율, 또는 높은 공헌이익을 무조건적으로 적용하기보다는 경쟁과 시장 상황에 맞게 접근하는 것이 중요하다. 이를 고려한 분석방법으로 메뉴별 판매량, 식재료 원가율, 공헌이익을 모두 포함하는 원가이익(cost margin)에 의한 메뉴분석의 필요성이 제시된다.

조리순서

1. 토마토는 흐르는 물에 씻고 양파와 마늘은 껍질을 벗겨 씻은 후 양파는 적당한 크기로 썰고 마늘은 편으로 썰어줍니다.

2. 토마토는 반으로 잘라 꼭지를 제거하고 먹기 좋은 크기로 썰어줍니다.

3. 달군 프라이팬에 올리브유를 두르고 양파와 마늘을 넣고 볶아줍니다.

4. 토마토를 넣고 볶아줍니다.

5. 토마토소스를 넣고 볶아줍니다.

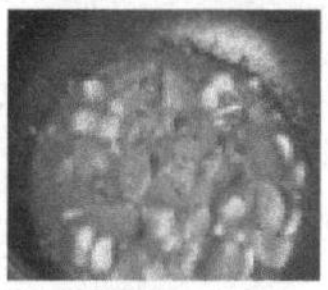

6. 끓는 물에 약간의 올리브유와 소금을 넣고 스파게티 면을 8분 정도 삶아줍니다.

7. 삶은 스파게티 면과 스파게티 삶은 국물을 2큰술 정도 넣고 다시 한번 볶아서 고루 섞은 뒤 불에서 내립니다.

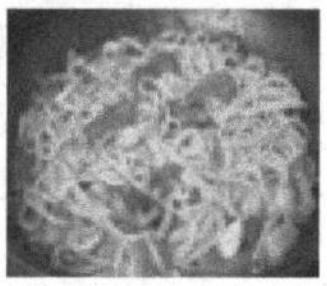

출처: 만개의 레시피(http://www.10000recipe.com)

CASE STORY 외식현장에서

** 원가관리는 가장 중요한 예방 활동이다

원가관리는 손실을 발견하여 개선하는 방법이라기보다 초기에 잘못된 원가관리를 예방하는 것이다. 손실을 최소화하는 것이 아니라 이익을 극대화하는 것이다. 레스토랑 경영의 최대 목표는 손실의 최소화라 할 수 있다. 유감스럽게도 많은 경영자들은 손실이 발생하여 많은 피해를 본 후에야 원가관리의 중요성을 인식하게 된다.

원가마인드는 경영자들에게만 필요한 것은 아니다. 매출액이 많아 여러 가지 잘못된 문제점이 드러나지 않는 성공적인 레스토랑이라 하여도 꼭 필요한 것이 원가관리이다. 이익을 극대화시키기 위한 시작은 매출이 높은 시기에서 시작하는 것이다. 이익이 지속적으로 발생하기 때문에 사업이 그런대로 잘 된다고 생각할 수 있지만 "앞으로 남고 뒤로 밑진다!"는 말이 있다. 이 말은 원가관리의 필요성을 제시하는 함축적인 말이다. 잘된다는 생각에 별도의 조치를 취하지 않으면 과도한 식재료 지출을 통제할 수 없게 된다. 더 많은 이익을 발생시킬 수 있는 추가적인 기회를 놓칠 수 있다.

원가관리를 위한 프로그램은 창업을 준비하는 상권분석과 입지 선정에서부터 시작된다. 초기에는 알뜰하게 계획을 짜서 준비하고 있지만 개점 첫날부터 식재료의 원가, 서비스수준, 고객관리, 민원, 직원 관리 등 한 번에 해결해야 될 일이 너무나도 많다. 하지만 오픈 첫날이라 하여 원가관리를 외면해서는 안 된다. 손실이 발생한 후 이러한 개념을 도입하는 것은 상황을 반전시키기에 너무 늦어진다. 관리체계는 재무적인 성공을 보장하는 것이 아니라 성공을 위한 경영자의 마인드차원에서 시작되어야 한다.

일상적인 생활 속에서 음식의 맛과 서비스가 좋은 레스토랑은 뭔가 다른 면을 발견하게 된다. 절제된 매너와 품격, 고객관리를 느낄 수 있으며, 분위기가 세련되면서도 전문적인 느낌을 감지하게 된다. 반대의 경우도 있다. 과도한 식음료 원가로 인해 경영이 어려운 업소는 성공적인 운영에 필요한 다른 면을 발견할 수 있다. 음식의 질과 서비스가 문제 있는 업소는 매출 역시 저조하기 때문에 어려움을 겪게 된다.

자신이 근무하는 레스토랑의 전반적인 원가관리 프로그램은 미래를 준비하는 보장성 보험과 같다. 근무 중에 일어날 수 있는 상해나 화재 등이 그것인데 월 납입금액을 산정할 때, 레스토랑 규모와 인원 수만을 보고 결정하는 것은 잘못된 방식이다. 보험회사는 위험성이 내포하는 시설이나 위치, 규모, 종류, 관리능력에 따라 또는 인원 수에 따라 다르게 책정하고 있다. 사고가 일어날 수 있는 가능성을 최소화하면 그만큼 지출

비용을 줄일 수 있다. 계약옵션에서 위험이 발생할 가능성을 낮춤으로써 유리하게 사인할 수 있다. 좋은 거래처로 인식될 뿐 아니라 위생적으로 안전한 레스토랑으로 불안전한 조건들과 위험요소를 줄일 수 있다.

결론적으로 직원들의 마인드가 중요하다. 매월 지출하는 월정액의 보험료를 낮출 수 있는 개선방안이나 아이디어를 제공하는 직원에게 incentive를 제공해야 한다. 미래에 일어날 수 있는 위험성을 줄이는 것은 경영자의 현명한 선택과 자질이이다. 우리가 관심을 갖고 추진하는 원가관리 역시 일어날 수 있는 미래의 손실을 예방하는 것이다.

Chapter 8

yield 분석

참고 인내해야 성공을 얻을 수 있다.
오랫동안 문을 두드리면 반드시 열리게 된다.

– *Henry Wadsworth Longfellow* **(미국 시인)**

[Chapter 8] yield 분석

위기(危機)라는 단어를 한자로 적으면 두 가지의 뜻이 있다. 하나는 위험(危險)하다는 뜻이며, 다른 하나는 기회(機會)라는 뜻이다.
– *John Fitzgerald Kennedy(미국 대통령)*

외식업은 영리적 목적으로 잘 갖추어진 시설과 장비, 분위기 있는 점포에서 고객들의 식사와 음료를 통해 인적, 물적 서비스가 제공되면서 품질이 결정된다. 타 산업과 비교할 때 제조업이자 소매업, 서비스업으로 그 유형은 비슷하지만 고유한 특성을 가지고 있다. 상품을 생산하는 공장으로 비유되는 주방은 식재료의 투입을 통해 요리라는 음식이 완성된다. 그것을 전달하는 직원들의 품격과 인성, 마인드에서 품질이 결정된다. 이러한 구조를 잘 아는 고객들은 음식을 섭취하면서 여러 과정을 통해 접객서비스를 받게 되며, 그것을 평가한다. 이러한 기준을 설정할 때 목표 양(standardized recipe)을 결정하게 된다.

조리된 메뉴아이템 원가(EP: edible portion cost)를 계산하기 위해서는 각 메뉴의 원가를 결정해야 한다. 이러한 과정에서 경영자들은 식재료의 구매 가격과 실제 먹을 수 있는 수율(edible yield)을 산출하며, 이를 준수할 때 품질의 표준을 달성할 수 있다.

1. 수율(yield)

수율(yield)은 어떤 특성에서 실제로 생산되는 생산물의 양을 말한다. 특성의 기질로부터 이론상 기대할 수 있는 최대의 생산량으로 나눈 값을 백분율로 나타낸다. 생산물 중에는 최대의 생산량 값을 산출할 수 없는 것도 있기 때문에 소비되는 양에서 얻어낸 생산물을 할인한 값을 수율이라 한다. 한편 투입된 수에 대한 완성된 양품

비율로 불량률과 반대되는 의미를 갖는다.

예를 들어 반도체의 생산과 수익성 계산에도 영향을 미치는데 웨이퍼 한 장에 반도체 400개를 그렸다. 실제 생산해 보니 300개는 양품이고 100개는 불량품이라면 수율은 75%가 된다.

수율은 국세청에서 활용한다. 연간 매출액이 일정수준 이상인 제조업체의 생산수율을 계산하는 데 사용된다. 필요한 자료를 제출받아 세금 신고내용의 적정성을 검토하는 업무에 사용된다. 특별한 이유 없이 동종업체에 비해 생산수율이 낮다면 탈세를 의심할 수 있다. 업체자료를 제출받는 대신에 세금의 신고내용을 분석할 때 자체적으로 생산수율을 계산하여 분석한다. 이러한 수율은 레스토랑의 메뉴 원가분석에도 활용된다.

1) AP(as-purchased) 무게

레스토랑에서 구매한 순수한 식재료이다. 공급업체 직원에 의해 점포에 배달된 순수한 식재료의 무게를 말한다. 축산물의 경우 뼈나 기름덩어리 같은 지방이나 사용할 수 없는 내장, 쓰레기 같은 폐기물, 기타 부문이 포함된 총 무게를 말한다.

2) EP(edible portion) 무게

순수한 AP식재료에서 뼈나 지방을 제거하였거나 조리할 수 있는 분량(portion)으로 요리 가능한 무게 또는 양을 의미한다. 같은 양(as-served) 또는 판매비용(plate cost)이라 한다. 다듬거나 조리할 때 더 이상 감소하거나 줄어들지 않는 무게를 말한다.

3) 쓰레기(waste)

음식을 만들기 위한 준비 및 조리 과정에서 또는 부량(portioning)을 나눌 때, 없어지거나 재활용할 수 없는 양을 말한다. 가치가 없어 판매할 수 없는 부산물(by products)을 의미한다.

4) 수율(yield)

요리를 만들기 위해 식재료를 준비하거나, 다듬기 과정을 거쳐 완성된 후 고객에게 서빙되기 전의 순수한 무게 또는 부피를 말한다. 육류의 경우 조리된 후의 무게로서 1인분이 결정되기 전의 무게이다. 이러한 1인분은 메뉴에 따라 들어가야 할 각종 양념이나 국물, 채소, 기타의 부산물 등에서 중량의 차이가 날 수 있다.

5) 표준 yield(standard yield)

표준수율은 목표로 하는 표준 레시피에서 표준분량(portioning)과 절차를 파악한 후에 산출된 것을 말한다. 식재료에 대한 모든 준비과정이나 조리가 완성된 후 1인 분량을 결정하기 위해 사용할 수 있는 양으로 AP 무게에서 표준 yield로 나눈 값을 말한다.

6) 표준분량(standard portion)

표준 레시피(standardized recipe)에서 제시된 1인 분량의 크기로 각 메뉴의 아이템에 대한 원가(plated portion cost)를 결정하는 기초가 된다.

2. 수율(yield)과 편의식품

1) yield 요소

yield와 관련한 원가 요인들은 경영의 현장에서 쉽게 볼 수 있다. 현실적으로 요리를 위해 다듬는 과정에서 없어지는 양, 원하는 크기나 모양으로 자르는 과정에서 줄어들거나 없어지는 양 등 다른 요리로 활용할 수 있는 부산물을 포함한다.

식재료를 유용하게 활용하는 방법은 1인 분량을 나누는 것이다. 분량의 디바이더(portion divider)는 다듬거나 줄어드는 정도를 정확하게 예측하여 주문할 식재료의 양을 결정하게 된다. 이러한 구매가격이 결정되면 분량에 대한 원가는 시장가격의 변동에 따라 곧바로 계산이 가능하다.

2) 편의식품(convenience food)

어떤 식재료는 접시에 담으면서 1인분씩 나누기만(portioning)하면 된다. 이러한 음식의 원가계산은 비교적 간단한데 대개 편의식품(convenience food)이 그 재료이다. 해당 업체에서 생산하는 것이 아니라 외부 업자로부터 준비된 후 구입된 식재료로 햄버거 패티나 냉동만두 및 피, 돈가스, 스테이크, 치킨, 프렌치프라이, 소량의 샐러드드레싱, 잘게 썬 양배추 등 원가계산이 용이한 편의식품이다.

치킨 콘셉트의 외식업체들은 가맹점이나 직영점에 보내진 조각낸 닭이나 통닭 형태를 배송하고 있다. KFC나 Popeyes와 같은 외국 유명 브랜드나 BBQ 같은 국내 브랜드 중 경쟁력 있는 대부분의 기업은 본사에서 각 업장으로 배송할 식재료를 8조각으로 나누고 있다. 그렇다면 조각난 닭은 편의식품인가? 배송받은 점포에서 치킨을 나눌 필요가 없기 때문에 편의식품이라 할 수 있다. 통닭으로 구매하는 것보다 조각난 닭을 구매하는 것은 원가 측면에서 유리하다. 실제 운영하는 경영자들은 조각을 내기 위해 장비를 구입하거나 작업 공간, 인건비, 보장성보험 등을 고려하면 많은 금액을 절약할 수 있다. 대부분의 치킨 프랜차이즈점들은 이렇게 운영되고 있다.

3) 편의식품 원가계산

편의식품의 원가계산하는 방법은 다음과 같다.

예제

쿠키용 냉동반죽(750g) 팩이 6,000원이다. 1개당 25g이라면 몇 개를 만들 수 있으며, 개당 가격은 얼마인가?

해설

100g에는 800원이 되며, 쿠키 분량(portion)의 크기가 25g으로 30개를 만들 수 있다. 쿠키의 원가는 200원이 된다. 이를 계산식으로 풀이하면 다음과 같다.

750g / 25g = 30개

6,000원 / 30개 = 200원(개)이 된다.

만약 쿠키를 구워 개당 600원에 판매한다면 냉동반죽으로 만든 쿠키의 원가는 약 33.3%가 된다.

200원 / 600원 = 33.3%이다.

냉동반죽으로 쿠키를 만들면 쓰레기가 발생하지 않는다. 굽는 과정에 손실도 없기 때문에 원가계산이 쉽다. 만약 냉동쿠키로 만들지 않고 바로 밀가루를 반죽하여 쿠키를 만든다면 원가는 냉동쿠키를 이용하는 것보다 25%정도 낮게 된다. 하지만 경영자들은 여러 가지 요인을 고려하여 고민하게 될 것이다. 밀가루를 이용하여 쿠키를 만들 것인가? 냉동쿠키를 사용할 것인가?

쿠키를 만드는데 소비되는 각종 장비와 식재료비, 쿠키를 만드는 베이커(baker), 인력 등을 고려하지 않아도 되기 때문에 인건비와 각종 경비, 혜택에 따른 지출경비를 줄일 수 있다. 냉동반죽을 사용하면 다소 원가 상승요인이 발생하지만, 구매의 간소화로 비용을 절약할 수 있다. 따라서 저임금, 미숙련 직원 채용, 재고관리 등에서 요구하는 식재료들을 구입할 필요가 없어 효율적이라 하겠다.

3. 식재료 조리 시 원가계산

대부분의 메뉴 아이템들은 식재료를 다듬거나 손질하면서 조리되는데 이러한 과정에서 쓰레기가 발생하게 된다. 국가에서는 지방자치단체에 쓰레기양을 줄이는 기록표를 작성하여 제출하도록 명문화하고 있다. 법적으로 규정하여 제도화되었으며, 그 결과 쓰레기는 경영자의 부담으로 또 다른 비용이 된다. 음식물 쓰레기를 수거하는 업체들은 따로 회사를 만들어 수익을 창출하며, 돈을 받고 처리를 대행해 주고 있다.

결과적으로 조리된 음식의 무게, 부피는 항상 AP 무게보다 적어진다. 이로 인해

EP 원가는 항상 AP 원가보다 높다.

외식기업 구매담당자들은 영업을 위해 구매할 양과 재고로 확보하고 있어야 할 양을 결정하기 위해 수율을 사용한다. yield에 대한 원가 분석을 실시하여 각 메뉴들의 분량에 따라 실제원가를 결정해야 한다.

해설

연어 20kg을 구매하여 16kg의 스테이크와 필레(fillet)를 얻었다면 처음 구매한 무게 중 80%의 AP만 사용한 것이다. 이는 분량(portion)의 원가와 주문할 양을 결정하는 데 참고해야 할 사항이다.

주방장이나 경영자들은 최고의 수율(yield)과 최저의 쓰레기를 만들어내는 가장 적합한 크기의 무게를 구매해야 한다. 어류의 구매명세서에 최소의 무게와 최대 무게, 종(種)을 표기한다. 육류는 고기를 손질할 때 발생하는 양과 조리과정에 줄어드는 양 등에 따라 yield를 측정하며, 조리 후에 각 분량에 대한 원가를 결정한다. 손질하는 과정과 1인 분량, 남는 양을 yield라 한다. 따라서 최초 무게에 대한 먹을 수 있는 양(edible portion)의 비율을 수율(yield percentage)이라고 한다.

$$* \text{ 수율} = \frac{\text{먹을 수 있는 양}}{\text{최초 구매한 무게}}$$

1) 수율검사(yield test)

수율의 표준을 설정하기 위해 조리 때마다 테스트(yield test)할 필요는 없다. 외식현장에서 사용하는 4가지의 표준은 수율(yield)과 표준 구매명세서(purchase specification), 표준 양(recipe), 표준분량(portion)으로 분류할 수 있다.

수율(yield)은 특정분량(portion)에서 원가가 일정하게 유지된다. 이러한 수율은 공급자 가격에서 분량에 대한 원가변화에 영향을 미친다. 수율검사(yield test)는 단 한번으로 결정하지 않으며, 여러 번의 검사와 가중 평균을 적용하여 결정할 수 있다.

표준 양과 표준 구매명세서가 일관성 없이 적용되는 업소는 식재료 원가에서 차이가 발생된다. 그 결과 각 메뉴의 원가는 수시로 변하게 된다. 따라서 표준요소들을 준수하고, 그 차이를 최소화해야 원가를 일정하게 유지할 수 있다.

(1) 수율검사의 목적

수율검사의 목적은 다음과 같다.

첫째, 수율검사를 통해 보다 정확한 원가를 산출함으로써 합리적인 판매가를 결정하게 된다.

둘째, 같은 메뉴 아이템이라도 저가와 고가로 구매할 수 있는 양을 결정하게 된다.

셋째, 여러 과정에서 표준으로 하는 1인 분량의 정보를 확인할 수 있다.

원가관리에 따른 주문량은 경영자를 비롯하여 관리자, 현장의 직원에 이르기까지 얼마나 높은 관심도를 가지는가에 따라 달라질 수 있다. 주문한 명세서의 작성과 목표 양, 1인 분량의 표준을 설정하며, 이를 준수하여 식재료 원가가 결정된다. 하지만 표준 요소들을 제대로 적용하지 못하면 구매량과 식재료 원가를 결정할 수 없게 된다.

2) 준비단계(preparation)

외식업은 음식을 만들어 판매하기까지 여러 단계를 거치게 된다.

(1) PREP(Pre-preparation; 미리 준비)

① 축산물의 뼈 제거와 지방 및 기름기 제거

② 채소 씻기와 다듬기

③ 조리를 준비하기 : 고기 썰기, 생선 뼈 발라내기, 새우껍질 벗기, 채소 씻기와 썰기, 샐러드드레싱 만들기 등

(2) Preparation(준비)

① 식재료의 부분적 조리하기

② 고객에게 서빙하기 위해 PREP한 식재료들을 준비하여 접시에 담기

4. prime rib의 원가계산

예제

'대한 레스토랑'에서 100인의 연회를 예약받았다. 주 메뉴는 prime rib이며, 1인당 평균 분량이 200g이다. 구매가격은 1kg당 10,000원이다. 단 수율이 60%라면 얼마를 구매해야 되는가?

해설

구매 담당자는 prime rib을 구매하는 데 2가지를 방법을 고려할 수 있다. 활용할 수 있는 부산물이 발생하지 않는 컷(cut)을 구매하는 방법과 다른 용도로 활용할 수 있는 덩어리, 즉 부산물이 발생하는 컷을 구매하는 방법이 있다.

1) 부산물이 발생하지 않는 prime rib을 구매한 경우

부산물이 발생하지 않는 prime rib을 구매할 경우 원가계산은 다음과 같다. 조리하기 전에 뼈나 지방을 잘라내는 등 준비과정이 필요 없다. 오븐에 넣어 규정된 시간 동안 적정 온도에서 고기를 구워(roast)내므로 쓰레기(waste)가 발생되지 않는다. 조리과정이 줄어들어 발생할 수 있는 손실은 표준으로 하는 yield에서 줄어들게 된다. 따라서 판매 분량이 적어 서빙할 음식의 원가는 높아진다.

(1) 손실률

음식을 손질하고 준비하는 과정에서 또는 조리하면서 생기는 부산물, 서빙과정에서 발생할 수 있는 손실 등을 단계별로 살펴보면 다음과 같다.

가. 준비 손실률

구매한 무게 즉, AP 무게와 조리를 위해 다듬는 과정에서 생기는 손실의 비율을 말한다. 활용할 수 있는 부산물을 계량하여 다른 메뉴로 이용할 수 있는 가치로 평가한 후 원가 계산 시 별도로 반영할 수 있다.

✻ 준비 손실률 = 조리를 준비하는 과정에서 발생한 손실 / AP 무게

나. 조리 손실률

조리하는 과정에서 줄어드는 손실(shrinkage)에 해당하는 무게와 최초 구매한 무게(AP 무게)의 비율을 의미한다.

✻ 조리 손실률 = 조리과정에서 발생한 손실 / AP 무게

다. 서빙 손실률

조리가 완성된 후 고객에게 서빙하면서 또는 고기를 자르는 과정에서 발생하는 손실(carving loss)을 말한다. 해당하는 무게는 최초로 구매한 무게(AP 무게)의 비율로 계산할 수 있다.

✻ 서빙 손실률 = 고기를 자르는 과정에서 발생한 손실 / AP 무게

예제

'대한 레스토랑'의 prime rib의 무게가 8kg을 구매하여 준비하는 과정에서 1kg의 손실이 발생하였다. 조리과정에 500g이 감소하였으며, 서빙하기 위해 1인 분량을 나누는 과정에서 500g의 감소하였다. 레스토랑에서 rib을 구매하여 서빙하는 데 총 손실은 2kg이 된다. 준비단계부터 고객에게 제공하는 기간 중 과정별 손실률을 계산하시오.

해설

과정별 손실률 계산은 〈표 8-1〉과 같다.

〈표 8-1〉 수율 및 손실률

수 율	75.0%	= 6.0kg / 8kg
손실률	25.0%	= 2.0kg / 8kg
준비 손실률	12.5%	= 1.0kg / 8kg
조리 손실률	6.25%	= 0.5kg / 8kg
서빙 손실률	6.25%	= 0.5kg / 8kg

(2) 구매할 양 결정

prime rib과 쓰레기만 발생하는 경우 구매할 양을 결정할 때, 서빙할 고객 수와 1인 분량을 알고 있으면 계산할 수 있다. 또한 특정 메뉴에 대한 양을 결정하는 방식으로 사용할 수 있다.

* 서빙할 고객 수×1인 분량 = 고객에게 서빙될 총 무게(총 EP무게)
* 총 EP 무게 / 수율(Yield %) = AP 무게

예제

'대한 Restaurant'에서 서빙할 고객이 100명이며, 1인당 서빙 분량은 200g이다. 단 수율이 50%일 경우 구매할 양은 얼마인가?

100명 × 200g / 명 = 20,000g = 20kg

20kg / 0.5 = 40kg

(3) 원가 결정

부산물이 발생하는 prime rib 컷을 구매할 경우 원가계산은 다음과 같다.

조리하기 전에 뼈를 발라내거나 지방을 제거하는 등의 준비과정에서 손실이 발생하며, 분량을 나누거나 굽는 과정에서도 손실이 발생하게 된다. 높은 온도에서 조리하면 고기가 더 많이 줄어들기 때문에(25% 내외) 최근에는 저온에서 조리하는 오븐으로 줄어드는 양을 낮추고 있다(15% 내외; Cook & Hold oven).

rib은 고객이 원하는 정도가 다르기 때문에 알맞게 요리된 상태(doneness)에 따라 분량은 다를 수 있다. 짧은 시간 많은 인원이 식사하는 특정 연회(banquet)행사일 경우 분량을 나누는 과정은 비교적 짧다. 일품요리(a la carte)는 스페셜 요리보다 수율이 높게 나타난다.

조리과정의 줄어드는 분량으로 발생하는 손실은 고객에게 서빙하는 분량(EP무게)의 원가에서 구매시점(AP 무게) 원가보다 높게 나타난다. 따라서 원가계산은 재조정되어야 한다.

예제

'대한 레스토랑'에서 100인의 연회를 예약받았다. 주 메뉴가 prime rib이며, 1인당 분량이 200g이다. 구매가격은 1kg당 10,000원으로 수율이 60%이라면 얼마를 구매하여야 하는가?

가. 수율(Yield)

✻ 수율 = 서빙 무게(EP 무게) / 최초 구매 무게(AP 무게) = 0.60

나. 서빙 양에 대한 원가(cost per servable weight)

서빙 양의 원가는 2가지 방법으로 계산할 수 있다.

첫째, 최초 구매한 무게(AP 무게)의 원가를 서빙하여 먹을 수 있는 양(edible portion)의 무게로 나눈 값을 사용할 수 있다(AP/EP).

둘째, kg당 AP 가격을 수율로 나눈 값을 사용할 수 있다(AP / 수율). 서빙하여 먹을 수 있는 양을 계량하거나 계산하는 것보다 표준으로 설정한 수율을 사용하는 것이 훨씬 간단하다. 그러므로 두 번째 방법을 소개하고자 한다.

✻ 서빙원가

✻ EP 원가 = AP 원가 / 수율

= (10,000 / kg당) / 0.6

= 16,667원 / kg

다. 원가 인수(cost factor per servable weight) 또는 (생산중량당 원가) 결정

구매가격에 변화가 있을 때 EP 원가를 쉽게 계산하기 위해 생산중량당 원가를 사용하게 된다.

* 실질적 원가
* 원가 인수 = EP 원가 / AP 원가
  = ₩16,667 / ₩10,000
  = 1.67이 된다.

구매가격에 변동이 생겼을 때 EP 원가는 최초 구매한 가격에서 각 메뉴의 아이템별 원가 인수를 곱하면 된다. prime rib의 구매가격이 1kg당 12,000원으로 상승하였을 경우 EP 원가는 다음과 같다.

* EP 원가 = 새로운 AP 원가 × 원가 인수
  = 12,000원 × 1.67
  = 20,040원이 된다.

라. 1인 분량에 대한 원가(cost per portion)

* 총 구매가격 = 총 구매량 × 구매가격 / kg
  = [(100명 × 200g / 명) / 0.6] × ₩10,000 / kg
  = 333,333원

* 1인 분량 원가 = 총 구매가격 / 서빙할 고객 수
  = 333,333원 / 100명
  = 3,333원

마. 1인 분량 원가 승수(portion cost multiplier)

✻ 1인 분량 원가 승수 = 원가 인수 / kg당 1인 분량

= 1.67 / (1,000g / 200g)

= 1.67 / 5

= 0.334

바. 분량 디바이더(portion divider) 결정

서빙할 고객 수를 알면 구매해야 할 무게를 산출할 수 있다. 이러한 계산을 용이하게 하기 위해 수율과 kg당 1인 분량을 이용하여 분량 디바이더(divider)를 결정하게 된다.

✻ 분량 디바이더 = 수율 × kg당 1인 분량

= 0.6 × (1,000g / 200g)

= 0.6 × 5

= 3.0 / kg

사. 구매량 결정

메뉴의 아이템별 구매량은 서빙할 고객 수와 메뉴 분량 디바이더를 이용하여 결정할 수 있다.

✻ 구매할 양(kg) = 고객의 수 / 분량 디바이더

= 100명 / 3.0

= 33.3kg

해설

1인 분량이 200g이며 수율이 60%일 경우 100명의 연회를 위해 구입해야 할 prime rib의 양은 33.3kg이 된다. rib의 무게가 8kg이라면 5개의(wholesale cut) rib이 필요하

다. 그러나 표준명세서에 기술된 rib의 무게가 7~9kg이다. 공급자에 의해 배송된 rib의 무게에 따라 4~5개를 구매해야 된다.

2) prime rib의 부산물과 쓰레기 발생 원가계산

다른 용도로 활용할 수 있는 부산물과 쓰레기가 발생하는 컷(cut)을 구매할 때 원가계산 방법은 다음과 같다.

저렴한 컷을 구매함으로써 활용할 수 있는 부산물(usable trim)은 준비과정에서 부산물과 쓰레기가 발생하며, 조리과정에서 줄어들게 된다. 서빙 전 1인 분량을 나누거나 자를 때 손실이 발생하게 된다. 쓰레기(waste)는 금전적 가치가 없지만, 활용할 수 있는 부산물은 계량하여 화폐가치로 평가한 후 총 구매가격에서 공제하여 원가를 산출할 수 있다.

예제

'대한 레스토랑'에서 100인의 연회를 예약받았다. 주 메뉴가 prime rib이며 1인당 서빙 분량이 200g이다.

주방에서 활용할 수 있는 부산물과 쓰레기가 발생하는 컷(cut)을 구매하였다. 조리를 위해 도축된 수율을 테스트(butchering yield test)해야 하며, rib을 가공할 숙련된 직원과 육류가공 장비가 필요하다. 고기를 준비하는 과정의 부산물을 활용할 수 있는 메뉴가 있어야 한다. 만약 고정메뉴를 운용하는 레스토랑이라면 부산물(짧은 갈비, 뼈, 기계로 간 소고기(ground beef) 등을 활용하는 데 제한이 있을 수 있다. prime rib의 준비와 조리과정, 서빙 등을 통한 점검과정을 요약하면 〈표 8-2〉, 〈표 8-3〉과 같다.

〈표 8-2〉 부산물이 있는 수율계산

item : 1234 primal rib 구 분	AP 무게 : 15kg AP 가격 : 8,000원 / kg 무 게(kg)	총원가 : 120,000원 시장 가격(원)
활용할 수 있는 부산물		
종지뼈 고기	1.0 kg	₩10,000원
짧은 갈비	1.5 kg	₩13,500원
간 고기(ground beef)	0.5 kg	₩1,500원
계	3.0 kg	₩25,000원
쓰레기	1.5 kg	
부산물 및 쓰레기 무게	4.5 kg	
oven-ready rib 무게	10.5 kg	

종지뼈 고기 : 10,000원/kg ; 짧은 갈비 : 9,000원/kg ; 간 고기(ground-beef) : 3,000원/kg
oven ready rib의 구매가격 : 120,000원 - 25,000원 = 95,000원
oven ready rib의 원가 : 95,000원 / 10.5kg = 9,047.6원/kg

〈표 8-3〉 부산물이 있는 경우의 butchering yield test

item : 1234 primal rib 구 분	AP 무게 : 15kg 무게(kg)	 %	AP 가격 : ₩8,000원 / kg 총원가 : ₩120,000원 가격 / kg	 시장가격(원)
1234 Primal Rib	15kg	100%		120,000원
쓰레기	1.5kg	10.0%		0
사용 가능한 무게	13.5kg	90.0%		120,000원
활용할 수 있는 부산물				
종지뼈 고기	1.0kg	6.7%	10,000원	10,000원
짧은 갈비	1.5kg	10.0%	9,000원	13,500원
간 고기(ground beef)	0.5kg	3.4%	3,000원	1,500원
계	3.0kg	20.0%		25,000원
쓰레기 및 부산물 무게	4.5kg	30.0%		0
oven-ready rib 무게	10.5kg	70.0%		95,000원
고기 줄어듦 / 카빙 손실	4.0kg	26.7%		0
서빙 무게	6.5kg	43.3%		95,000원
서빙 무게의 kg당 원가				14,615원

종지뼈 고기 : 10,000원/kg ; 짧은 갈비 : 9,000원/kg ; 간 고기(ground-beef) : 3,000원/kg
oven-ready rib의 원가 : 95,000원 / 10.5kg = 9,047.6원/kg
서빙 무게에 대한 원가 : 95,000원 / 6.5kg = 14,615원/kg

oven ready prime rib을 구매한 경우와 부산물과 쓰레기가 발생하는 rib을 구매한 경우의 수율을 비교하면 〈표 8-4〉와 같다.

〈표 8-4〉 수율(yield) 비교

구 분	oven-ready prime rib	primal rib
AP 가격	10,000원	8,000원
oven-ready 원가	10,000원	9,048원
서빙 무게 %(수율, yield)	60%	61.9%*
서빙 무게의 kg당 원가	16,667원	14,615원
동일한 무게에서 원가 비교	105,000원**	95,000원

* prime rib의 '서빙 무게 %'는 준비과정을 거치면서 쓰레기와 활용할 수 있는 부산물을 제외한 무게, 즉 oven-ready 무게인 10.5kg에 대한 서빙 무게(조리과정을 거치며 고기가 줄어들고, 분량하면서 carving 손실을 반영한 무게; 6.5kg)의 비율 6.5 / 10.5 = 61.9%

** prime rib의 oven ready 무게인 10.5kg의 원가 10,000원 × 10.5kg = 105,000원

해설

〈표 8-4〉의 수율(yield) 비교에 나타난 바와 같이, '대한 레스토랑'에서 100인의 연회를 주메뉴 rib으로 예약을 받았다. 부산물과 쓰레기가 발생하는 prime rib을 구매하였을 때, oven-ready prime rib을 구매한 경우보다 서빙 무게 6.5kg(32.5명 해당 : 서빙무게 6.5kg ÷ 서빙 분량 200g)에 해당하는 원가 면에서 10,000원이 절감되었다(〈표 8-4〉 수율 비교; 105,000원 - 95,000원).

이와 별도로 활용할 수 있는 부산물 3가지로 인해 25,000원이 발생하기 때문에 〈표 8-2〉 '부산물이 있는 수율계산'에서 '활용할 수 있는 부산물'을 더하면 35,000원 절감할 수 있다. 32.5명에 해당하는 서빙무게 6.5kg에 대해 35,000원이 절감되기 때문에, 100명의 연회행사에 대한 prime rib을 구매할 경우 원가 면에서 더욱 많은 절감(107,692원)을 기대할 수 있다[(35,000원 ÷ 6.5kg) × (100명 × 200g)].

따라서 경영자들은 점포능력이나 숙련된 직원, 장비활용 등이 가능한 메뉴생산을 고려하여 연회를 준비한다면, 사용시간을 종합적으로 분석하여 레스토랑 경영에 적합한 prime rib을 구매해야 한다.

5. 식재료별 수율(yield)과 원가계산

1) 육류의 yield 및 원가계산(whole tenderloin)

소고기 안심(tenderloin)을 손질하여 각 부산물의 정확한 중량을 계량하였다. 용도에 맞는 가격과 부산물의 가치를 산출한 후 그에 맞는 금액을 뺀 나머지에 대한 원가를 정확하게 산출할 수 있다.

(1) 원가계산

예제

whole tenderloin 3kg을 손질하였다. 2.3kg의 fillet steak와 300g의 hamburger meat, 200g의 재고품(stock meat), 200g의 fats과 쓰레기가 발생하였다. 이를 계산하시오.

〈표 8-5〉 whole tenderloin의 원가계산

품 목	규 격	단 가	무 게	가 격
whole tenderloin	kg	20,000원	3kg	60,000원
hamburger meat		8,000원	0.3kg	2,400원
stock meat		2,000원	0.2kg	400원
fats & waste			0.2kg	0
계			0.7kg	2,800원
fillet steak			2.3kg	57,200원

해설

whole tenderloin 3kg의 구입가는 60,000원이고, 부산물인 hamburger meat와 stock meat의 가치(2,800원)를 공제한 가격은 57,200원이다. fillet steak의 kg당 원가는 57,200원/2.3kg = 24,870원이 된다. fillet steak 1인분의 분량이 180g이라면 그 원가는 24,870원×0.18 = 4,477원이 된다. 육류의 부위별 yield는 〈표 8-6〉과 같다.

〈표 8-6〉 육류의 부위별 yield

품목	수량 (kg)	단가	표준 산출량				다른 용도의 사용량					표준 원가
		원	%	%	잔량 무게	kg	햄버거	스톡	Fat 및 Loss	Loss 계	표준 원가 수정	
텐더로인	3	20,000	76.6	76.7%	2.3	2.3	0.3	0.2	0.2	0.7	26,087	24,870
서로인	13.3	18,000	57.7	56.6%	7.81	7.53	0.99	1.05	3.45	5.49	31,793	29,732
립아이	10.55	19,000	79.3	79.3%	7.46	8.37	0.33	1.45	1.31	3.09	23,949	23,504
갈비(찜용)	10.87	11,195	96.1	96.1%	10.45	10.45			0.42	0.42	11,645	11,644
갈비(구이용)	17.36	11,195	88.1	88.1%	15.3	15.3		1.56	0.5	2.06	12,702	12,500
라운드	62.9	8,175	91.7	91.7%	57.67	57.67		4.43	0.8	5.23	8,916	8,763
척	15.42	5,748	78.8	78.8%	12.15	12.15		2.47	0.8	3.27	7,295	7,297
브리스켓	14.92	3,923	64.5	64.5%	9.62	9.62		4.6	0.7	5.3	6,084	5,128
소혀	6.75	10,923	77.6	77.6%	5.24	5.24		1	0.51	1.51	14,071	12,751
Lamb Rack	6.65	7,000	30.5	30.5%	3.48	2.03	0.71	0.46	2	3.17	22,931	18,577
Lamb Leg	14.11	4,700	58.3	58.4%	8.25	8.24	0.47	2.71	2.68	5.86	8,048	7,123
Veal Loin	11.85	12,000	35.1	35.1%	4.83	4.16	1.93	3.74	1.35	7.02	34,183	28,708
Pork Belly	30.2	3,800	70.6	70.7%	15.71	21.34	6.4	7.83	0.26	14.49	5,378	3,933
포크 라운드	13.93	3,700	83.4	83.3%	11.6	11.6		1.45	0.88	2.33	4,443	4,436
돼지족발	100	2,300	75	75.0%	75	75		15	10	25	3,067	3,067
오리고기	10.01	3,500	42	42.1%	4.21	4.21		3.25	2.55	5.8	8,322	7,600
닭튀김용	6.84	2,290	95.4	95.5%	6.53	6.53			0.31	0.31	2,399	2,399
닭뼈 제거	13.26	1,800	52.6	52.6%	6.98	6.98	0.49	5.02	0.77	6.28	3,419	2,725

출처: 강무근 외 3인(2003), 관광외식원가관리, p. 231 자료를 인용하여 연구자가 수정하여 사용함

2) 해산물의 yield 및 원가계산(광어)

광어(halibut, flatfish)를 손질하여 각 부산물의 정확한 중량을 계량하였다. 용도에 맞는 가격으로 부산물 가치를 산출한 후 금액을 빼고 나머지를 손질하여 정확한 광어의 원가를 산출하였다.

(1) 원가계산

예제

광어 3kg을 손질하여 부산물 및 쓰레기가 발생하였다. 1.43kg의 횟감용 광어살(fillet 살)과 300g의 매운탕용, 1.27kg의 뼈 및 내장이 발생하였으며, 원가계산은 〈표 8-7〉과 같다.

〈표 8-7〉 해산물(광어)의 yield 및 원가계산

품 목	규 격	단 가	무 게	가 격
광어	kg	23,500원	3kg	70,500원
매운탕용 생선 살		5,000원	0.3kg	1,500원
뼈 및 내장		0	1.27kg	0
계			1.57kg	1,500원
fillet 살			1.43kg	69,000원

광어 3kg의 구입가는 70,500원이다. 부산물인 매운탕용 생선살의 가치(1,500원)를 공제한 가격은 69,000원이다. 광어의 fillet살 수율은 47.7%(1.43kg / 3kg)이며, 광어회 fillet 살의 kg당 원가는 69,000원 / 1.43kg = 48,252원이다. 주요 해산물의 yield는 〈표 8-8〉과 같다.

〈표 8-8〉 주요 해산물의 yield

품목	수량(kg)	단가	표준 산출량			다른 용도의 사용량					표준원가
		원	%	잔량무게	kg	매운탕용	소독용	내장, 껍질	Loss계	표준원가수정	
활광어	3	23,500	47.6	1.43	1.43	0.3	0.5	0.77	1.57	49,301	69,000
활도미	2.8	24,400	27	0.78	0.78	0.5	0.8	0.72	2.02	87,590	82,950
활농어	3	24,500	45	1.35	1.35	0.4	0.7	0.55	1.65	54,444	52,962
마구로 1급	10	70,000	78	7.8	7.8			2.2	2.2	89,744	89,743
사요리	10	16,000	50	5	5			5	5	32,000	32,000
지리복어	10	25,000	75	7.5	7.5			2.5	2.5	33,333	33,333
연어	4	15,500	65	2.6	2.6	0.3		1.1	1.4	23,846	23,270
방어	10	17,500	46	4.6	4.6	1.2		4.2	5.4	38,043	36,739
생삼치	10	8,800	66	6.6	6.6			3.4	3.4	13,333	13,333
미로	10	10,500	72	7.2	7.2			2.8	2.8	14,583	14,583
바다장어	10	9,000	70	7	7			3	3	12,857	12,857

병어	10	7,000	61	6.1	6.1			3.9	3.9	11,475	11,475
문어	10	13,500	74	7.4	7.4			2.6	2.6	18,243	18,243
갑오징어	10	4,400	21	2.1	2.1			7.9	7.9	20,952	29,952
전복	10	90,000	34	3.4	3.4			6.6	6.6	264,706	264,705
먹조개	5	13,000	22	1.1	1.1			3.9	3.9	59,091	59,090
피조개	5	9,000	20	1	1			4	4	45,000	45,000
한치	10	12,000	40	4	4			6	6	30,000	30,000
자라	10	50,000	18	1.8	1.8			8.2	8.2	277,778	277,778
바닷가재	10	38,000	77	7.7	7.7			2.3	2.3	49,351	49,350
밀물장어	10	24,000	49	4.9	4.9			5.1	5.1	48,980	48,980
흑해삼	10	12,000	26	2.6	2.6			7.4	7.4	46,154	46,154

출처 : 강무근 외 3인(2003), 관광외식원가관리, p. 237 자료를 인용하여 연구자가 수정하여 사용함

3) 채소류 및 과일의 yield 및 원가계산(당근, 배)

채소는 껍질 등을 soup에 사용하기도 하지만 원가계산을 할 때에는 별도로 계산하지는 않는다. 채소류의 손질은 업계 내 통용되는 수율이나 레스토랑 자체의 기준으로 적용한다. 표준수량으로 계산하며 이를 1인 분량에 맞추어 원가를 계산한다.

(1) 원가계산

예제

당근(carrot) 10kg을 1kg당 1,300원에 구입하여 손질 후 1인 분량(portion)으로 80g을 책정하였다. 표준의 수율이 86%라면 원가계산은 다음과 같다. 배 20개 들이 1박스를 26,000원에 구매하였다. 배를 10쪽으로 나누어 사용한다면 원가계산은 〈표 8-9〉와 같다.

〈표 8-9〉 당근과 배의 원가계산

품 목	규 격	단 가	무 게	가 격
당근	kg	1,300원	10kg	13,000원
쓰레기		0	1.4kg	0원
손질 후 서빙 가능 당근			8.6kg	13,000원
배	Box	30,000원	(20개)	30,000원
배 1개		1,500원	(10쪽)	1,500원
배 1쪽		150원		150원

일반적으로 채소류의 원가계산은 아래와 같이 진행된다.

* 구매 단가×수량=총 구매 단가
  총 구매 단가/표준 산출량=kg당 표준원가

주요 채소류 및 과일의 yield는 〈표 8-10〉과 같다.

〈표 8-10〉 주요 채소류의 수율(yield)

품 목	수량	규격	단가	표준 산출량		표준원가	비고
			원	%	kg	원	
감자	10	kg	2,300	83	8.3	2,771	
당근	10	kg	1,300	86	8.6	1,512	
무	10	kg	600	73	7.3	862	
배추	10	kg	900	76	7.6	1,184	
양배추	10	kg	800	75	7.5	1,067	
셀러리	10	kg	1,350	66	6.6	2,045	
양상추	10	kg	1,800	70	7.0	2,571	
상추	10	kg	1,200	85	8.5	1,412	
치커리	10	kg	1,600	85	8.5	1,882	
오이	10	kg	1,250	91	9.1	1,374	
가지	10	kg	3,200	75	7.5	4,267	
토마토	10	kg	1,200	85	8.5	1,412	
애호박	10	kg	900	74	7.4	1,126	
브로콜리	10	kg	2,100	65	6.5	3,231	
콜리플라워	10	kg	2,300	65	6.5	3,538	
대파	10	kg	800	82	8.2	976	
양파	10	kg	800	84	8.4	952	
실파	10	kg	750	79	7.9	949	
피망	10	kg	2,300	79	7.9	2,911	
콩나물	10	kg	900	65	6.5	1,385	
시금치	10	kg	1,200	73	7.3	1,644	

출처 : 강무근 외 3인(2003), 관광외식원가관리, p. 242 자료를 인용하여 연구자가 수정하여 사용함

CASE STORY 외식현장에서

** 식재료 표준은 원가관리의 필수조건이다

각종 식재료의 표준을 설정하는 것은 원가관리의 필수 조건이다. 최대의 성과를 통해 비교할 수 있는 기준과 계산은 균형을 유지하는 수단이 된다. 경영자들은 조직 내 구성원의 업무수행 결과를 정성적, 정량적으로 분석하고자 노력한다. 실제 기대만큼 잘하고 있는지, 초과 및 미달하는지를 평가한다. 이는 레스토랑의 이익과 목표를 달성하는 데 영향을 미치기 때문이다.

표준을 비교할 때 계획하였던 자원은 활용과정에서 차이가 생겨 변화를 가질 수 있다. 양(+)의 변화량은 경영성과가 표준을 상회하는 것이다. 경영자들은 결과에 대해 표창 및 포상을 해야 한다. 부(−)가 발생하면 책임 유무를 확인하여 규명해야 한다. 개인이나 조직의 부서에서 기준을 충족시키지 못하였다면 이를 수정하여 달성할 수 있도록 유도해야 한다.

대부분의 점포들은 문서화된 매뉴얼을 사용하지 않고 있다. 표준을 명시하여 유지하는 것은 레스토랑의 일상으로 새로운 기준과 규칙을 정하는 것이다. 공식적인 기준은 현실적으로 운영하기 위해 거대한 규칙을 정하는 것보다 더 바람직하다. 이는 점포의 경영철학에서 시작된다.

기업이 계속적으로 성장하려면 직원들의 협조와 자발적인 자세가 중요하다. 경영자들은 각종 표준을 설정하고자 노력하는데 스스로 평가받는 것을 좋아하지 않는다. 경쟁자의 규정이나 표준을 벤치마킹(benchmarking)하여 이를 적용할 수도 있지만 동일한 효과를 계속 유지하기는 어렵다. 자사의 재무적 성과와 업계에 맞는 표준을 설정하여 일어날 수 있는 기준을 수용해야 한다. 임대료, 재산세, 이자율, 자산과 부채 비율, 토지 및 건물의 감가상각비, 기타 원가 요소들은 이익에 영향을 미치므로 점포마다 다르게 나타나게 된다.

전국적인 사업을 전개하는 체인 기업들은 특정 원가에 대한 매뉴얼을 모든 점포에 적용할 수 없다는 것을 잘 알고 있다. 하지만 실제 영업 환경에서 일어날 수 있는 모든 상황과 변수를 측정하고자 한다. 현실적이든, 비현실적이든 실험실과 같은 조건의 결과를 선정해서는 안 된다. 비현실적인 환경의 결과는 원가를 낮게 결정하는 위험성이 있다.

현대의 고객들은 모든 상품에 대해 절대적으로 만족하지 못하는 성향을 가지고 있다. 외식 경영자들은 각종 기준의 표준을 설정하여 시행함으로써 음식의 질이나 서비스에 대한 일관성을 유지할 수 있다. 이는 고객에게 신뢰를 얻는 것이며, 만족도를 증가시키는 것이다. 표준을 설정하여 유지하는 것은 목표 달성을 충족시키거나 초과 달성하는 것이다. 기업의 궁극적인 목적은 그들을 열광시켜 충성도 높은 고객을 만드는 데 있다.

Chapter 9

메뉴 및 차림표

한 가지 뜻을 세우고 그 길로 가라. 잘못된 실패도 있을 것이다.
하지만 다시 일어나서 앞으로 나아가라. 반드시 빛이 그대를 맞이할 것이다.

– *Kant Immanuel* **(독일 철학자)**

[Chapter 9] 메뉴 및 차림표

> 사람은 입안에 도끼를 가지고 있다. 어리석은 자는 남을 험담해서 그 도끼로 자신을 해친다.
> – 석가모니

외식기업 전문가들이 말하는 메뉴는 'everything starts with the menu'라 한다. "레스토랑 경영의 모든 것은 메뉴에서 시작한다."는 말처럼 경영자에서부터, 매니저, 주방 셰프, 서빙직원에 이르기까지 업무 전반의 운영과 경영에 영향을 미친다.

외식업은 특정 지역의 식재료를 얼마만큼 구매하여, 어떤 아이템으로 언제, 어디서, 누가 조리할 것인가? 조리된 음식은 어떤 위치의 입지 조건과 분위기에서 숙련된 매너로 서빙되어 고객이 섭취할 수 있도록 도와줄 것인가? 이러한 과정에서 고객은 무엇을 필요로 하며, 그들의 욕구를 사전에 파악하여야 만족도를 높일 수 있다. 메뉴에 대한 원가관리 정책은 경영전반의 수입과 지출에 따른 시스템을 요구한다. 일정한 규모와 공간에서 시설과 디자인을 바탕으로 고객이 선택할 수 있도록 체계화시켜야 한다.

성공적인 레스토랑을 경영하기 위해서는 메뉴 역할이 중요하다. 입지에 맞는 메뉴 선정은 계획단계부터 고객의 마음속에 흡인될 수 있는 심리적인 요소가 중요하다. 외식기업의 성공 여부는 자리(목)가 결정한다는 말이 있다. 하지만 섭취하는 음식의 식재료에서부터 셰프의 능력까지 추구하는 목적에 부합되지 않아 좋은 자리에서도 재무적 성공을 거두지 못할 수 있다. 어떤 종류의 메뉴를 결정하여 운영할 것인가는 창업자의 지식과 경험, 아이템, 시장수요와 미래를 예측할 수 있는 능력에서 결정된다.

만약 레스토랑을 창업할 때 점포가 미리 정해져 있다면 메뉴에 맞는 콘셉트를 결정할 때 좀 더 여유가 있을 것이다. 고객은 자신의 방문 동기나 모임성격, 스타일,

이용목적, 동행인 여부 등 개인적 특성에 따라 차이가 있을 수 있다. 특히 원하는 입지조건과 메뉴종류가 자신과 맞지 않는다면 타 업종을 선택하거나 방문 후 부조화가 일어날 수 있다.

1. 메뉴의 역할

모든 레스토랑의 성격은 제공하는 메뉴에서 나타난다. 콘셉트를 결정할 때 메뉴의 종류와 접객방법, 서비스 종류와 형태, 실내장식에 따른 분위기 등 개별 점포의 특징은 다를 수 있다. 하지만 메뉴가 중요한 것은 메뉴와 음료를 판매해야만 매출을 발생시킬 수 있기 때문이다.

고객은 레스토랑을 방문할 때 배고픔이라는 생리적 욕구만을 요구하는 것이 아니라 즐거운 식사로 인해 얻을 수 있는 친교나 사업, 연인, 상견례 등 개인적 목적에 따라 원하는 혜택은 다를 수 있다. 자신의 목적에 부합하는 업종과 업태, 메뉴를 결정하며 여러 과정에서 과거의 경험이나 추억할 수 있는 재미를 통해 회상하게 된다. 또한 신뢰할 수 있는 사람들로부터 추천된 정보를 통해 결정할 수 있다.

차림표는 레스토랑에서 판매하는 상품의 이름과 가격, 중량, 특성, 원산지, 지리적 표시, 효능 등 고객의 주문에 필요한 정보를 담고 있다. 생산 과정의 유통과 신선도, 국가, 지역을 나타내며 원가관리 측면에서 내부적 통제수단이 된다. 고객과 레스토랑을 연결하는 촉진도구로서 기업과 소비자를 연결한다. 이러한 역할에서 궁극적인 매출 상승과 이익을 달성할 수 있다.

1) 메뉴의 중요성

레스토랑 경영에서 메뉴는 판매하는 상품안내와 가격 등을 나타내는 단순한 목록표가 아니다. 점포의 목표와 방향, 성장가능성에 따른 정보를 나타내며 대표적인 촉진수단이 된다. 점포 이미지는 전체적인 분위기와 인테리어시설, 조명, 음악, 환기, 소음 등의 쾌적함에서 영향을 받는다. 이처럼 메뉴를 구성하는 다양한 종류와 형태에 따라 선택행동에 영향을 미친다.

점포의 경영 방침과 이미지 전달, 메뉴안내와 가격결정, 식재료 효능과 미래의 청사진 등 영업 활동의 전반적인 안내와 조정, 통제차원에서 그 중요성이 제시된다.

2) 메뉴의 역할

(1) 최초의 판매수단

고객이 레스토랑을 방문할 때 첫 번째로 만나는 것은 접객직원의 안내이다. 착석 이후 차림표에서 전달된 메시지를 받아들이며, 그에 따라 선택행동을 한다. 메뉴는 외식기업의 고객과 상호 간에 커뮤니케이션 수단으로 판매 수단이 된다. TV, 라디오, 신문, 잡지, 지하철 무가지, 구전 등에 의해 외부적으로 전달되며, 홈페이지나 블로그, 페이스 북, 인스타 그램, 카톡 등 호기심을 자극하거나 SNS로 점포의 특성과 인상, 흥미적 요소를 제공할 수 있다.

〈표 9-1〉 메뉴의 역할

• 레스토랑의 콘셉트 표현	• 식재료 파악과 구매, 공급, 저장, 재고관리
• 조리 및 서비스 인력에 따른 정보제공	• 메뉴에 맞는 서비스 방법과 절차
• 주방 및 업소의 시설물 결정	• 원가관리
• 장비 및 서비스 기물 결정	• 음식문화와 트렌드 반영

(2) 마케팅 도구

외식기업의 경영은 메뉴에서 시작된다. 그 어떤 상품보다도 강력한 마케팅도구가 된다. 메뉴의 기본은 고객에게 전달할 수 있는 상품으로서의 가치가 있어야 한다. 조리된 요리는 그것을 선택한 고객에게 확신을 심어줄 수 있어야 한다.

내부적으로 레스토랑에서 판매하는 상품이 어떤 종류인가를 직원에게 알려주는 역할을 하지만 외부적으로는 판매 가능한 음식의 종류와 가격, 맛, 품질, 분위기 등에 따른 가치를 공유하는 것이다. 메뉴는 단순히 품목과 가격을 기록한 목록표가 아니라 고객과 레스토랑을 연결하는 무언의 전달자이자 판매촉진자로서 그 역할을 한다.

(3) 고객과의 약속

레스토랑에서 고객이 직접 눈으로 보고, 듣고 모든 것을 다 이해한 후에 음식을 주문하지는 않는다. 조리된 메뉴의 견본을 보든지 경험을 통한 지식이나 주변인의 추천, 직원 권유 등으로 결정한다. 대표적으로 점포의 입구에 진열된 견본메뉴를 보고 결정하는 경우가 많다. 고객들은 이러한 견본 메뉴를 통해 자신이 식사하고자 하는 맛과 품질, 가격, 양 등을 확인하며, 그에 따른 혜택을 결정하게 된다.

점포에서 제시하는 메뉴판은 고객이 궁금해 하는 품질에 대한 정보가 들어 있어야 한다. 어떤 재료를 얼마만큼의 맛과 품질로 제공해 줄 것인가에 대한 고객과의 약속이기 때문이다.

(4) 내부통제 수단

메뉴는 레스토랑 경영에서 심장과 같은 역할을 하기 때문에 모든 영역에서 영향을 미친다. 식재료의 구매에서부터 검수, 저장, 재고, 관리, 불출, 다듬기, 분량나누기, 조리하기 등 경영관리 차원에서 가격 결정이나 그에 따른 원가절감과 관련되어 있다.

예를 들어 판매하는 메뉴종류가 단품이라면 밑반찬 수가 적을 수 있다. 이러한 메뉴는 직원들의 인력을 적게 필요로 하지만 반대로 찬의 종류가 많다든지, 가격이 비싸면 직원 수가 많아야 레스토랑의 품질을 향상시킬 수 있다. 이러한 메뉴특성은 직원들의 능력과 근무자수 등을 결정하는 통제수단이 된다.

〈표 9-2〉 메뉴와 관련된 요인

• 레스토랑의 콘셉트	• 서비스 방법과 형태
• 주방면적과 장비, 설비시설	• 고객 수와 수용능력
• 구매 및 저장	• 좌석 회전율
• 주방기물의 형태와 양	• 객단가
• 서비스 시설과 영업시설	• 메뉴에 맞는 분위기와 시설
• 식재료 양과 질	• 시장 세분화
• 식재료 손실부분	• 가격수준과 고객의 품격
• 식음료 원가관리	• 직원들의 교육훈련과 직무배치
• 레이아웃	• 인건비

2. 메뉴관리

레스토랑 경영에서 효과적인 메뉴관리는 성공전략을 의미한다. 매출을 향상시키기 위해 시행되는 광고와 홍보, PR 등 촉진전략을 추진하는 것은 궁극적으로 이익을 달성하기 위해서이다. 이러한 과정에서 기업의 통제와 조정을 통한 영향요인들은 효율적인 메뉴관리와 이를 달성하는 기업차원에서 성장을 가능하게 한다.

현대사회에서 고객의 욕구는 더욱 다양해지고 있다. 단순히 무엇을 먹는다는 인식에서 벗어나 누구와 어디서, 무엇을, 얼마만큼의 재미와 즐거움을 나눌 것인가에 귀 기울인다. 어떤 식재료를 가지고 얼마의 가격에 무엇을 기념하면서 추억할 것인가? 그에 맞는 전략방법은 무엇인가?를 결정해야 한다.

1) 메뉴계획

(1) 메뉴계획 의의

메뉴계획은 고객만족과 이익을 극대화시키는 방법차원에서 고려되어야 한다. 마케팅 믹스전략을 추진할 때 상품화는 출발점이 된다. 창업을 염두에 둔 예비자들은 자신의 지식과 경험, 능력 면에서 충분히 갖추어져 있다고 생각한다. 그들은 식재료에 대해 많은 지식을 가지고 있을 뿐 아니라 원가절감 차원에서도 높은 경쟁력으로 경제성이 있다고 자신한다. 이러한 자신감은 전문가들의 평가에서 오류가 발견된다.

메뉴는 레스토랑의 콘셉트를 구현하는 것이기 때문에 반드시 외식기업 목표와 사명, 나아갈 방향과 부합해야 한다. 목표시장(target market)에서 고객 욕구에 부응하는 메뉴는 충분히 경쟁력을 가지는 것이다. 추구하는 방향은 점포의 콘셉트와 일치할 때 가능하며 성숙되지 않는 상권에 위치한 레스토랑은 성공 가능성이 그만큼 낮아진다. 따라서 고객의 기대를 충족시키거나 능가해야만(meet or exceed customers' expectation) 성공가능성이 높아진다.

(2) 메뉴계획 시 고려사항

레스토랑에서 메뉴를 결정할 때 고려해야 할 사항은 다음과 같다.

가. 고객욕구 파악

고객은 다 같을 수가 없다. 누구를 대상으로 어떤 메뉴를 설계하고 계획할 것인지 그들이 좋아하는 것이 무엇인가를 파악해야 한다. 사전조사를 통해 타깃 고객의 욕구를 파악한다는 것은 그들의 취향이나 특성, 기호, 선호도가 다르기 때문이다. 눈으로 볼 수 없는 외형적인 선택 외, 소비자의 심리적 상황이나 특성, 그들만의 욕구를 고려하여 설계해야 한다.

① 생리적 욕구

음식을 섭취하는 것은 사람들이 살아가는 데 있어 기본적인 요소이다. 생리적인 욕구를 충족시키기 위해 음식을 섭취하지만 사람들과의 관계를 위해서도 섭취하게 된다. 영양적인 면과 위생, 건강을 고려한 안전한 먹거리는 식재료에 대한 충분한 지식과 고객욕구를 충족시킬 수 있는 메뉴관리에서 시작된다.

② 심리적 욕구

음식은 개인의 심리적, 정서적, 감성적 욕구에 따라 다양한 방법으로 만족감을 강화할 수 있다. 시각적인 색상이나 미적 아름다움, 촉각적인 부드러움, 청각적인 소리, 후각적인 냄새 등이 조화롭게 구성되었을 때 욕구를 충족시킬 수 있다.

〈표 9-3〉 메뉴계획 시 고려사항

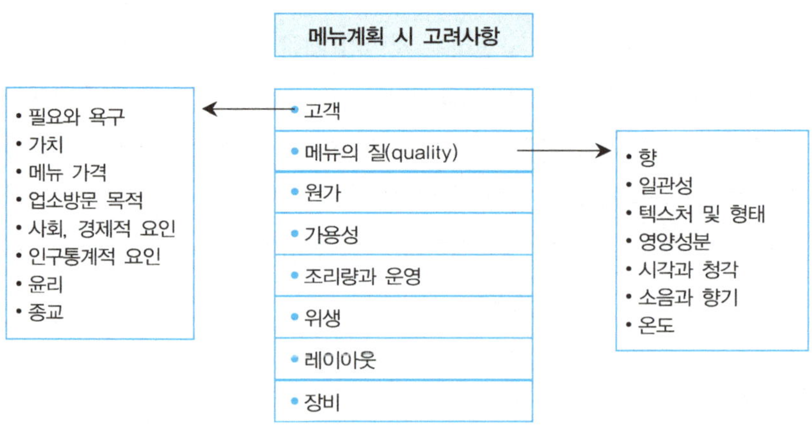

* 출처: Ninemeier, J. D.(1995), Planning and Control for Food and Beverage Operations(3rd ed.), p. 95.

③ 사회적 욕구

음식은 사회적 관계 속에서 그 일을 수행하고 달성하는 데 필요한 매개체이다. 메뉴는 개인적 기호에 따라 다양성을 추구하며, 상호간에 욕구를 충족시킬 수 있게 설계되어야 한다.

나. 원가와 수익성

고객에게 사랑받는 훌륭한 메뉴라 하여도 원가가 높으면 메뉴로서 그 기능을 수행하기가 어렵다. 고가격으로 책정된다면 판매부진을 면치 못할 수 있기 때문에 메뉴를 계획하는 사람들은 목표로 하는 원가를 염두에 두고 설계해야 한다. 이상적인 적정 원가에서 이윤을 플러스하는 방법은 매출 향상과 수익성을 창출하는 것이다.

다. 식재료 구매의 용이성

메뉴계획자는 사용되는 식재료가 무엇인가를 알아야 한다. 사계절 쉽게 구입 가능한 품목인가? 계절적으로 변동이 심한가? 수입품인가? 보관은 용이한가? 보관하였다가 활용할 수 있는 품목인가? 등을 고려해야 한다.

구매 담당자는 시장 환경과 변화에 대한 정보를 충분히 반영할 수 있어야 하며, 기업의 콘셉트에 맞는 메뉴를 설계해야 한다. 가격변동이 심한 품목들은 그에 따른 종류가 조정될 필요성이 있다. 메뉴는 고객의 신뢰도를 상승시키기도 떨어뜨리기도 하기 때문에 식재료의 구입여부에 귀 기울여야 한다.

라. 조리기구와 조리방법

메뉴를 계획하고 준비하는 과정은 필요한 기기와 장비, 기물 등의 유무와 업소의 주방넓이, 레이아웃, 시설물, 용량 등 그 특성을 파악하는 데서 시작된다. 이러한 주방은 빠르고 정확하게 제공될 수 있도록 설계되어야 조리시간과 인건비를 절감할 수 있다. 필요한 공간의 동선을 최소화시켜 효율적으로 운영하는 것도 경쟁력이 되며 근무환경의 개선에서도 영향을 미친다.

마. 음식의 다양성과 매력도

현대의 고객들은 음식에 대한 다양한 맛과 기호를 원한다. 그들의 욕구를 수용할 수 있는 매력적인 요소가 선행되어야 한다. 고객이 메뉴를 선택하는 폭은 갈수록 넓어져 업종과 업태 종류가 다양해지고 있다. 특히 일반 소매상품과 다르기 때문에 산업의 특성을 고려한 결정이 선행되어야 한다. 하지만 단품 메뉴 또는 셀프서비스로 인건비를 줄이면서 성공한 기업도 늘어나고 있다.

바. 영양적 요소

음식은 사람을 위해할 수도 보양할 수도 있다. 건강에 대한 관심 증가로 개별 고객에 맞는 식재료의 종류와 효능, 원산지와 지리적 표시, 무공해, 친환경 등 영양적인 면을 고려해야 한다.

사. 조리와 서비스 인력

새로운 메뉴는 직원들의 업무능력을 고려하여 출시되어야 한다. 아무리 맛있게 요리하여도 서빙 직원이 제대로 설명해 주지 못하거나 권하지 못하면 판매가 이루어지기가 어렵다. 효율적인 인력관리는 레스토랑의 규모와 가격, 분위기 등에 따라 개인적 성격과 능력에 맞는 직무배치 속에서 가능하다.

아. 외식기업 동향

레스토랑의 콘셉트에 따라 지향하는 메뉴종류와 성격은 다르다. 다양한 종류의 메뉴품목을 취급하는 기업일수록 전반적인 시장 변화에 흔들리지 않는다. 단품으로 취급하는 전문점의 경우 고객 취향과 변화에 따라 성공을 결정하는 요소는 빨라진다. 메뉴를 계획할 때는 업계의 동향과 시장의 변화를 충분히 검토해야 한다.

결론적으로, 외식기업은 고객에 의해 운영된다. 시장은 먹거리에 대한 충분한 흐름과 트렌드를 반영하고 있다. 시장의 리더가 될 것인가? 추종자가 될 것인가는 메뉴의 종류에 따라 다를 수 있다. 경영자라면 누구나 창업시 단품의 전문점을 운영하여 간단하면서도 쉬운 방법으로 영업하기를 기대한다.

레스토랑의 메뉴를 개발할 때 수명주기를 반영하여 설계되어야 한다. 언제, 어디서나 고객에게 사랑받으면서 수익을 창출할 수 있으면 좋겠지만 고객 변화를 고려하여 시장을 리드할 수 있어야 한다.

2) 효과적인 메뉴

(1) 효과적인 메뉴조건

레스토랑을 방문하는 고객의 기대를 충족시키면서 기업이 원하는 목표 달성과 메뉴조건은 다음과 같다.

① 고객이 원하며, 레스토랑에서 잘 준비되어 서빙될 수 있는 메뉴라야 한다.
② 고객과의 커뮤니케이션이 효과적으로 이루어질 수 있어야 한다.
③ 필요한 객단가를 확보할 수 있는 매출과 이익달성이 가능해야 한다.
④ 레스토랑 내 시설과 장비, 직원관리는 생산적이며 효율적으로 운용할 수 있어야 한다.
⑤ 수요예측을 위한 구매준비와 일관성 지속성을 유지할 수 있어야 한다.
⑥ 원가관리 측면에서 효과적인 수단이 되어야 한다.

(2) 효과적 메뉴기준

메뉴는 고객이 선택할 수 있는 수(number of selections)와 선택하기 어려운, 제한된(limited) 메뉴, 광범위한(extensive) 메뉴로 분류된다.

① 차림표에서 다양하게 운용되는 실제 메뉴의 아이템 수를 말한다.
② 요리가 되어 고객에게 접객되는 시간과 거리를 말한다.
③ 조리되는 방법과 데커레이션을 말한다.

(3) 메뉴의 4가지 카테고리

메뉴의 다양성에 대한 가용 여부와 준비하고 요리하는 시간, 조리방법 등을 조합하여 4가지의 카테고리로 확인할 수 있다.

- 제한된 메뉴 수 - 제한된 준비 / 조리방법(limited-limited)
- 제한된 메뉴 수 - 광범위한 준비 / 조리방법(limited-extensive)
- 광범위한 메뉴 수 - 제한된 준비 / 조리방법(extensive-limited)
- 광범위한 메뉴 수 - 광범위한 준비 / 조리방법(extensive-extensive)

가. 제한된 메뉴 수 - 제한된 준비 / 조리방법(limited - limited)

외식기업에서 가장 단순하면서도 제한적인 메뉴를 제공하는 업종으로 패스트푸드 업종을 그 예로 들 수 있다. 낮은 가격에 단일 품목이나 몇 가지의 제한된 메뉴로 신속하게 제공하는 점포이다. 셀프서비스의 운영방식은 인건비와 재고관리, 생산기술, 광고효과 등 비용관리 측면에서 효과적이다. 하지만 일부 패스트푸드 업체는 다양한 종류의 메뉴를 선보이면서 경쟁력을 확보하고 있다.

KFC는 닭 준비법을 다양하게 하여 전통적인 조리법(crispy) 외에 extra crispy, spicy 양념, 전기구이, 너겟(nugget), 핫윙(hot wings), 통닭구이 등을 먹을 수 있게 한다.

나. 제한된 메뉴 수 - 광범위한 준비 / 조리방법(limited-extensive)

메뉴가 다양하지는 않지만 음식을 준비하고 조리하는 방법은 매우 다양한 레스토랑을 말한다. Red lobster와 같이 바닷가재 전문점과 어류, 새우, 해산물을 프라이(fried), 브로일링(broiling), 베이킹(baking), 스티밍(steaming) 등의 방법으로 조리한다. 채소, 쌀밥, 파스타, 감자와 같은 다양한 밑반찬(accompaniment) 등을 서빙하는 패밀리 레스토랑 중 Chili's 같은 업체가 여기에 속한다.

다. 광범위한 메뉴 수 - 제한된 준비 / 조리방법(extensive-limited)

Extensive-limited 업소는 다양한 메뉴를 제한된 몇 가지 방법으로 준비하거나 조리하는 레스토랑을 말한다. 가장 좋은 예는 커피숍과 패밀리 레스토랑을 말한다.

Star bucks와 TGIF, Bennigan's 등 다양한 메뉴와 대체 메뉴, 주문 가능한 특별 메뉴, 선택하기 쉬운 메뉴, 일관된 조리시스템 등 그 가치에 따라 결정된다. 성공적인 경영을 위해 경쟁력 있는 가격을 유지할 수 있도록 하는 것이 원가관리 차원에서 중요하다. 표준화를 위한 음식 준비는 적정규모와 시설을 갖추었을 때 가능하다.

〈표 9-4〉 제한된 메뉴와 광범위한 메뉴

메뉴 선택의 수 \ 음식준비 방법의 다양성	Limited	Extensive
Extensive	커피 패밀리 레스토랑 limited	fine dining 프렌치 레스토랑 extensive
Limited	패스트푸드 limited	전문식당 extensive

라. 광범위한 메뉴 수 – 광범위한 준비 / 조리방법(Extensive–Ext)

Extensive-extensive 업소는 다양한 메뉴를 여러 방법으로 준비하여 조리하는 레스토랑이다. 고급 레스토랑이 여기에 해당되며, 자격증 있는 요리사와 비교적 큰 주방에서 세련된 접객직원을 통해 영업이 이루어진다. 특급 호텔의 F/B와 고급 독립점포, 다이닝 클럽 등이 여기에 속한다.

고가의 메뉴는 질 높은 음식으로 레스토랑의 셰프에 의해 창의성이 표현되기도 한다. 비교적 높은 가격의 식재료와 특산물을 활용하여 장기적인 계획하에서 운영되지만 안정되기까지 긴 시간이 필요하다. 많은 자본력을 필요로 하며, 충분히 갖추어져 있지 않으면 대외적인 변수나 불황에는 위험할 수 있다. 규모의 경제성을 실현하는데 제한적일 수 있지만 비싼 가격에도 최고의 음식으로 제공된다는 자부심이 있다. 고객은 가격을 의식하지 않는 사회적 시선과 접대 등의 목적으로 프리미엄 가격을 지불하지만 소비자는 자기만족도가 떨어질 수 있다.

3. 메뉴디자인과 심리학

1) 차림표의 디자인과 심리학

메뉴표(차림표)는 레스토랑에서 매출을 올리기 위해 제공되는 음식물의 목록표이다. 디자인은 개별 점포의 특성을 반영하여 고객에게 알릴 수 있는 음식의 주 메뉴와 아이템을 나타내는 것이다. 업종과 업태를 떠나 해당 점포의 매출 목표를 달성할 수 있으며, 원가관리와 유지, 적정 이익을 보장할 수 있도록 디자인되어야 한다.

메뉴의 종류와 그래픽, 디자인, 레이아웃이 완성되었다면, 고객이 원하는 음식을 선택할 수 있게 되었다는 뜻이다. 이것이 바로 메뉴의 심리학이다. 점포에서 어떤 메뉴의 종류를 디자인하여 포맷할 것인가? 또는 변경하지 않고 계속 사용할 것인가? 각 아이템들은 매출액에 영향을 미친다. 훌륭하게 디자인된 차림표는 경영자가 원하는 특정 아이템을 어느 부분에 위치할 것인가를 고민하게 한다. 더 많이 팔기를 원한다면, 어떤 위치에 포지셔닝하는가가 중요하다. 여러 가지 메뉴를 다 강조하게 되면 레스토랑에서 원하는 성과를 기대하기 어렵다. 차림표의 한 구석에 위치돼 있는 것보다 훨씬 더 많이 팔릴 수 있는 심리적 테크닉을 필요로 한다.

어떤 메뉴이든지 중요하지 않은 메뉴는 없다. 메뉴의 심리학이란 인기 없는 아이템을 인기 있는 아이템으로 바꾸는 것이다. 경영자들은 포트폴리오를 통해 더 많은 이익을 전제로 메뉴표를 작성한다. 훌륭하게 디자인된 차림표는 레스토랑 경영에서 매우 유용하게 활용된다. 원가관리 측면에서도 유리할 뿐 아니라 매출을 일정 수준 이상으로 증가시킬 수 있다. 고객의 만족스러운 식사로 연결되는 인기 있는 메뉴는 매출액을 향상시킨다. 좌석이나 고객 수, 영업시간 등을 고려하여 일일 매출액의 목표에 필요한 객단가를 산출하며, 선택을 용이하게 한다.

특히 예상 매출액에 따른 구매와 조리량, 직원들의 근무편성과 레스토랑의 이미지, 성격을 구축하는 데도 영향을 미친다. 주방의 조리에 과부하가 걸리지 않도록 조정할 수 있으며, 셰프의 개성과 특성을 살린 요리는 고객들에게 잘 전달될 수 있는 의사소통 도구가 된다.

메뉴 표지는 레스토랑의 사진이나 실내장식, 제공되는 음식 형태에 따른 상징성을 나타낼 수 있다. 고객기대에 부응하여 정확한 이미지를 전달하며, 애매모호한 사실로 식별이 어렵거나 외면받지 말아야 한다. 메뉴의 심리학에서 가장 중요한 것은 고객의 관심을 끌어 더 많이 팔릴 수 있게 수익성을 향상시키는 것이다. 경영자가 차림표를 디자인할 때 식재료 원가가 높거나 낮은 순서를 고려하게 된다. 공헌이익이 큰 메뉴나 객단가, 조리가 용이한 메뉴 아이템을 강조할 수 있다. 특별히 강조할 아이템을 선정하는 것도 중요하지만 관련 직원을 교육시키는 것도 선행되어야 한다.

2) 메뉴 디자인과 제작

메뉴표 디자인과 제작은 인쇄의 양식이나 크기, 종이종류, 잉크색깔, 용지의 바탕과 마감, 그래픽, 삽화, 도해 등이 갖추어졌을 때 완성된다. 실제 메뉴의 심리학에서 강조되는 테크닉은 차림표의 어느 한 부분에 고객의 관심을 유도할 것인가이다. 무작위로 해당 메뉴를 보여주는 것보다 더 많이 선택할 수 있도록 시각적으로 아이템을 조정하는 것이다.

차림표는 어떤 이유든지 보다 많이 팔고자 하는 진열장(showcase)이 되어야 한다. 고객의 주의를 끌어 해당 메뉴를 선택할 수 있는 기회를 제공하며, 비싼 삽화나 그래픽, 디자인, 용지를 사용하는 것은 궁극적으로 매출향상에 목적이 있기 때문이다. 때론 가죽이나 완전 컬러를 사용하기도 한다. 하지만 음식 경진대회에서 입상한 메뉴의 아이템을 가졌더라도 개별 업장의 판매믹스에 활용하지 못하면 차림표는 의미가 없다. 특정 아이템의 매출증가는 백화점에서 팔려고 전시해 놓은 상품과 같다. 기업은 자사가 제시하는 모든 메뉴를 고객들이 다 볼 수 있기를 희망한다.

미국의 Houlihan's 레스토랑은 차림표를 다시 작성하였다. 이 회사의 디자인은 모든 메뉴를 총망라하여 차림표 안에 끼워 넣은 방식이었다. 차림표를 접한 고객들은 전채(appetizers)만을 주문할 뿐 메인요리를 주문하지 않은 것을 발견하였다. 새로운 메뉴표는 이익이 발생하는 특별 요리를 메인 커버에 위치하였다. 첫 페이지는 전채요리와 메인요리를 위치시켜 고객을 리드하면서 판매를 증가시켰다.

Bennigan's는 학생들을 대상으로 메뉴표에 대해 설문조사를 실시하였다. 매출이 이루어지는 4분의 3은 전채이거나 스낵(경양식)이었다. 조사결과 Houlihan's나 Bennigan's

메인요리가 가장 뒤에 있는 차림표였다. 분명한 것은 고객들은 차림표의 전체를 끝까지 훑어보지 않는다는 사실이다. 이러한 고객들의 성향은 판매믹스에서도 영향을 미친다. 고객이 레스토랑 메뉴를 읽는 데 걸리는 시간은 평균 109초이다. 차림표의 페이지가 6페이지 이상 되면 읽는 데 매우 불편함을 느끼는 것으로 조사되었다.

3) 시선 이동

메뉴의 심리학은 고객의 시선을 끄는 위치를 중요하게 생각한다. 레이저 빔을 이용한 기구를 이마에 부착한 후 동일 페이지 내, 또는 몇 페이지의 차림표 내에서 시선 이동을 연구(gaze motion study)하였다. 분석결과 메뉴의 디자이너 겸 메뉴 컨설턴트인 William Doerfler(1978)를 비롯한 연구자들은, 메뉴의 페이지 수에 따른 초점(focal point)과 시선의 이동방향에서 차이가 있음을 발견하였다. 그 내용은 〈그림 9-1〉과 같다.

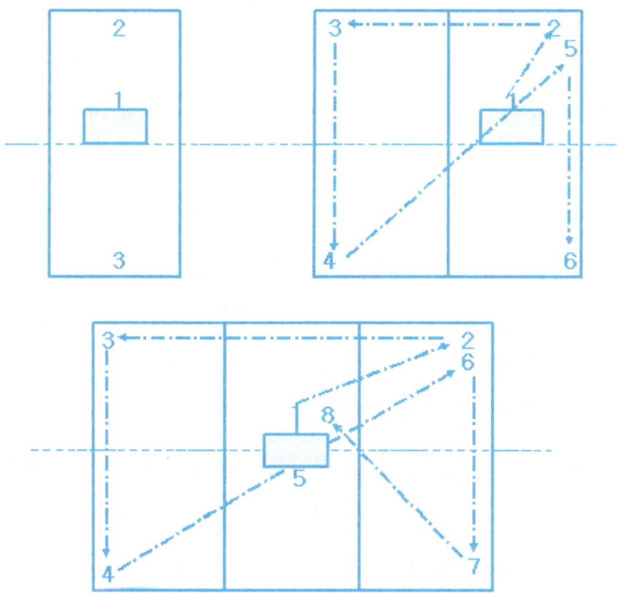

〈그림 9-1〉 focal point와 시선의 이동방향

(1) 1페이지로 된 메뉴(single-sheet menu)

1페이지로 된 메뉴는 수평으로 2등분한 바로 위 지점에 초점이 모이는 것으로 나타났다.

(2) 2페이지로 된 메뉴(single-fold menu)

연구자에 따라 조금씩 차이는 있지만, 대체로 오른쪽 페이지의 중앙부분에서 초점이 맞추어진다. 시선은 오른쪽 페이지의 상단에서 → 왼쪽 페이지 상단 → 왼쪽 페이지 하단 → 중앙을 가로질러 → 오른쪽 페이지 상단 → 오른쪽 페이지 하단으로 이동한다. 고객들은 본인이 원하는 음식 아이템을 찾을 때까지 여러 번 메뉴의 중앙지점을 지나가게 된다. 최초에 중앙지점과 초점을 본 후 한 번 더 통과하게 된다.

(3) 3페이지로 된 메뉴(two-fold menu)

가운데 페이지의 중앙부분에서 초점이 맞추어진다. 오른쪽 페이지의 상단 → 왼쪽 페이지 상단 → 왼쪽 페이지 하단 → 가운데 페이지 중앙 → 오른쪽 페이지 상단 → 오른쪽 페이지 하단 → 가운데 페이지 중앙으로 이동한다. 즉 고객들은 본인이 원하는 음식 아이템을 찾을 때까지 여러 번 중앙지점을 지나가며, 최초에 중앙지점에 초점을 본 후 최소한 2번 이상 그 부분을 통과한다.

연구결과 가운데 페이지가 업소에서 가장 많이 팔리기를 원하는 메뉴를 위치시켜야 한다.

(4) 메뉴디자인과 시선 이동

고객의 시선 이동은 정지된 것이 아니라 움직인다는 사실이다. 디자인 과정에서 특정 메뉴를 강조하거나 시선을 끌기 위해 사용된 그래픽, 사진, 컬러, 활자, 서체 등의 효과에 대해 언급되지는 않았다.

메뉴의 심리학에서 임의적으로 시선 이동을 강조한 부분에서 유도하는 것은 시선의 자성(eye magnets)을 이끌어내는 것이다. 디자인에서 강조하는 것은 가장 많이 팔기를 원하는 아이템들을 위치시키는 것이다. 흥미로운 것은 초등학교 1학년 때부터 읽기 시작한 페이지는 왼쪽 상단부터이다. 이는 특별하게 시선을 유도한 것도 강조하지도 않았지만 자연스러운 현상이다. 고객들은 해당 페이지를 재빨리 한 번 훑어본 후에 왼쪽의 윗부분부터 주의 깊게 읽기 시작한다는 사실이다.

시선 이동의 긍정적 효과를 고려하여 사용되어야 할 메뉴의 심리학에서 '최고와 최신의 원리'(principle of primacy and recency)를 강조한다. 이러한 현상은 사람들이 보고 들은 것 중에서 가장 처음과 나중에 들은 것을 더 많이 기억하여 상기시킨다는 것이다. 이 원리를 시선 이동과 함께 메뉴의 디자인에 적용할 수 있다. 고객의 시선을 특정 페이지나 메뉴 아이템으로 끌어들일 수 있다. 시선이 처음 가는 곳에 팔고자 하는 메뉴를 위치시켜야 한다. 고객은 차림표를 읽으면서 우연히 지나치는 아이템보다 읽었던 최초, 또는 최종의 메뉴를 기억하여 더 많이 주문하게 된다. 이러한 원리는 레스토랑에서 제공하는 메뉴에 익숙하지 않은 고객에게도 적용할 수 있다.

메뉴 아이템은 흑판, 보드판, drive-through에서 적용이 가능하다. McDonald's의 첫 번째 메뉴의 위치는 레귤러 햄버거가 아니라 전국적으로 광고하는 샌드위치이다. 다음은 빅맥(big mac), 점보 햄버거(quarter pounder) 순으로 정리되었다. 이러한 아이템들을 더 많이 팔기 위해 해당 메뉴를 첫 번째로 고정시켜 고객들의 눈에 잘 띄도록 하는 것이다. 대부분의 패스트푸드 업체들은 음료를 기록할 때 작은 것부터 기록하지 않고, 큰 것부터 기록한다. 가격이 비싼 큰 사이즈를 더 많이 팔고 싶기 때문이다.

(5) 강조되는 메뉴아이템 위치

아이템의 배열순서에 대한 내용은 메뉴종류가 많을 경우, 첫 번째, 두 번째, 마지막에 위치한 메뉴를 선택하는 빈도가 높은 것으로 나타났다. 판매가격에 관한 이론에서 가격의 위치에 따라 객단가에 차이가 있다. 고객들은 특별히 선호하는 메뉴를 선택하지 못할 경우 싼 가격을 기준으로 선택한다. 이러한 점을 보완하기 위해 각 메뉴의 설명이 끝나는 곳에 가격을 표시한다. 타 메뉴 아이템과의 가격 비교가 쉽지 않도록 하면서 평균 객단가를 높일 수 있다.

메뉴상의 차별화 전략은 외식기업에서 판매증대를 위한 아이템으로 활자, 컬러, 삽화, 도해, 선, 박스, 크기, 클립 등을 이용하여 차별화할 수 있다. 전략적으로 시행되는 대부분은 특정 메뉴가 판매촉진을 강조하기보다 차림표의 외형, 미적인 면만을 강조하므로 경제적인 부담과 운영의 탄력성을 저하시킨다는 것이다.

(6) 초점(focal point) 이용

모든 차림표에는 고객의 시선이 집중되는 곳이 있다. 시선이 제일 먼저 집중되는 지점이 focal point이다. 이는 메뉴의 포맷(format)과 페이지 수, 패널 수에 따라 달라지며 〈그림 9-1〉과 같다.

고객의 초점이 가장 많이 집중되는 곳은 레스토랑에서 가장 많이 팔기를 원하는 아이템을 위치시켜야 한다. 좋은 메뉴는 고객으로부터 인기(popularity) 있으며 수익성(profitability)이 높은 메뉴이다.

첫째, 업소를 찾는 고객으로부터 인기가 있어 많은 사람들이 주문하는 메뉴로 공헌이익이 높다. 판매믹스 비중이 높아 전체적으로 수익창출에 기여하게 된다.

둘째, 수익성이 높은 메뉴로 판매가에서 원가를 제외한 공헌이익(contribution margin)이 다른 메뉴보다 높아 수익창출에 기여하는 메뉴이다.

셋째, 인기가 높거나 수익성이 높은 메뉴를 전략적으로 배치함으로써 레스토랑의 전체적인 수익을 창출할 수 있다. 전문점일 경우 고객은 이미 해당 메뉴를 먹기 위해 방문하기 때문에 차림표의 한쪽 귀퉁이에 배치하여도 매출에는 지장이 없다. 따라서 사람들의 시선을 모으는 중앙에 전략적인 메뉴를 배치하는 것이 좋다.

넷째, 메뉴분석에 따라 조정이 가능할 경우 고객에게 제공할 수 있는 아이템차원에서 그 가치를 향상시킬 수 있는 접근이 필요하다. Pavesic 모형의 표준일 경우 식재료 원가율과 가중치에 대한 공헌이익이 높은 메뉴는 가격을 인상하거나 분량을 조절하여 식재료 원가율을 낮추는 것도 시도할 수 있다. 이를 시행하기 위해서는 고객의 눈에 잘 띄지 않는 구역으로 변경하는 것도 하나의 방법이다. sleepers 메뉴는 식재료 원가율과 가중치에 대한 공헌이익이 낮으므로 고객이 더 많이 주문할 수 있게 가중치를 높여 공헌이익을 증대시켜야 한다. 따라서 고객의 관심과 해당 메뉴의 아이템을 선택하기 위한 중요한 위치는 초점을 돋보이게 하는 것이다.

4) 메뉴의 디자인 평가

메뉴의 디자인과 제작은 업종과 업태에 따라 다르게 구성된다. 레스토랑에서 제공하는 아이템 수는 표적으로 하는 고객과 그들에게 맞는 판매가격으로 디자인되어야 한다. 외식업을 전혀 모르는 사람을 통해 평가받게 되는데 업소에 대해 들어본 적도, 경영자를 만난 적도 없는 제3자가가 평가해야 정확성을 기대할 수 있다. 업태와 고객층, 서비스 형태 등 해당 점포의 특성을 고려하여 설계되어야 훌륭한 차림표가 될 수 있다.

(1) 차림표가 제공해야 될 정보

메뉴는 외식업소가 생산하는 상품종류와 정보기능을 전달한다. 레스토랑의 전반적인 흐름과 청사진, 방향을 제시할 수 있으며, 구매에서 생산, 서비스, 판매계획 등을 결정한다. 고객과의 의사전달 수단으로 마케팅촉진 전략을 수행하며, 점포의 콘셉트를 명확하게 표현해야 한다.

최근 메뉴표의 디자인은 개성을 중시하는 젊은 세대에게 어필할 수 있도록 그 기능성과 차별성으로 매출 향상에 기여하고 있다. 차림표는 레스토랑의 얼굴로 제공할 수 있는 점포의 정보가 담겨 있어야 한다.

① 레스토랑의 전체적 인상을 나타낸다.
② 레스토랑의 업종과 업태를 나타낸다.
③ 고객층을 분류할 수 있다.
④ 레스토랑의 서비스 형태를 나타낸다.
⑤ 레스토랑의 시설과 장비, 설비시설을 결정할 수 있다.
⑥ 레스토랑의 시각적 효과와 분위기를 창출할 수 있다.
⑦ 전체적인 표현과 배치로 레이아웃을 결정할 수 있다.

5) 잘못된 메뉴 디자인

레스토랑은 메뉴판을 디자인하여 제작하면서 범하기 쉬운 오류들이 있다. 이를 소개하면 다음과 같다.

(1) 너무 작은 차림표

크기가 작은 차림표에 많은 종류의 메뉴를 배치시키면 복잡해져 고객들에게 제대로 보여주기가 어려워진다. 읽기도 어려울 뿐 아니라 주문에 제한이 되므로 차림표 기능을 상실하게 된다.

(2) 작은 활자

레스토랑을 찾는 모든 고객들의 시력은 2.0이 아니다. 특정한 점포의 조명은 상당부분 어둡게 배치되어 있다. 차림표를 읽지 못하거나 주문하기 어려운 고객이 생길 수 있다.

(3) 메뉴의 설명 누락

차림표의 메뉴 아이템만을 나열하는 것은 고객을 이해시키는 데 충분하지 않을 수 있다. 고객의 관심을 유도하는 데 적절한 설명이 필요하다. 설명은 매출액을 증대시키는 역할을 한다.

(4) 모든 메뉴를 동일하게 처리

메뉴의 디자이너들은 수익성을 높이기 위해 잘 팔리는 아이템을 선정한다. 고객의 시선을 모으기 위해 포지셔닝하며 박스, 컬러, 둘레의 장식, 큰 활자, 기타 방식 등을 사용하거나 작은 글씨나 굵은 글씨를 사용하는 것도 하나의 방법이다. 모든 메뉴를 동일하게 일정한 틀에 얽매여 제작하면 안 된다. 업소에서 팔고 싶은 메뉴 아이템의 특징을 고객이 쉽게 찾아낼 수 있게 하는 것이 전략이다.

(5) 일부 식·음료 누락

업소에서 제공하는 음료나 와인, 기타 음료를 차림표에 다 포함시키지 못할 수 있다. 심한 경우 제공하는 디저트 종류까지도 포함시키지 못해 '주문 시 디저트 제공'처럼 표현한다. 새로운 음료나 알코올성 음료들이 지속적으로 출시되기 때문으로 경영자들은 이를 해결할 방안을 모색해야 한다.

(6) 클립 온(clip on, tip on) 문제

클립 온은 tip on이라 하며, 차림표상에 끼워 넣을 수 있는 공간을 미리 마련하여 다른 메뉴의 아이템을 덮어버리지 않도록 해야 한다. 클립 온을 사용할 경우 반드시 디자인과 품질이 차림표와 동일해야 한다. 조잡하거나 싼 종이에 대충 인쇄하여 사용하면 훌륭하게 디자인되었거나 많은 돈을 들여 제작한 차림표의 이미지를 손상시킬 수 있다.

(7) 점포의 정보와 규정

차림표에는 업소의 주소, 전화번호, 영업시간, 결재방법 등 기본적인 정보와 경영방침, 규칙, 준수사항 등을 포함시켜야 한다.

(8) 빈 페이지 활용

메뉴에 대한 아이템을 기록하지 않고 빈 페이지를 마련하여 활용하는 것도 하나의 방법이다. 맨 뒤페이지를 빈 페이지로 남긴 후 추가되는 메뉴를 위치시킬 수 있다. 전문점일 경우, 주 메뉴의 기능이나 효능 등을 기술하여 고객의 지적 욕구를 충족시킬 수 있다. 천연 및 친환경적인 유기농 식재료를 설명할 수 있으며, 식재료의 유래와 효능 등을 제시하여 긍정적인 평가를 받을 수 있다.

한식당 및 전문점들은 아구, 대구, 미꾸라지, 장어, 낙지, 특별한 산나물과 지역 특산물 등 그 효능에 대해 설명하거나 이를 플래카드로 제작하여 벽에 붙여 고객의 신뢰를 향상시키고 있다.

4. 메뉴의 평가

1) 메뉴평가

경영자들은 메뉴에 대한 디자인이 성공적으로 개발되어 운영되고 있는지 주기적으로 파악해야 한다. 평가는 성공적인 경영을 전제로 수익창출과 고객욕구를 충족시키는 도구로 활용된다. 세부적으로 평가되며, 기업 경영에 필요한 연구와 고객 선호도에 따른 효과를 검증할 수 있다.

메뉴평가는 영업을 활성화시키며, 고객만족이라는 궁극적 목표를 달성하기 위한 과정이다. 내부적인 관리능력과 매출 증대는 순이익을 증가시키는 것이다. 이러한 과정은 메뉴의 설계에서부터 다양성, 수익성으로 평가된다.

〈표 9-5〉 메뉴평가 내용

메뉴설계에 대한 평가	다양성 평가	수익성 평가
• 메뉴의 내용 • 메뉴의 시각적 효과 • 메뉴의 품격 • 메뉴판의 제작비	• 상품의 다양성 • 서비스의 다양성 • 분위기의 다양성	• 메뉴별 구성과 평가 • 메뉴의 수익성 • 미래에 대한 신축성

2) 메뉴 아이템의 평가

외식기업의 성공 여부는 메뉴 선호도에 따른 재방문에 달려 있다. 효과적인 메뉴 평가 시스템을 유지하는 것은 맛과 전문가의 평가를 통해 정기적으로 검증되어야 한다. 주 메뉴의 선호도를 비롯하여 활용할 수 있는 관능적 평가, 소비자들의 감각과 기호 등을 고려해야 한다. 식재료의 종류와 조리방법, 영양적 가치, 맛과 양, 모양, 색깔, 촉감, 온도 등으로 실시되어야 한다.

(1) 전문가 집단의 맛 평가

레스토랑 현장에서는 경험이 풍부한 맛 전문가들로 팀을 구성해야 한다. 식재료는 계절에 따라 가변성이 있으며, 정기적인 평가를 필요로 한다. 그 양식은 〈표 9-6〉과 같다.

〈표 9-6〉 전문가 집단의 맛 평가방법

양의 목표:					날짜:					
구 분	매우 좋지 않음			←	보통		→		매우 좋음	
식재료의 다양성	①	②	③	④	⑤	⑥	⑦	⑧	⑨	⑩
모양(데커레이션)	①	②	③	④	⑤	⑥	⑦	⑧	⑨	⑩
다양한 색깔	①	②	③	④	⑤	⑥	⑦	⑧	⑨	⑩
우수한 질감	①	②	③	④	⑤	⑥	⑦	⑧	⑨	⑩
향긋한 냄새	①	②	③	④	⑤	⑥	⑦	⑧	⑨	⑩
감칠맛(umami)	①	②	③	④	⑤	⑥	⑦	⑧	⑨	⑩
전반적인 느낌	①	②	③	④	⑤	⑥	⑦	⑧	⑨	⑩

(2) 고객의 맛 평가

새로운 메뉴개발이나 이미 성공한 메뉴에 대해서도 고객의 반응을 정기적으로 파악해야 한다. 설문지는 점포의 입구나 테이블에 놓아 필요시 또는 식사 중에 건네질 수 있어야 한다. 고객들은 레스토랑 경영에 늘 관심을 가지고 있다. 여러 가지의 흥미와 관심 속에서 점포의 발전적인 성장을 기대한다. 이러한 자료를 바탕으로 메뉴개발을 보다 합리적으로 활용할 수 있다.

고객 평가에 대한 양식은 가능한 단순한 것이 좋으며, 문항의 수 또한 적어야 싫증을 느끼지 않는다. 정확한 결과를 도출할 수 있으며, 맛이나 운영에 있어 품질을 정확하게 평가할 수 있다. 그 양식은 〈그림 9-2〉와 같다.

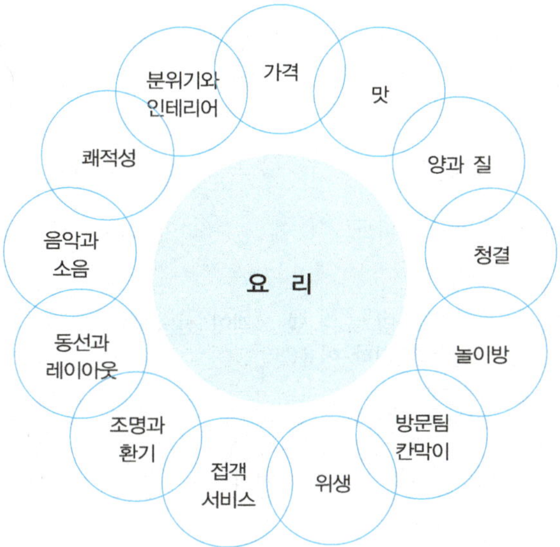

〈그림 9-2〉 맛의 여러 가지 요인

3) 메뉴계획과 디자인 평가

메뉴와 디자인을 계획하는 것은 레스토랑의 분위기와 이미지를 심어주는 것이다. 평가는 메뉴만을 의미하는 것이 아니라 점포의 전체적인 분위기를 측정하는 것이다. 충분한 이론적 배경을 바탕으로 실제 메뉴를 설계할 때 경시되거나 외면받을 수 있기 때문에 다양한 상황적 요인을 반영할 수 있어야 한다.

메뉴계획과 디자인에 대한 고객평가는 사람이 아닌 메뉴 자체가 되어야 한다. 연구자들은 다양한 형태의 항목을 개발하여 평가하는데 본 저서에는 J. Miller의 항목을 바탕으로 본 연구자가 수정하여 작성하였다.

■ 바쁘신 와중에도 저희 레스토랑을 평가해 주신 데 대해 진심으로 감사드립니다.

■ 음식(메뉴아이템) 이름 : ______________________________

1. 음식을 평가하여 주십시오. ① 나쁨 ② 보통 ③ 좋음

2. 이러한 음식을 먹어 본 적 있습니까? ① 예 ② 아니오

3. 선택하게 된 동기
① 서빙직원의 권유 ② 앞 또는 옆 고객이 선택해서 ③ 초대한 사람
④ 동행인의 권유 ⑤ 기타 이유( )

4. 선택하게 된 이유를 순서대로 체크해 주십시오.
① 음식의 이름 ② 모양(데커레이션) ③ 과거의 경험
④ 가격 ⑥ 식재료의 호기심 ⑧ 신선함
⑨ 건강에 좋은 영양적 가치 ⑩ 기타( )

5. 메뉴가 레스토랑의 분위기와 이미지에 일치하는가? ① 예 ② 아니오

6. 레스토랑의 메뉴는 계속적으로 성장 가능한 아이템인가? ① 예 ② 아니오

7. 메뉴는 계절적으로 변동이 심한 메뉴인가? ① 예 ② 아니오

8. 음료와 알코올성 음료와 시너지 효과가 있는가? ① 예 ② 아니오

9. 메뉴의 기능성과 성능은 가격에 비해 우수한가? ① 예 ② 아니오

10. 식재료의 조달이 용이한가? ① 예 아니오

11, 가치가 높은 식재료와 메뉴로 구성되어 있는가? ① 예 ② 아니오

12. 레스토랑과 어울리는 메뉴로 구성되었는가? ① 예 ② 아니오

13. 다음에도 이 음식을 주문하시겠습니까? ① 예 ② 아니오

14. 불편사항이나 수정사항이 있으십니까? ① 예 ② 아니오

15. 추가적으로 평가하실 말씀이 있으시면 기입하여 주십시오.
____

**적극적으로 반영하여 레스토랑의 발전과 고객만족에 최선을 다하겠습니다.

〈그림 9-3〉 고객의 반응조사

〈표 9-7〉 메뉴평가 요인

구 분	메뉴계획 시 고려사항	메뉴 디자인 평가 시 고려사항
변 수	• 목표시장의 고객욕구 파악 • 레스토랑의 전체적인 콘셉트 • 과거기록과 분석결과 • 레스토랑에서 판매하는 메뉴 수 • 메뉴의 다양성(국가, 지역, 소스, 디저트) • 건강과 웰빙 아이템 • 계획하고 있는 품질수준 • 시장 상황과 메뉴흐름 • 직원과 주방과의 거리 • 직원들의 능력과 역할, 인원 수 • 레스토랑의 주방공간과 레이아웃 • 메뉴에 맞는 서비스 방식 • 계절에 맞는 메뉴와 부재료 • 메뉴의 다양성 고 · 중 · 저가격, 일반가격 • 레스토랑의 개성과 차별화 • 레스토랑 경영의 경제성 • 레스토랑의 수익성 • 동종 경쟁시장의 변화 • 자사에 맞는 식재료 공급의 원활화 • 레스토랑의 저장상태와 재고관리	• 메뉴의 디자인 전문성 • 레스토랑의 콘셉트에 맞는 디자인 • 쉽고 친근하게 접근할 수 있는 메뉴 • 메뉴의 데커레이션과 외형 • 메뉴의 양과 사이즈 크기 • 메뉴의 레이아웃 • 메뉴 디자인의 컬러 • 메뉴 디자인에 대한 색상과 조화 • 메뉴 디자인의 독창성 • 메뉴 유지와 관리상태 • 메뉴 설명의 용이성과 진실성 • 카피의 어려움, 독창적 디자인 • 메뉴 아이템의 독특함 • 클립 온 또는 팁 온에 따른 메뉴위치 • 메뉴 교체의 유연성 • 판매가격과 메뉴의 위치 • 메뉴의 포지션 전략 • 인기도에 따른 순환배치와 원칙 • 메뉴 디자인의 균형과 조화

(1) Miller의 메뉴평가 항목

Miller가 제시한 메뉴평가 항목들은 디자인 과정에서 일반적으로 고려되는 항목들을 수용하므로 레스토랑 평가에 도움이 된다. 수록된 변수들은 외식기업에서 공통적으로 적용할 수 있는 것이 아니라 계획된 디자인이 특정 기업 상황에 적합한 기준으로 자체 평가한 것이다. 메뉴 자체를 평가할 수 있도록 개발된 표준으로 40개 항목을 구성하였다. 각 항목에 5점씩을 부여하여 총 200점이 된다.

어느 점수대의 메뉴는 나쁘고 어느 점수는 훌륭하다는 기준은 없으며, 40개 항목이 모든 외식업소에서 공통적으로 적용될 수 있는 것은 아니다. 이를 소개하면 〈표 9-8〉과 같다.

〈표 9-8〉 Miller의 메뉴평가 항목

1. 메뉴의 아이템에 따른 향미와 온도, 색깔, 부드러움 등이 조화를 이루고 있는가?
2. 메뉴를 조리하는 데 필요한 주방의 장비와 기기들은 충분히 갖추어져 있는가?
3. 식재료의 원가는 메뉴 아이템별로 공평하게 분배되어 있는가?
4. 메뉴 준비에 시간이 많이 걸리는 아이템인가 또는 높은 수준의 스킬을 필요로 하는가?
5. 메뉴를 만드는 아이템이나 쿠킹 방식이 반복되며 단조로운가?
6. 과다한 식재료 상승을 유발하는 계절성 아이템으로 제한적인가, 구매가 용이한 식재료인가?
7. 매출증진을 위한 특별한 아이템, 또는 signature item을 판매촉진에 이용하는가?
8. 아이템 중에서 서빙에 필요한 숙련도와 도구를 요구하는가?
9. 고객들이 각 메뉴를 적절한 비율로 선택하는가? 그 반응을 알기 위해 선호도 분석을 하고 있는가?
10. 고객을 유인할 수 있는 메뉴가격의 범위를 고려하였는가?
11. 고객에게 잘 알려지지 않은 아이템이나 이해하지 못하는 메뉴에 대한 설명이 충분한가?
12. 메뉴의 양과 질, 원산지, 지리적 표시 등에 대한 설명이 진실되어 있는가?
13. 특별한 메뉴는 VIP고객이나 특별 행사의 주빈을 위해 잘 활용되고 있는가?
14. 레스토랑의 조명이나 분위기에 맞게 메뉴표의 디자인이나 활자 등이 잘 선택되었는가?
15. 고정 메뉴에서 오늘의 특별 요리를 선보이고 있는가?
16. 메뉴는 레스토랑의 역사와 지역, 입지의 위치를 고려한 독창적이며 창의적인가?
17. 오늘의 특별요리가 clip-on 메뉴로 사용되는 경우, 그 메뉴의 아이템이 메뉴표에 있거나 중복되지는 않는가?
18. 표적고객의 흥미를 유도하기 위해 최근의 음식 흐름을 반영하여 구성되었는가?
19. 메뉴 아이템에서 가격의 오름차순, 내림차순, 많이 팔기를 원하는 순서로 구성되었는가?
20. 메뉴의 아이템에 대한 판매가는 고객이 지각하는 가치와 일치한가?
21. 수정된 판매가격을 표시하기 위해 종이로 오려 붙여 표시하였는가?
22. 수익성이 없는 메뉴 즉, 실제 주방에서 요리가 불가능한 아이템이 메뉴표에 있는가?
23. 메뉴의 판매가격은 경쟁사의 판매가에 비해 경쟁력이 있는가?
24. 특정 아이템은 수익성이 높은 메뉴와 유사한 특징으로 방해되지 않는가?
25. 계절적인 식재료를 적절하게 반영하는가, 싼 식재료를 위해 메뉴를 교체하는가?
26. 메뉴를 생산하는 주방 직원의 업무는 공평하게 이루어지는가?
27. 원가절감을 위해 편의식품을 사용하는가?
28. 레스토랑의 독특한 개성을 표현하기 위해 메뉴표 제작에 디자인, 색깔, 로고를 사용하는가?
29. 차림표 자체의 소재나 색상이 레스토랑의 테마(theme) 및 데코(decor)와 일치하는가?
30. 메뉴의 아이템 설명을 위한 사진이나 견본품 등은 실제 제공되는 음식과 같은가?
31. 아이템의 카테고리는 삽화, 일러스트레이션(illustration), 사진에 의해 구분되어 있는가?
32. 아이템의 순서에 있어 수익성이 높은 메뉴는 특정 위치에 배열되었는가?
또는 고객의 시선을 집중시키기 위해 특별한 자리로 배정하였는가?

33. 메뉴에 사용된 활자는 쉽게 읽을 수 있는가?
34. 메뉴 아이템에 대한 설명이 정확하며 진실한가?
35. 메뉴표상의 공간 내 레스토랑을 알리기 위한 충분한 배려가 있는가?
36. take-out을 위해 적절한 시설과 장비, 포장 재료를 준비하였는가?
37. 과거 3개월 동안 식재료의 원가와 인건비, 기타 비용의 변화를 분석하였으며, 결과를 반영하였는가?
38. 메뉴(차림표)는 업소의 분위기와 스타일, 장식에 적합하게 구성되었으며, 메뉴 종류와 글자의 크기 등은 고려되었는가?
39. 차림표는 견고하며 추가 및 제거가 가능하도록 쉽게 제작되었는가?
40. 다른 메뉴의 아이템을 덮어버리지는 않는가?

* 출처 : Miller의 메뉴평가 항목을 본 연구에 맞게 수정, pp. 206-207.

(2) Kreck의 메뉴평가 항목

L. Kreck은 Miller의 40개 항목에 기초하여 8개의 대분류에서 세부 항목들로 구성하였다. 8개의 대분류 항목은 예술성(art), 디자인(design), 레이아웃(layout), 글씨체(font), 카피(copy), 상품화(merchandising), 마케팅(marketing), 기계적 창의성(creativity) 등이다.

CASE STORY 외식현장에서

** 낮에는 디자인 스튜디오, 밤에는 심야식당

서울 상수동 언덕에 자리 잡은 '프로젝트 하다'는 평일 낮에는 디자이너들의 작업실로, 밤과 주말에는 식당, 독서모임, 밥 모임 등 다양한 공간으로 변신한다.

오전 11시 서울 상수동 언덕 위 작은 가게의 문이 열린다. 들고나는 사람 없이 잠잠히 동네를 지키던 가게는 저녁 6시가 되자 열릴 때와 마찬가지로 조용히 문을 닫는다. 한 시간 뒤 가게 문이 다시 열린다. 이번엔 분위기가 좀 다르다. 활짝 열린 접이식 문으로 주방에서 분주하게 음식을 준비하는 남자의 등이 보이고, 너덧 개의 테이블엔 손님이 들어찬다. 간간이 들려오는 말소리, 웃음소리, 갈 곳 없는 새벽 손님과 인근 부엉이족들로 흥청이던 가게는 새벽 5시가 돼서야 문을 닫는다.

한때 '하다'는 델리숍이었다. 일요일 아침마다 빵이나 냉동수프 같은 먹거리를 팔았다. 집에서 음식을 잘 안 해 먹는 1인 가구를 위해 냉동실에 넣어두고 바로 꺼내 먹을 수 있는 것들을 판매했다. 그 전엔 칠레 음식을 파는 식당이었다. 한국에 3개월간 머물렀던 칠레인 네티가 이곳에서 두 달간 매주 토요일마다 엄마에게 전수받은 칠레 가정식을 선보였다. 일본인 청년이 화, 수, 목 저녁마다 미소니코미 우동과 오차즈케를 팔았다. 한국인 청년이 토요일마다 맥주와 뱅쇼에 짜파게티를 안주로 내놓기도 한다.

규정할 수 없는 공간을 만든 이는 디자이너 정다운(36) 씨와 조항아(39) 씨다. 대기업 디자인 부서에서 일하던 두 사람은 친환경 스튜디오 '이베카'를 차렸다. 같은 직장에서 일하던 두 사람은 다른 사람과 공간을 나눌 생각을 하였다. 홍대에서 가게 한 번 해보고 싶다는 사람이 있었다. 권리금이니 시설비를 생각하면 '그럼 한 번 해봐'라고 간단하게 대답할 수는 없다. 공간 자체가 기회인데 공간이 없으니 기회조차 없는 것이다. 그런 사람들과 같이 쓰면 어떨까 싶어 공유하게 되었다.

가게 한 켠에 부엌을 만들고 작게나마 주방 설비를 갖췄다. 바로 옆에서 숯불갈비집을 운영하는 건물주는 밤 시간에 식당을 해도 되겠냐는 말에 흔쾌히 승낙했다. '하다'는 공유공간으로 문을 열었다. 바깥 유리에는 '디자인 스튜디오이자 누군가의 가게'라고 썼다. 평일 오전부터 저녁 6시까지는 다운 씨와 항아 씨의 작업실, 그 외, 시간과 주말에는 다른 누군가를 위한 가게가 된다.

그 후로 1년간 '하다'에는 총 15개의 가게가 거쳐 갔다. 성별도 국적도 특기도 목적도 제각각이다. 금요일엔 샐러드 치킨가스를, 토요일엔 일본식 카레를 팔던 친구는 몇 개월 만에 다시 본업인 일러스트레이터로 돌아갔다. 이곳은 로망을 현실로 만들어 보는 곳이다. "직장 생활하면서 카페나 차리면 좋겠다"라는 이야기를 실제로 실천하는 장소이다. 경력자보다는 초보자 혹은 지망생들의 실험적 공간으로 창의성을 발휘하는 공간이 되었으면 한다.

단순히 로망의 수준을 벗어나 단호히 본업을 등지고 온 이들도 있다. '하다'에서 화요일부터 금요일까지 심야식당 '밤 키친'을 운영하는 양희성(34) 씨가 그런 경우다. 컴퓨터를 전공한 그는 컴퓨터 앞의 삶에 변화의 필요성을 느껴 호주로 요리 유학을 떠났다. 프랑스 음식을 배우고 돌아왔지만 자기 가게를 낼 여력이 없어 식당에서 일하던 그는 '하다' 이야기를 듣고 사업을 시작했다. 일본 드라마 '심야식당'에서 깊은 인상을 받은 희성 씨가 언젠가 꼭 한 번 시도하려고 마음먹었던 식당이다.

밤 키친에서 손님이 먹고 싶어 하는 음식을 SNS나 문자로 주문받아 당일 장을 봐서 해준다. 지난 크리스마스엔 커플을 위한 커틀릿을 만들었고 겨울날 따뜻한 국물을 원하는 손님들에겐 소고기뭇국을 끓여주었다. 고정 메뉴도 있지만 손님 반응을 예민하게 살펴 2, 3주마다 교체한다. 음식을 정말 먹으러 올 사람들이 있을지, 먹으러 온다면 왜 오는지. 초보 창업자들이 가장 걱정하고 궁금해 하는 것을 음식을 통해 배운다.

7월부터는 월요일 저녁엔 맥주를 마시며 단편독립영화를 보는 '맥협', 토요일 저녁엔 직접 키운 무농약 여름 채소로 만든 'Summer Veg키친'을 판매한다. 기회의 배분이 점점 불균형해지는 사회에 '하다'는 유연한 방식으로 균열을 낸다. 작은 기회를 쪼갠 자리엔 두 개의 작은 기회가 생긴다. 녹록지 않은 시대를 살아가는 청년들의 윤리이자 생존법이다. 내 거란 생각이 강하면 이런 시도는 할 수 없다. 내 것인 동시에 저 사람 것이기도 하다. 같이함으로써 누리는 즐거움도 크다. 그런 곳에 좀 더 가치를 두면 더 많은 기회가 열리게 된다.

출처: 한국일보(http://hankookilbo.com), 2016. 7. 7

Chapter 10

메뉴분석

신은 사람에게 하나의 혀와 두 개의 귀를 주었다.
그렇기 때문에 말하기 위해서는 듣는 것을 두 배로 하여야 한다.

– *Zenon* (그리스 철학자)

[Chapter 10] 메뉴분석

> 사람들이 불행하다고 하는 것은 자신이 행복하다는 것을 모르고 있기 때문이다.
> *－Dostoevskii (러시아 작가)*

1. 메뉴분석의 의미

메뉴는 레스토랑의 직접적인 수입원으로 콘셉트(concept)를 결정할 수 있다. 성공과 실패에 영향을 미치는 요소이기 때문에 지속적인 관심과 고객평가를 통해 개선되어야 한다. 창업하여 영업할 때 초기의 메뉴는 완성도가 낮아 개선이 필요하다. 영업하지 않은 상태에서 개발된 메뉴와 실제 영업 중에 개발된 메뉴는 고객 선호도 차원에서 차이가 있다. 자연스럽게 가격이나 식재료구성, 고객욕구와 반응 등에서 변화를 요구하기 때문에 이를 개선할 수 있어야 한다. 계속적으로 영업하기 위해서는 상권과 경쟁상황, 가격, 운영방침, 사회, 경제, 문화적 요인 등을 분석해야 한다. 이러한 환경분석은 대내외적 요인들을 개선하여 기존 메뉴를 삭제하거나 새로운 아이템을 추가할 수 있다.

메뉴분석은 고객수요에 따른 판매믹스를 통해 확인할 수 있다. 수익성과 매출액달성에 맞추어 평가되는데 제대로 판매되고 있는지, 얼마만큼의 이익이 발생하는지 그 결과를 확인할 필요성이 있다. 차림표상의 위치에서 조정하거나 통합하는 등 촉진활동을 가능하게 한다. 하지만 경쟁관계에 있는 동종 점포의 포지셔닝 전략과 변화를 파악해야 한다.

최근 레스토랑의 전략과 매뉴얼에 대한 전산화가 진전되어 호텔 F/B나 프랜차이즈 기업, 대형패밀리 레스토랑, 개별점포에 이르기까지 다양한 방법으로 분석되고 있다. 대부분의 외식업소들은 구매 및 원가관리에 대한 개념과 인식이 부족하여 새로운 기법이나 메뉴관리 등 현실적으로 잘 이루어지지 않고 있다. 하지만 꾸준하게 개선되어 변화를 수용해야 성공할 수 있다. 현재와 같은 모형(Matrix)과 분석기법이 도입된 것은 70년대 초반 보스턴 컨설팅 그룹(BCG : Boston consulting group)에서 개발된 것이 그 시작이다.

기업의 경영전략 수립에서 하나의 기본적인 도구로 활용되는 사업포트폴리오 기법을 의미한다. 이후 GE의 사업계획 매트릭스를 재구성하여 Jack Miller가 80년도에 발표한 분석은 여러 연구자에 의해 소개되었다. 외식업은 학계에 호응을 얻어 활용되는 Michael Kasavana와 Donald Smith의 'Menu Engineering(1982)'과 David Pavesic의 'Cost / Margin분석기법(1985)', David Hayes와 Lynn Huffman의 '메뉴별 손익계산(1985)을 소개하고자 한다.

BCG매트릭스는 자금의 투입과 산출 면에서 전략사업 단위별로 처해 있는 현재상황을 파악하여 그에 맞는 처방을 내리는 것이다. 성장과 점유율 매트릭스(growth share matrix)라고도 하며, 시장성과 점유율을 기준으로 4가지로 구분하고 있다. X축은 상대적인 시장 점유율을 의미하고, Y축은 성장률을 말한다. 미래가 불투명한 사업은 물음표(question mark), 점유율과 성장성이 모두 좋은 사업을 스타(star), 투자에 비해 수익이 월등한 사업을 캐시카우(cash cow), 점유율과 성장률이 둘 다 낮은 사업을 도그(dog)로 분류하였다.

사업성격을 단순화하거나 유형화하여 어떤 방향으로 의사결정할지 명쾌하게 얘기해 준다. 평가요소는 상대적인 시장 점유율과 성장률에 대한 분석으로 지나친 단순화의 오류에 빠지기가 쉽다는 게 단점이다.

첫째, 스타(star)사업이다. 성공적인 사업으로 수익성과 성장성이 크지만 이를 유지하기 위해서는 계속적인 투자가 필요하다.

둘째, 캐시카우(cash cow)는 기업의 수익 창출원이다. 기존의 투자에서 수익이 계속적으로 실현되므로 자금을 확보하는 원천이 된다. 시장의 성장률은 낮으나 투자금액에 대한 유지와 보수 차원에서 오래도록 머물게 할 필요성이 있다. 자금의 투입보다 산출효과가 많아 효자사업으로 분류된다.

셋째, 물음표(question mark)사업은 신규 사업이나 상대적으로 낮은 시장 점유율과 높은 성장률을 가진 사업을 말한다. 기업의 경영전략에 따라 스타사업이 되거나, 도그 사업으로 전환될 수 있다. 투자가 결정되었다면 상대적인 점유율을 높이기 위해 많은 광고와 홍보 등 투자금액이 필요해진다.

넷째, 도그(dog)는 사양사업이거나 성장성과 수익성이 없는 사업으로 철수해야 한다. 그렇지 않으면 기존투자에 매달리다가 기회를 놓칠 수 있기 때문에 리스트럭처링(restructuring)해야 한다. 이러한 전략은 잭 웰치의 구조조정에서 확인할 수 있다.

잭 웰치는 미래의 경쟁력을 내다본 후 변화를 예측하여 어떤 사업을 핵심사업으로, 축소하거나 철수할 것인지를 신속하게 결정하였다. 새로운 진입과 중복사업을 통합함으로써 사업구조를 개혁하여 제한된 자원을 올바르게 배분하도록 했다. 현재는 문제가 없거나 수익이 나도 10년 후에 마이너스가 될 가능성 높은 사업은 과감하게 정리하였다.

첫째, 각 조직의 유사부문을 통폐합하여 효율성을 높이며, 7~8단계의 의사결정 단계를 간단하게 줄이는 조직구조로 재설계하였다.

둘째, 미래의 경쟁력을 위해 필요한 직무와 필요 없는 직무의 인력에 대해 정리하였다. 또한 임금조정 · 전환배치 · 파견 · 명예퇴직 등을 실시하였다.

셋째, 내수 및 글로벌 해외시장, 포기해야 할 시장에 대해 명확하게 리스트럭처링을 하였다.

넷째, 여러 제품 중 미래에 이익을 줄 제품과 미래전망이 어두운 제품을 구분하여 포트폴리오를 재구성하였다.

다섯째, 대차대조표상 건전성 유지를 위해 부채를 줄이고 자기자본을 높여 기업의 안정성을 유지시켰다.

여섯째, 매출과 손익을 기준으로 수익성과 안정성을 판단하여 손해를 줄였다. 또한 이익을 극대화시키는 비용항목을 재조정하였다.

일곱째, 사업 부문에서 집중하거나 투자할 사업과 포기해야 할 사업을 구분하였다.

잭 웰치는 취임하자마자 조직 · 인력 · 시장 · 제품 · 재무 · 손익 · 사업 등 그룹 전 방위에 걸친 리스트럭처링을 추진하여 연구개발(R&D)과 인수합병(M&A)을 주도하였다.

2. 메뉴분석 모형과 실전사례

1) Kasavana와 Smith의 Menu Engineering

Kasavana와 Smith에 의하여 개발된 Menu Engineering은 가격 결정과 메뉴 믹스, 공헌이익, 메뉴 아이템별로 포지션하였다. 이러한 분석은 매출량에 대한 총수익의 상관관계를 파악하는 데서 시작된다. 분석을 위해 요구되는 정보는 메뉴별 원가와 판매가, 판매량을 기준으로 한다. 각 아이템에 대한 공헌이익과 판매량에서 메뉴별 아이템으로 팔린 수량을 기준으로 수익성과 선호도를 분석할 수 있다.

발표 초기에는 학계와 업계로부터 많은 호응을 얻었지만 식재료 원가율(food cost percentage)을 강조하던 과거의 원가관리 방법에서 지나친 공헌이익(contribution margin)을 강조한 나머지 몇 가지 문제점을 내포하였다.

첫째, 높은 공헌이익을 위한 메뉴 아이템은 곧 낮은 식재료 원가율을 기준으로 한 메뉴가 된다. 이러한 메뉴는 판매가격이 낮기 때문에 결과적으로 전체적인 매출액은 줄어들 수밖에 없다.

둘째, 높은 공헌이익의 아이템을 쫓다 보면 높은 판매가의 아이템을 선호하게 된다. 결과적으로 고객으로부터 수요 감소를 가져와 수익성이 낮아지게 된다. 이러한 단점에도 불구하고 학계와 업계에 많이 이용되는 분석방법이다.

Kasavana와 Smith는 메뉴분석 모형에서 공헌이익과 판매량에 따라 4개의 카테고리 stars, plowhorses, puzzles, dogs로 나누어 제시하고 있다. 최고의 메뉴는 stars가 된다. 공헌이익과 판매량이 높은 아이템으로서의 menu engineering의 양식과 계산절차는 다음과 같다.

〈표 10-1〉 Menu Engineering Worksheet

Menu Item Name	Number Sold(MM)	Menu Mix %	Item Cost	Item Selling Price	Item CM	Menu Cost	Menu Revenue	Menu CM	CM Category	MM% Category	Menu Item Classification
	Total MM					Total Cost	Total Rev.	Total CM			
	N					I	J	M			
		Food Cost % K			Average CM O				MM Achievement Rate Q		

〈표 10-2〉 Menu Engineering Worksheet(설명용)

A	B	C	D	E	F	G	H	L	P	R	S
Menu Item Name	Number Sold(MM)	Menu Mix %	Item Cost	Item Selling Price	Item CM	Menu Cost	Menu Revenue	Menu CM	CM Category	MM % Category	Menu Item Classification
	Total MM					Total Cost	Total Rev.	Total CM			
	N					I	J	M			
		Food Cost % K		Average CM O				MM Achievement Rate Q			

C=B/N % F=E-D G=D*B H=E*B L=H-G

K=I/J O=M/N Q=(100%/# of Items)*(70%)*100

〈표 10-3〉 Menu Engineering Worksheet(10개 메뉴)

A Menu Item Name	B Number Sold(MM)	C Menu Mix %	D Item Cost	E Item Selling Price	F Item CM	G Menu Cost	H Menu Revenue	L Menu CM	P CM Category	R MM % Category	S Menu Item Classification
①	8	4%	₩3,511	₩13,000	₩9,489	₩28,088	₩104,000	₩75,912	Low	Low	Dog
②	20	10%	₩5,740	₩18,000	₩12,260	₩114,800	₩360,000	₩245,200	High	High	Star
③	10	5%	₩8,589	₩24,000	₩15,411	₩85,890	₩240,000	₩154,110	High	Low	Puzzle
④	20	10%	₩5,801	₩16,000	₩10,199	₩116,020	₩320,000	₩203,980	High	High	Star
⑤	34	17%	₩8,408	₩20,000	₩11,592	₩285,872	₩680,000	₩394,128	High	High	Star
⑥	8	4%	₩6,147	₩18,000	₩11,853	₩49,176	₩144,000	₩94,824	High	Low	Puzzle
⑦	2	1%	₩5,425	₩16,000	₩10,575	₩10,850	₩32,000	₩21,150	High	Low	Puzzle
⑧	4	2%	₩11,676	₩30,000	₩18,324	₩46,704	₩120,000	₩73,296	High	Low	Puzzle
⑨	82	41%	₩4,505	₩13,000	₩8,495	₩369,410	₩1,066,000	₩696,590	Low	High	Plowhorse
⑩	12	6%	₩1,633	₩5,000	₩3,367	₩19,596	₩60,000	₩40,404	Low	Low	Dog
Totals	Total MM 200					Total Cost ₩1,126,406	Total Rev. ₩3,126,000	Total CM ₩1,999,594			
	N					I	J	M			
	Food Cost % K 36.0%				Average CM O ₩9,998				MM Achievement Rate Q 7%		

A 메뉴아이템 이름
B 메뉴아이템별 판매량
C 전체 판매량 중 해당 아이템 비율 (인기도)
D 메뉴아이템 원가
E 메뉴아이템 판매가
F 메뉴아이템 공헌이익
G 메뉴아이템의 총원가
H 메뉴아이템의 매출 총액
I 메뉴 전체(10개) 총원가의 합
J 메뉴 전체(10개) 매출 총액의 합
K 식재료 원가율 (%)
L 메뉴아이템의 총공헌이익
M 메뉴 전체(10개) 공헌이익의 합
N 메뉴 전체(10개) 판매량의 합
O 평균 공헌이익
P 공헌이익 분류 결과 (High, Low)
Q 메뉴믹스(인기도) 분류 기준 산출식
R 메뉴믹스(인기도) 분류 결과 (High, Low)
S 메뉴분석 결과 결정된 카테고리

〈표 10-4〉 Menu Engineering Worksheet(10개 메뉴, 수식)

A Menu Item Name	B Number Sold(MM)	C Menu Mix %	D Item Cost	E Item Selling Price	F Item CM	G Menu Cost	H Menu Revenue
①	8	=(B4/$B$15)	3511	13000	=E4-D4	=D4*B4	=E4*B4
②	20	=(B5/$B$15)	5740	18000	=E5-D5	=D5*B5	=E5*B5
③	10	=(B6/$B$15)	8589	24000	=E6-D6	=D6*B6	=E6*B6
④	20	=(B7/$B$15)	5801	16000	=E7-D7	=D7*B7	=E7*B7
⑤	34	=(B8/$B$15)	8408	20000	=E8-D8	=D8*B8	=E8*B8
⑥	8	=(B9/$B$15)	6147	18000	=E9-D9	=D9*B9	=E9*B9
⑦	2	=(B10/$B$15)	5425	16000	=E10-D10	=D10*B10	=E10*B10
⑧	4	=(B11/$B$15)	11676	30000	=E11-D11	=D11*B11	=E11*B11
⑨	82	=(B12/$B$15)	4505	13000	=E12-D12	=D12*B12	=E12*B12
⑩	12	=(B13/$B$15)	1633	5000	=E13-D13	=D13*B13	=E13*B13
Totals	Total MM		=AVERAGE(D4:D13)	=AVERAGE(E4:E13)		Total Cost	Total Rev.
	=SUM(B4:B13)					=SUM(G4:G13)	=SUM(H4:H13)
	N					I	J
		Food Cost %			Average CM		
			K =G15/H15			O =I15/B15	

L Menu CM	P CM Category	R MM % Category	S Menu Item Classification
=H4-G4	=IF(F4>$G$19,"High","Low")	=IF(C4>$K$19,"High","Low")	Dog
=H5-G5	=IF(F5>$G$19,"High","Low")	=IF(C5>$K$19,"High","Low")	Star
=H6-G6	=IF(F6>$G$19,"High","Low")	=IF(C6>$K$19,"High","Low")	Puzzle
=H7-G7	=IF(F7>$G$19,"High","Low")	=IF(C7>$K$19,"High","Low")	Star
=H8-G8	=IF(F8>$G$19,"High","Low")	=IF(C8>$K$19,"High","Low")	Star
=H9-G9	=IF(F9>$G$19,"High","Low")	=IF(C9>$K$19,"High","Low")	Puzzle
=H10-G10	=IF(F10>$G$19,"High","Low	=IF(C10>$K$19,"High","Low	Puzzle
=H11-G11	=IF(F11>$G$19,"High","Low	=IF(C11>$K$19,"High","Low	Puzzle
=H12-G12	=IF(F12>$G$19,"High","Low	=IF(C12>$K$19,"High","Low	Plowhorse
=H13-G13	=IF(F13>$G$19,"High","Low	=IF(C13>$K$19,"High","Low	Dog
Total CM			
=SUM(C25:C34)			
M			
	MM Achievement Rate		
	Q =(1/10)*0.7		

(1) menu engineering worksheet

Kasavana와 Smith가 개발한 menu engineering worksheet는 〈표 10-1〉과 같다. 설명을 쉽게 하기 위해 〈표 10-2〉처럼 다시 작성하였다. 추가한 부분은 색깔을 넣어 음영으로 하였으며, 〈표 10-3〉은 10개의 메뉴로 영업하는 '대한 레스토랑'의 일일영업 분석 자료이다.

경영자가 메뉴분석을 할 때 사용할 수 있는 데이터는 각 메뉴별 원가와 판매가, 판매량을 포함한 3가지 방법이다. 이를 음영으로 처리하였으며, 10개의 메뉴는 ①부터 ⑩까지 분류된다.

(2) menu engineering worksheet

A : 메뉴 이름이다. 현재 영업 중인 모든 메뉴의 아이템을 기록하였다.

B : 메뉴별 판매량으로 기간 중 메뉴의 판매수량을 기록하였다.

C : 전체 판매량 중 해당 메뉴의 판매 비율(인기도)이다. 판매된 비율로 총 판매량(N항)의 비율을 의미한다.

D : 메뉴의 원가이다. 해당 아이템에 대한 조리의 표준 레시피에 대한 식재료 원가를 의미한다.

E : 메뉴 아이템의 판매가이다. 해당 메뉴의 판매가에 대한 기록이다.

F : 메뉴 아이템에 대한 공헌이익이다. 즉 판매가 - 원가로 산출할 수 있다.

G : 메뉴 아이템의 총원가이다. 해당 메뉴의 원가 × 판매량으로 산출할 수 있다.

H : 메뉴 아이템의 매출 총액이다. 해당 메뉴의 판매가 × 판매량으로 산출할 수 있다.

I : 메뉴 전체(10개)의 총원가에 대한 합이다. 각 메뉴별 총원가 합이다.

J : 메뉴 전체(10개)의 매출 총액이다. 메뉴별 매출 총액 합이다.

K : 식재료 원가율(%)이다. 메뉴 전체의 매출원가 / 매출 총액으로 산출할 수 있다.

L : 메뉴 아이템의 총 공헌이익이다. 메뉴의 공헌이익 × 판매량으로 산출할 수 있다.

M : 메뉴 전체(10개)의 공헌이익 합이다.

N : 메뉴 전체(10개) 판매량의 합이다. 각 메뉴별 판매량의 합이다.

O : 평균 공헌이익이다. 메뉴 전체 공헌이익의 합으로 전체 판매량으로 계산할 수 있다.

P : 공헌이익의 분류 결과이다.

해설

공헌이익(contribution margin, CM)은 판매가 - 원가로 산출할 수 있다. 특정 메뉴의 아이템 1개를 판매하였을 때 공헌이익은 메뉴별 판매량을 곱하면 메뉴의 총 공헌이익이 된다. 전체 10개의 메뉴에서 공헌이익을 합하면 전체의 공헌이익이 된다(₩1,999,594). 이 업소의 전체 공헌이익을 총 판매량(200개)으로 나눈 값이 평균 공헌이익(₩9,997.97)이다. 평균 공헌이익을 기준으로 메뉴의 공헌이익이 높으면 high, 낮으면 low로 표시한다.

Q : 메뉴 믹스(인기도)

메뉴를 믹스할 때, 각 메뉴별로 기대 인기도(expected popularity)를 산정하게 된다. 각 메뉴는 모두 인기 있는 메뉴라고 가정할 때 동일한 수량으로 판매되길 기대한다.

해설

'대한 레스토랑'은 10개의 메뉴로 영업하며 각 메뉴는 동일하게 매출의 10%씩 올리길 기대하고 있다. 기대하는 메뉴의 70%(경험치) 이상을 판매할 경우 인기메뉴라 할 수 있다. 10개로 영업하는 업소는 특정 메뉴가 전체 매출의 70% 이상 매출이 이루어지면 인기 메뉴(100% × 0.7 = 70%)이다. 4개 메뉴로 영업하는 업소는 17.5% 이상 매출을 달성하면 인기 메뉴(25% × 0.7 = 17.5%)가 된다.

R : 메뉴믹스(인기도)에 의한 분류 결과이다. 인기 메뉴의 기준 이상으로 매출이 이루어지면 high, 낮을 경우는 low로 표시한다.

S : 메뉴분석 결과로 분류된 카테고리는 공헌이익과 메뉴믹스 결과에 따라 〈표 10-5〉와 같이 4개의 카테고리로 분류할 수 있다.

〈표 10-5〉 메뉴분석 결과 카테고리

(3) Menu Engineering에 의한 개선

메뉴 엔지니어링은 자료의 데이터가 분석한 사람으로부터 얻은 것이라면 이를 개선할 수 있다. 분석방법을 이용하여 수익성과 인기도를 측정할 수 있으며, 매뉴얼에 의한 시스템을 프로그램화할 수 있다. 분류된 식 · 음료 카테고리를 이용하여 경영자들이 할 수 있는 개선방법은 다음과 같다.

가. plow horses 메뉴관리

plow horses 메뉴는 공헌이익은 낮으나 찾는 고객들이 많아 인기 있는 메뉴이다. 고객들은 이러한 메뉴를 좋아한다. 점포경영에 기여도가 낮은 메뉴이기 때문에 공헌이익을 높이는 방향으로 개선되어야 한다. stars 메뉴가 될 수도 있지만 공헌이익을 높이기 위해 판매가를 인상하면 수요가 감소할 수 있다. 원가를 낮추어 매출액을 증가시키는 것이 바람직하다. 이를 바탕으로 개선방법을 제시하면 다음과 같다.

① 가격인상 시도

레스토랑의 plow horses 메뉴는 고객들이 가치 있다고 판단하는 인기 메뉴이다. 가격을 약간 인상해도 가치가 있다 생각하면 고객들은 계속 찾게 될 것이다. 해당 메뉴가 전문 업소에서만 취급하거나, 타 업소에서 제공하지 않을 경우 가장 효과적인 방법이 될 수 있다. 따라서 인기메뉴와 전략메뉴가 될 수 있다.

② 수요 테스트(test for demand)

가격 인상에 대한 고객들의 저항이 심하지 않으면 메뉴를 다시 재조정하거나 재포장(repackage)할 수 있다. 차림표상 위치를 변화시켜 완전한 가격 인상을 노릴 수도 있다. 인기를 유지하거나 고양(uplift)시켜 판매가 인상으로 높은 공헌이익을 올릴 수 있으며 가격을 인상할 때 한번에 하지 않고 천천히 조금씩 올려야 효과적이다.

③ 차림표상 눈에 잘 띄지 않는 곳에 재배치

차림표(메뉴)에 따라 눈에 잘 띄는 곳과 그렇지 않은 곳이 있다. 고객들에게 가치 있다고 생각되는 인기 메뉴이기 때문에 눈에 잘 띄지 않는 곳에 배치하여도 고객들은 주문하게 된다. 그 대신 점포에서는 팔고 싶은 수익성 높은 아이템을 눈에 잘 띄는 곳으로 이동시킬 수 있다.

④ 수요를 고려한 아이템 전환

메뉴엔지니어링을 통해 레스토랑에서 팔고 싶은 메뉴는 인기 있으면서 높은 공헌이익을 줄 수 있는 메뉴이다. 이들에 대한 고객수요를 전환시킬 수 있다(세부적인 방법은 puzzle의 ①항 참조).

⑤ 낮은 식재료 원가와 조합

공헌이익이 높은 메뉴는 Entree와 같이 제공되는 부가적인 원가로 이익을 증대시킬 수 있다. 채소와 디저트는 해당 메뉴 아이템 인기를 저하시키지 않으면서도 식재료를 대체하는 방법으로 이익을 증가시킬 수 있다.

⑥ 직접노무비

경영자들은 메뉴를 조리하기 위해 직접노무비가 필요한가를 파악해야 한다. 높은 공헌이익을 올리는 메뉴는 편의 품처럼 준비에 별다른 인력이 소모되지 않는 식재료를 사용할 때 발생하게 된다. 공헌이익을 향상시키기 위해 가공식품을 사용하는 것은 레스토랑의 장기적인 발전을 고려할 때 추천할 방법이 되지 못한다.

⑦ 분량(portion) 감소

분량에 대한 사이즈를 줄이면 식재료 원가는 줄어들어 공헌이익을 증가시킬 수 있다. 고객들은 메뉴의 분량이 줄어들면 자신에게 제공되는 혜택이 감소되었다고 인식하게 된다. 가능한 사용하지 않는 것이 좋지만 사용한다면 고객가치를 고려한 조정이 필요하다.

나. puzzles 메뉴관리

puzzles은 공헌이익은 높지만 찾는 고객이 적어 인기가 없는 메뉴이다. 경영자들은 공헌이익이 다른 메뉴보다 높기 때문에 이 메뉴들을 팔고 싶어 한다. 개선을 통해 주문고객을 증가시킬 수 있다면 바람직한 stars 메뉴가 될 수 있다. 이를 개선하기 위한 방법은 다음과 같다.

① 수요자를 puzzles 메뉴로 전환

메뉴 아이템의 인기를 증대시키기 위해 새로운 테크닉을 필요로 한다. 차림표상에 눈에 잘 띄는 구역으로 이동시키거나 추가적인 식재료로 이름변경, 권유판매, 광고, 캠페인, 테이블 텐트카드 활용, 서버의 유니폼 안내, 출입구의 메뉴 보드판, 벽보 등으로 촉진활동을 강화하여 수요를 창출할 수 있다.

② 판매가 인하고려

메뉴에 대해 고객들이 가치를 느끼지 못하면 인기가 낮아져 판매가격 인하를 고려할 수 있다. 가격인하로 공헌이익이 낮아지지만 고객들은 증가한다. 인기가 높아지면 더 많은 주문으로 평균보다 높은 이익을 가져올 수 있다.

③ 메뉴의 부가가치 향상

아이템의 가치를 증대시키기 위한 방법은 분량의 사이즈를 조정하는 것이다. 비싼 사이드메뉴나 가니시, 디저트 등을 추가하거나 최고의 식재료를 사용한다면 인기는 상승하고 공헌이익은 낮아질 수 있다. 반대로 분량을 늘리면 매출액이 증가하여 평균 이상의 공헌이익을 창출할 수 있다.

다. stars 메뉴관리

stars는 공헌이익과 인기도가 모두 높은 아이템이다. 메뉴관리를 위해 고려할 수 있는 방안들은 다음과 같다.

① 표준명세서(specification) 유지

음식의 품질을 유지한다.

② 차림표상 잘 보이는 구역배치

스타 메뉴는 경영자들이 팔고 싶은 메뉴들이다. 차림표상에서 고객의 눈에 잘 띄게 배치해야 한다.

③ 비탄력적 판매 테스트

star 메뉴에 대한 인기를 저하시키지 않으면서 가격인상을 고려할 수 있다. 고객이 메뉴의 가치를 느껴 인기가 높은 경우, 또는 주변에 쉽게 구할 수 없는 경쟁력 높은 메뉴라면 인상을 고려할 수 있다.

④ 권유판매 활용

수요를 전환하기 위한 다양한 테크닉과 인적판매가 필요하다.

라. dogs 메뉴관리

dogs 메뉴는 공헌이익과 인기도가 모두 낮은 아이템이다. 경영에서 가장 바람직하지 않은 메뉴이다. 공헌이익과 인기도를 동시에 높일 수 있는 방안을 강구하거나 또는 삭제하여야 한다.

① 메뉴에서 삭제한다.

상당한 수준의 직접 노무가 필요하거나, 비교적 좋은 식재료에도 인기가 없으면 즉시 삭제해야 한다.

② 리포지셔닝(repositioning)

새로운 아이템으로 리포지셔닝하여 puzzles 메뉴가 되도록 해야 한다.

2) Pavesic의 분석모형(Cost / Margin Analysis)

(1) 원가분석과 제3의 분석모형

경영자들은 오랫동안 각 메뉴 아이템에 대한 매출과 원가, 이익에 대한 영향을 파악하기 위해 판매믹스 전략을 추진하고 있다. 레스토랑은 이익을 달성하지 못하면 판매가와 식재료 원가를 조정하게 된다. 매출과 이익이 감소한다는 것은 잘못된 구매와 과도한 분량, 원가상승, 쓰레기 때문이라고 판단하는 것은 근시안적인 분석방법이다.

원가관리를 훌륭하게 수행하기 위해서는 높은 원가에 이익 감소를 가져오는 원인을 찾아야 한다. 그것이 판매믹스를 시행하는 근거이다. 어떤 메뉴는 적극적으로 촉진해야 되지만, 다른 메뉴는 전략을 강조하지 않아도 판매가 잘된다. 이러한 결과로 메뉴분석을 가능하게 하며, 카테고리별로 적극 활용하여 개선할 수 있다.

최적의 판매믹스를 수행하기 위한 식재료 원가율이나 아이템은 공헌이익을 사용하는 것이다. 원가와 총 이익에 미치는 각 메뉴 아이템의 판매량(인기도)을 결정하는데 사용된다. 낮은 식재료 원가율을 중시하는 Miller 모형의 단점은 가격이 낮기 때문에 기대하는 이익달성 또한 낮아지는 것이다. 고정비가 증가하여 식재료 원가가 높아지면 결과적으로 이익은 감소하게 된다.

공헌이익을 중시하는 Kasavana와 Smith 모형은 식재료 원가율을 완전히 무시한 채 각 메뉴는 점포 운영에 기여하는 전체적인 이익에 집중하는 것이다. 공헌이익을 고려하는 것은 높은 식재료 원가율을 의미한다. 이익을 내는 아이템들은 식재료 원가율이 낮고 판매가격이 높기 때문이다. 공헌이익을 극대화시키려는 경영자들은 점포의 특성과 콘셉트에 맞는 전문성으로 비탄력적으로 운영하고 있다. 하지만 대부분의 외식기업들은 높은 공헌이익을 고집하면서 수요를 떨어뜨리고 있다.

Miller, Kasavana와 Smith가 제시한 식재료 원가율과 공헌이익의 모형은 외식경영에서는 중요한 요소가 된다. 어느 한쪽만 강조하는 분석이 되어서는 안 되며, 잘못된 결정은 경쟁점포로 고객이동을 초래할 수 있다. 여러 변수의 다양성을 수용하지 못하는 단점이 있을 수 있다. 이를 기초한 Pavesic은 식재료 원가율과 총 공헌이익을 결합시켜 제3의 모형을 제시하였다. 최저의 식재료 원가율을 달성하는 동시에 총 공헌이익을 달성하는 것이 최적의 판매믹스이다. 이를 바탕으로 원가마진분석(CMA: Cost Margin Analysis)모형을 제시하였다.

Pavesic의 메뉴분석 모형은 식재료 원가율과 총 공헌이익에 따라 4개의 카테고리로 primes, standards, problems, sleepers를 제안하였다. 최고의 메뉴는 primes으로 식재료 원가율은 낮으나 총 공헌이익이 높은 아이템이 여기에 해당된다. CMA의 양식과 계산과정은 〈표 10-6〉, 〈표 10-7〉, 〈표 10-8〉과 같다. 이 중 〈표 10-8〉은 외식현장에서 사용할 수 있도록 Excel의 공식을 그래로 표시하였다.

(2) CMA worksheet

Pavesic이 개발한 CMA worksheet은 〈표 10-6〉과 같다. 〈표 10-7〉은 10개의 메뉴로 운영하는 '대한 레스토랑'의 영업 결과이다. 경영자들은 메뉴분석을 고려할 때 사용하는 데이터는 각 메뉴별 원가, 판매가, 판매량을 기초하며 이를 음영으로 처리하였다. 코스로 제공되는 레스토랑은 메뉴를 비교하기 위해 업종별로 구분하였다. 예를 들어 전채, 스낵, Entree, 디저트 등 10개의 메뉴는 ①부터 ⑩까지로 제시되었다.

(3) CMA 위해 필요한 자료

CMA 분석을 위한 필요자료는 Miller의 메뉴 엔지니어링 분석을 위한 데이터와 동일하다.

- 각 메뉴 아이템의 판매량
- 각 메뉴 아이템의 식새료 원가
- 각 메뉴 아이템의 판매가

〈표 10-6〉 Cost Margin Analysis Worksheet

Item Name	No. Sold	Item Price	Raw Food Cost	Item CM	Weighted (WT.) FC.	WT. CM	WT. Sales	% Item FC.	% Total Sales	% Total FC.	% Items Sold	% WT.CM	Sales Volume	Food Cost(%)	CM $	Category
Total																

〈표 10-7〉 Cost Margin Analysis Worksheet(10개 메뉴)

Item Name	No. Sold	Item Price	Raw Food Cos	Item CM	Weighted (WT.) FC.	WT. CM	WT. Sales	% Item FC	% otal Sale	% Total FC.	% tems Sold	% WT.CM	Sales Vol.	Food Cost(%)	CM ₩	Category
①	8	₩13,000	₩3,511	₩9,489	₩28,088	₩75,912	₩104,000	27.01%	3.33%	2.49%	4.00%	3.80%	Low	Low	Low	Sleeper
②	20	₩18,000	₩5,740	₩12,260	₩114,800	₩245,200	₩360,000	31.89%	11.52%	10.19%	10.00%	12.26%	High	Low	High	Prime
③	10	₩24,000	₩8,589	₩15,411	₩85,890	₩154,110	₩240,000	35.79%	7.68%	7.63%	5.00%	7.71%	Low	Low	Low	Sleeper
④	20	₩16,000	₩5,801	₩10,199	₩116,020	₩203,980	₩320,000	36.26%	10.24%	10.30%	10.00%	10.20%	High	High	High	Standard
⑤	34	₩20,000	₩8,408	₩11,592	₩285,872	₩394,128	₩680,000	42.04%	21.75%	25.38%	17.00%	19.71%	High	High	High	Standard
⑥	8	₩18,000	₩6,147	₩11,853	₩49,176	₩94,824	₩144,000	34.15%	4.61%	4.37%	4.00%	4.74%	Low	Low	Low	Sleeper
⑦	2	₩16,000	₩5,425	₩10,575	₩10,850	₩21,150	₩32,000	33.91%	1.02%	0.96%	1.00%	1.06%	Low	Low	Low	Sleeper
⑧	4	₩30,000	₩11,676	₩18,324	₩46,704	₩73,296	₩120,000	38.92%	3.84%	4.15%	2.00%	3.67%	Low	High	Low	Problem
⑨	82	₩13,000	₩4,505	₩8,495	₩369,410	₩696,590	₩1,066,000	34.65%	34.10%	32.80%	41.00%	34.84%	High	Low	High	Prime
⑩	12	₩5,000	₩1,633	₩3,367	₩19,596	₩40,404	₩60,000	32.66%	1.92%	1.74%	6.00%	2.02%	Low	Low	Low	Sleeper
Total	200				₩1,126,406	₩1,999,594	₩3,126,000	36.03%	100.0%	100.0%	100.0%	100.0%				

Item CM	=C-D	인기도 Popularity	14
Weighted FC	=D*B	식재료 원가율 Potential FC %	36.03%
Weighted CM	=E*B	평균 공헌이익 Avg. WT CM	₩199,959
Weighted Sale	=C*B		

〈표 10-8〉 Cost Margin Analysis Worksheet(10개 메뉴, 수식)

	A	B	C	D	E	F	G	H	I	J	K	L	M
1	Item	No.	Item	Raw	Item	Weighted	WT.	WT.	%	%	%	%	%
2	Name	Sold	Price	Food Cost	CM	(WT.) FC.	CM	Sales	Item FC.	Total Sales	Total FC.	Items Sold	WT.CM
3	①	8	13000	3511	=C3-D3	=D3*B3	=E3*B3	=C3*B3	=D3/C3	=H3/$H$13	=F3/$F$13	=B3/$B$13	=G3/$G$13
4	②	20	18000	5740	=C4-D4	=D4*B4	=E4*B4	=C4*B4	=D4/C4	=H4/$H$13	=F4/$F$13	=B4/$B$13	=G4/$G$13
5	③	10	24000	8589	=C5-D5	=D5*B5	=E5*B5	=C5*B5	=D5/C5	=H5/$H$13	=F5/$F$13	=B5/$B$13	=G5/$G$13
6	④	20	16000	5801	=C6-D6	=D6*B6	=E6*B6	=C6*B6	=D6/C6	=H6/$H$13	=F6/$F$13	=B6/$B$13	=G6/$G$13
7	⑤	34	20000	8408	=C7-D7	=D7*B7	=E7*B7	=C7*B7	=D7/C7	=H7/$H$13	=F7/$F$13	=B7/$B$13	=G7/$G$13
8	⑥	8	18000	6147	=C8-D8	=D8*B8	=E8*B8	=C8*B8	=D8/C8	=H8/$H$13	=F8/$F$13	=B8/$B$13	=G8/$G$13
9	⑦	2	16000	5425	=C9-D9	=D9*B9	=E9*B9	=C9*B9	=D9/C9	=H9/$H$13	=F9/$F$13	=B9/$B$13	=G9/$G$13
10	⑧	4	30000	11676	=C10-D10	=D10*B10	=E10*B10	=C10*B10	=D10/C10	=H10/$H$13	=F10/$F$13	=B10/$B$13	=G10/$G$13
11	⑨	82	13000	4505	=C11-D11	=D11*B11	=E11*B11	=C11*B11	=D11/C11	=H11/$H$13	=F11/$F$13	=B11/$B$13	=G11/$G$13
12	⑩	12	5000	1633	=C12-D12	=D12*B12	=E12*B12	=C12*B12	=D12/C12	=H12/$H$13	=F12/$F$13	=B12/$B$13	=G12/$G$13
13	Total	=SUM(B3:B12)				=SUM(F3:F12)	=SUM(G3:G12)	=SUM(H3:H12)	=F13/H13	=SUM(J3:J12)	=SUM(K3:K12)	=SUM(L3:L12)	=SUM(M3:M12)

	N	O	P
1	Sales	Food	CM
2	Volume	Cost(%)	$
3	=IF(B3>$K$16,"High","Low")	=IF(I3<=$I$13,"Low","High")	=IF(G3<=$K$18,"Low","High")
4	=IF(B4>$K$16,"High","Low")	=IF(I4<=$I$13,"Low","High")	=IF(G4<=$K$18,"Low","High")

	Q
1	
2	Category
3	=IF(AND(O3="low",P3="low"),"Sleeper",IF(AND(O3="high",P3="low"),"Problem",IF(AND(O3="low",P3="high"),"Prime",IF(AND(O3="high",P3="high"),"Standard"))))
4	=IF(AND(O4="low",P4="low"),"Sleeper",IF(AND(O4="high",P4="low"),"Problem",IF(AND(O4="low",P4="high"),"Prime",IF(AND(O4="high",P4="high"),"Standard"))))

Item CM	=C−D	인기도 Popularity	=(1/10)*(0.7)*200
Weighted FC	=D*B	식재료 원가율 Potential FC %	=I13
Weighted CM	=E*B	평균 공헌이익 Avg. WT CM	=G13/10
Weighted Sales	=C*B		

가장 밑에 정리한 것은 카테고리 설정을 위해 필요한 추가 정보내용이다.

(4) CMA 분석을 위한 인수 산출

가. 코스요리를 제공하지 않는 일품요리

일품요리 레스토랑은 별도로 구분하지 않고 메뉴 아이템을 비교하여도 무방하다. 코스요리를 제공하는 업소는 반드시 전체 아이템을 몇 개의 그룹으로 분류하여 비교할 수 있다. appetizers 그룹, snacks 그룹, entrees 그룹, desserts 그룹 등은 각 그룹별 메뉴에 따른 식재료 원가, 공헌이익은 차이가 있다.

나. 인기도(popularity)

〈표 10-7〉, 〈표 10-8〉의 'L17'(항) 산출

(공식)

(1.0 / 메뉴 아이템 수) × (0.7) × 기간 중 팔린 총 메뉴 수

= (1.0 / 10) × (0.7) × 200 = 0.1 × 0.7 × 200 = 14.0

다. 식재료 원가율(potential, FC%)

〈표 10-7〉, 〈표 10-8〉의 L18(항) 산출

(공식)

총 식재료 원가 / 총 매출(* 양식 F14항 / H14항)

= ₩1,126,406 / ₩3,126,000 = 36.0%

라. 평균 공헌이익(Avg. WT. CM)

〈표 10-7〉, 〈표 10-8〉의 L(19항) 산출

(공식)

총 공헌이익 / 메뉴 아이템 수(* 양식 G14항 / 10)

= ₩1,999,594 / 10

= ₩199,959

(5) CMA worksheet

A : item name이다. 현재 영업하고 있는 모든 메뉴 아이템을 기록한 것이다.

B : no sold는 기간 중 아이템별 판매수량을 기록하였다.

C : menu price는 메뉴 아이템의 판매가를 기록하였다.

D : raw food cost는 메뉴 아이템을 조리하기 위한 표준 레시피의 식재료 원가를 의미한다.

E : item CM은 메뉴의 공헌이익(판매가 - 원가)을 산출할 수 있다.

F : weighted(WT.) FC는 메뉴 아이템의 원가 × 판매량을 산출한다.

G : WT. CM는 메뉴 아이템의 총 공헌이익(공헌이익 × 판매량)으로 산출할 수 있다.

H : WT. sales는 메뉴 아이템의 판매가 × 판매량을 산출할 수 있다.

I : % item FC는 메뉴 아이템의 식재료 원가율을 산출할 수 있다.

J : % total sales는 메뉴 아이템의 매출이 전체 매출에서 차지하는 비율을 말한다.

K : % total FC는 메뉴 아이템의 식재료 원가가 전체 식재료 원가에서 차지하는 비율을 말한다.

L : % items sold는 전체 판매량 중에서 해당 메뉴가 팔린 비율을 산출할 수 있다.

M : % WT. CM은 메뉴의 공헌이익이 전체 메뉴(10개)의 이익에서 차지하는 비율을 말한다.

N : sales volume class는 메뉴별 판매량과 인기도 선정기준(경험요소, 70%)을 적용하였을 때 메뉴별 판매량과 비교할 수 있다.

* 메뉴의 판매량이 인기메뉴 판매량(14개)보다 높으면 high, 낮으면 low로 판정하게 된다.
* 경험요소(70%)의 적용은 Kasavana와 Smith의 모형 worksheet Q항(category)을 참조하면 된다.

인기도 판정 기준

= (1.0 / 메뉴 수) × (0.7) × 기간 중 팔린 총 메뉴 수

= (1.0 / 10) × (0.7) × 200 = 0.1 × 0.7 × 200 = 14

O : food cost(%) class는 메뉴 아이템에 대한 식재료 원가율에서 10가지 메뉴를 전체 식재료 원가율과 비교할 수 있다. 메뉴 아이템의 원가율이 업소 전체의 식재료 원가율(36.0%)보다 높으면 high, 낮으면 low로 표시된다.

P : CM class는 메뉴 아이템의 전체 공헌이익과 업소 전체의 10개 메뉴 평균 공헌이익과 비교할 수 있다. 해당 메뉴의 공헌이익이 업소 전체의 평균 공헌이익(₩199,959)보다 높으면 high, 낮으면 low로 표시한다.

Q : menu category

식재료 원가율('O'항)과 총 공헌이익('P'항)을 고려한 메뉴분석 결과 〈표 10-9〉와 같은 4개의 카테고리로 분류할 수 있다.

〈표 10-9〉 메뉴분석 카테고리

식재료 원가율 \ 총 공헌이익	low	high
high	problems 메뉴아이템 ⑧	standards 메뉴아이템 ④⑤
low	sleepers 메뉴아이템 ①③⑥⑦⑩	primes 메뉴아이템 ②⑨

(6) CMA 분석과 메뉴 개선

CMA 분석으로 제시한 결과를 바탕으로 레스토랑 식음료 카테고리를 이용하여 경영자가 개선할 수 있는 전략은 다음과 같다.

가. primes 메뉴관리

primes 메뉴는 식재료 원가율은 낮으나 총 공헌이익이 높은 인기 메뉴이다. 경영자들이 많이 팔고 싶은 메뉴이다. 전략 방안을 제시하면 다음과 같다.

① 심리적인 메뉴 디자인

많이 팔기 위해서는 메뉴판의 디자인을 극대화하여 고객의 눈에 띄게 하여야 한다. 차림표상 활자를 진하게 하거나 큰 글씨, 매장 내 곳곳에 박스를 만들어 아이템을 강조할 수 있다. 또한 대기실, 흑판, 보드판 등 눈에 띄는 조명으로 시선을 끌 수 있다. 직원들을 통해 알리거나 권유함으로써 개인별 능력에 따른 테크닉을 활용할 수 있다. 고객들의 눈에 잘 띄게 하는 가시성(visibility)과 이를 유지하는 것이 primes 메뉴를 관리하는 포인트이다.

② 최고의 품질과 적정 분량유지

primes 메뉴는 인기 있는 메뉴이기 때문에 고객들이 즐겨 찾는 업소의 전문 메뉴이거나 대표적인 메뉴이다. 높은 수준의 품질과 표준, 적정분량을 유지하는 것이 중요하다.

③ 가격 탄력성

고객에게 인기 있는 메뉴는 필요시 가격을 인상하여 수요를 테스트할 수 있다. 차림표상의 경쟁 아이템보다 가격이 낮다고 생각되면 같은 그룹 내 다른 메뉴의 판매를 저하시킬 수 있다. 가격이 저렴하거나 중저가 싼 음식으로 인식되지 않도록 해야 한다.

④ 품질의 표준

고객들에게 인기 있는 메뉴이면서 많이 팔고 싶은 메뉴이기 때문에 품질의 표준을 유지하는 것이 좋다.

나. standards 메뉴관리

standards 메뉴는 식재료 원가율과 총 공헌이익이 모두 높은 인기 메뉴이다. 개선을 위한 전략방안은 다음과 같다.

① 가격 탄력성

식재료 원가율과 총 공헌이익이 높은 인기 메뉴이다. 원가율을 낮추기 위해 가격 인상을 고려한 탄력성을 시험할 수 있다. 차림표의 대표적 메뉴라면 인상을 고려할 수 있다. 하지만 고객들이 곧바로 알 수 있기 때문에 대폭 인상보다는 소폭으로 인상하여 양해를 구하는 것이 좋다.

② 분량 조정

가격인상을 고려하기 힘들거나, 메뉴에 대한 분량이 크다면, 고객들의 변화를 느끼지 못하는 범위 내에서 분량을 조절할 수 있다.

③ 차림표 위치조정

가격 인상이나 분량 조정을 하지 않을 경우, 해당 메뉴를 차림표에서 쉽게 알아볼 수 없는 구역으로 조정할 수 있다. 원가가 낮고 공헌이익이 높은 다른 메뉴(primes)의 위치를 조정할 수 있다.

④ 식재료 원가 인하

entree와 함께 제공되는 부재료를 줄이거나 주재료를 낮은 가격으로 공급받을 수 있는 공급자를 찾는 것도 하나의 방법이다.

다. sleepers 메뉴관리

sleepers 메뉴는 식재료 원가율과 총 공헌이익이 모두 낮은 메뉴이다. 메뉴개선을 위한 전략 방안은 다음과 같다.

① 고객의 관심과 선택을 높이기 위한 조치

차림표를 고객시선으로 돋보일 수 있게 해야 한다. 흑판, 보드판, 견본메뉴 등 눈에 띄세 하거나 조명을 밝게 하여 테이블 텐트카드, 직원 권유판매 등을 적극 활용한다.

② 가격 인하

sleepers 메뉴는 식재료 원가가 낮기 때문에 매출향상을 위해 할인하거나 특별 시간대 등 저가격을 고려하여 차별적으로 적용할 수 있다.

③ 가치 증진

분량 사이즈나 부재료를 늘림으로써 저렴한 가격으로 고객가치를 증진시켜 매출을 극대화할 수 있다.

④ 메뉴 아이템 변경

부가적 재료를 추가하여 상품 가치를 극대화하여 메뉴아이템을 변경할 수 있다.

⑤ sleepers 촉진

공헌이익이 높은 만큼 높은 인기를 유지할 수 있게 해야 한다. 식재료 원가율을 나타내는 아이템이기 때문에 이를 완화시키기 위해 sleepers메뉴에 대한 촉진전략을 시행할 수 있다.

라. problems 메뉴

problems 메뉴는 총 공헌이익은 낮으나 식재료 원가율이 높은 메뉴이다. 메뉴를 개선하기 위한 전략 방안은 다음과 같다.

① 가격 인상으로 제조원가를 절감할 수 있다.
② 가격인상을 하지 않을 경우 차림표에서 위치를 조정할 수 있다.
③ 대체품(substitute)의 개발이나 촉진을 강화할 수 있다.
④ 분량에 대한 원가를 인하하기 위해 저렴한 재료를 활용할 수 있다.
⑤ 매출이 향상되지 않으면 차림표에서 제외시켜야 한다.

3) Hayes와 Huffman 분석기법(GVA)

(1) 메뉴분석의 '평균' 적용

Kasavana와 Smith 모형과 Pavesic 모형, Menu Engineering을 도입한 Miller 모형은 메뉴분석을 위한 식재료 원가율과 판매량, 공헌이익(총 공헌이익)을 사용하였다. 이러한 분석기법은 각 메뉴를 평가하기 위한 기준으로 평균을 사용하였다.

선행 연구자들의 모형을 바탕으로 Hayes와 Huffman은 평균 식재료 원가율과 평균 공헌이익, 평균 판매량(인기도)을 적용한 목표 가치분석(GVA : coal value analysis)을 제시하였다. 평균 이하의 아이템을 차림표에서 제외시키는 것은 메뉴 개선 후 일정 기간이 지나거나 다른 메뉴를 분석할 때 바람직하지 않은 카테고리이다. 평균을 적용한 메뉴개선은 약한 아이템을 찾아 조정하는 것을 반복하다 보면 강한 아이템이 평균 이하로 떨어져 차림표에서 제외되는 부작용이 생길 수 있다.

평균 판매량을 적용하여 메뉴를 분석한 후 이를 기초하여 개선할 때 예상되는 문제점은 다음과 같다.

4개의 메뉴로 영업하는 전문점에서 A, B, C, D 메뉴를 운용하였다. 메뉴분석을 한 결과 메뉴 D는 평균(35) 이하를 기록하기 때문에 제외시켜 새로운 아이템 E를 추가하여 A, B, C, E를 운영하였다. 메뉴개선 후에는 〈표 10-10〉과 같이 아이템 A와 C는 새로 추가된 아이템 E의 영향을 받아 매출이 감소하였다. 특히 매출이 크게 감소한 C는 평균(35) 이하의 매출을 보이기 때문에 차림표에서 제외시켜야 한다. 그러나 C를 대체하여 새로운 메뉴를 추가하는 것은 다른 메뉴의 판매량을 평균 이하로 떨어뜨리게 하는 원인이 된다.

아이템의 가격, 차림표상의 위치, 촉진방법 등을 변경할 때 평균을 적용할 수 있다. 이러한 메뉴분석 모형으로 얻은 결과는 소비자의 실제 선호도에서 다르게 왜곡된 의사결정이 이루어질 수 있다. 경영자들은 〈표 10-10〉의 예에서 보듯 평균 식재료 원가율, 평균 공헌이익, 평균 판매량(인기도)을 기준으로 소비자의 선호도가 왜곡되지 않도록 해야 한다.

〈표 10-10〉 평균판매량을 적용한 메뉴 개선

구 분	메뉴 개선 전		메뉴 개선 후	
	메뉴 아이템	판매량	메뉴 아이템	판매량
운용 메뉴	A	50	A	45
	B	40	B	40
	C	35	C	20
	D	15	E	35
	계	140	계	140
	평 균	35	평 균	35

(2) 개별 손익분석

Hayes와 Huffman은 각 메뉴 아이템의 개별 손익을 계산하여 메뉴분석 결과를 제시하였다. 기업의 경영목표는 이익을 창출하는 것이다. 경영자가 확인하고 싶은 이익 증가를 곧바로 검증할 수 있는 것은 아니하지만 관점에서 순이익을 창출하고 이익을 증대시키는 메뉴, 바람직한 메뉴를 발굴하는 데 사용할 수 있다.

각 메뉴의 수익성(profitability)을 평가하기 위해 재무제표상의 손익계산서(P&L: profit & loss, I/S : income statements)를 활용하여 아이템별로 도입하였다. 이를 위해 기존의 식재료 원가에 추가하여 고정 비율과 변동비율을 나타낼 수 있다. 개별 손익계산서에서 확인된 각 아이템의 이익(손실)을 점포의 순수익에 기여한 순서대로 제시하였다. 최종적으로 목표가치 분석(GVA)을 통해 각 아이템의 순수익 달성에 기여한 정도를 확인하는 것이다.

분석을 위한 기초자료는 앞서 제시한 메뉴분석 자료와 동일하다. 아이템별 판매량, 식재료 원가, 판매가는 〈표 10-11〉과 같이 10개의 메뉴로 운영하는 '대한 레스토랑'의 영업결과이다.

각 메뉴에 대한 손익계산은 추가적으로 필요한 고정비와 변동비는 원가관리 차원에서 실제 재고조사를 통해 확인해야 한다. '대한 레스토랑'의 10개 아이템에 대한 손익분석은 다음과 같다.

(3) 메뉴 아이템별 손익계산

다음은 '대한 레스토랑'의 메뉴분석자료이다. 이를 바탕으로 한 고정비와 변동비의 내역은 다음과 같다.

〈표 10-11〉 메뉴분석자료

메뉴	판매량	식재료 원가	판매가
①	8	3,511	13,000
②	20	5,740	18,000
③	10	8,589	24,000
④	20	5,801	16,000
⑤	34	8,408	20,000
⑥	8	6,147	18,000
⑦	2	5,425	16,000
⑧	4	11,676	30,000
⑨	82	4,505	13,000
⑩	12	1,633	5,000

① 고정비(임대료, 정직원 급여, 보험료, 지급이자, 감가상각비 등) : 총 매출액의 25%이다.

② 변동비(식재료 원가를 제외한 시간급 인건비, 전기세, 수도세, 가스비) 등 매출액의 증감에 따라 변하는 비용은 총 매출액의 35%이다. 이를 바탕으로 고정비와 변동비를 아이템별로 계산하시오.

해설

'대한 레스토랑'의 총 매출액은 3,126,000원(〈표 10-6〉의 J항과 〈표 10-11〉)이다. 메뉴별 판매량에서 판매가를 곱한 값을 더하여 총 매출액을 산출할 수 있다. 고정비는 총매출액의 25%를 적용하면 781,500원이 된다. 이를 다시 10개의 메뉴로 균등하게 배분하면 각 메뉴 아이템별 고정비는 78,150원이 된다.

원가관리 및 재고조사를 정기적으로 실시하여 고정비를 알고 있는 경영자라면 실제 고정비를 통해 운영하는 메뉴 수로 나누어 계산할 수 있다.

₩3,126,000 × 0.25 = ₩781,500(10개 메뉴의 고정비)

₩781,500 / 10개 메뉴 = ₩78,150(각 메뉴별 고정비)

〈표 10-12〉 매뉴얼 손익계산

메뉴	①		②		③		④		⑤	
매출	104,000		360,000		240,000		320,000		680,000	
식료 원가	28,088	27%	114,800	32%	85,890	36%	116,020	36%	285,872	42%
고정비	78,150	75%	78,150	22%	78,150	33%	78,150	24%	78,150	11%
변동비	36,400	35%	126,000	35%	84,000	35%	112,000	35%	238,000	35%
총원가	142,638	137%	318,950	89%	248,040	103%	306,170	96%	602,022	89%
순수익(손실)	-38,638	-37%	41,050	11%	-8,040	-3%	13,830	4%	77,978	11%

메뉴	⑥		⑦		⑧		⑨		⑩	
매출	144,000		32,000		120,000		1,066,000		60,000	
식료 원가	49,176	34%	10,850	34%	46,704	39%	369,410	35%	19,596	33%
고정비	78,150	54%	78,150	244%	78,150	65%	78,150	7%	78,150	130%
변동비	50,400	35%	11,200	35%	42,000	35%	373,100	35%	21,000	35%
총원가	177,726	123%	100,200	313%	166,854	139%	820,660	77%	118,746	198%
순수익(손실)	-33,726	-23%	-68,200	-213%	-46,854	-39%	245,340	23%	-58,746	-98%

식재료 원가를 제외한 변동비는 총 매출액의 35%로 가정하였다.

매출액에 따라 변하기 때문에 각 메뉴 아이템별 매출에 35%를 곱하면 각 아이템에 해당하는 변동비가 된다. '대한 레스토랑'의 메뉴 아이템별 매출액에 35%씩 곱한 값이 변동비가 되며, 아이템별로 계산한 손익을 제시할 수 있다. 이미 알고 있는 식재료 원가, 고정비, 변동비를 더하여 총 원가를 산출한다. 매출에서 원가를 공제하면 이익 또는 손실이 된다. 이를 정리하면 〈표 10-13〉과 같다.

해설

② 번 메뉴의 경우, 고정비 78,150원은 총 고정비 10개 메뉴로 나눈 값이다. 매출액 360,000원의 22%에 해당한다. 변동비 126,000원은 매출액 360,000원의 35%에 해당하는 비용이다. 이를 표로 정리하면 다음과 같다.

〈표 10-13〉 대한 레스토랑의 ②메뉴에 대한 원가율

매　출	₩360,000	
식재료 원가	₩114,800	32%
고정비	₩78,150	22%
변동비	₩126,000	35%
총 원가	₩318,950	89%
순수익(손실)	₩41,050	11%

(4) 순수 기여도

해설

〈표 10-12〉에서 산출된 개별 손익계산서의 순수 기여도에 따라 이를 정리하면 〈표 10-13〉의 결과를 얻을 수 있다. 총 순수익은 〈표 10-14〉와 같이 123,944원으로서 총 매출 3,126,000원의 4.0%에 해당한다.

₩123,944 / ₩3,126,000 = 43.9649(4.0%)

〈표 10-14〉 10개 메뉴의 순수익 기여 순

메 뉴	순수익
⑨	₩245,340
⑤	₩77,978
②	₩41,050
④	₩13,830
③	(₩8,040)
⑥	(₩33,726)
①	(₩38,638)
⑧	(₩46,854)
⑩	(₩58,746)
⑦	(₩68,200)
Total	₩123,994

이러한 계산이 끝났다면 메뉴 아이템별 순수익을 확인하여 교체 여부를 판단할 수 있다. 대한 레스토랑의 식재료 원가율은 36%이다. 평균 객단가(average check)는 15,630원(총매출 ₩3,126,000 / 200), 순이익은 총매출의 4.0%인 ₩123,994이다. 영업목표를 달성하기 위해 이익이 발생한 메뉴는 존속시키고, 손실이 발생한 메뉴는 새로운 아이템으로 교체시켜야 하는가를 결정하게 된다.

Hayes와 Huffman은 현재 손실이 발생한 아이템도 그 메뉴를 찾는 고객을 끌어들일 수 있다고 주장한다. 몇 명의 고객이 일행을 데리고 와서 다른 아이템을 주문할 수 있기 때문이다. 따라서 그대로 존속시키는 것이 좋다고 권장한다.

손실이 발생하는 메뉴는 이익을 발생하는 아이템과 마찬가지로 해당 점포의 전반적인 영업활동에 기여할 수 있다. 대한 레스토랑의 경우, 영업목표 4.0%를 달성하고 이를 유지하는 한 무리하게 교체하지 않아도 된다. 영업목표 4.0%는 10개의 메뉴에 대한 결과이다. 실제 상당 폭의 조정이 가능하지만 총 매출의 15~20%는 조정이 필요한 것으로 분석된다.

3. 목표가치 분석

메뉴별 손익계산을 위해 경영자들은 목표에 도달하도록 계획을 설계하거나 조정할 수 있다. 분석을 통해 목표를 정한 수익을 달성하는지 확인해야 한다.

'대한 레스토랑'의 순 이익이 총 매출의 4.0%인 123,994원이다. 경영목표를 달성하였다고 가정할 때 이를 근거로 각 메뉴의 이익은 매출액의 4.0%에서 달성여부를 판단하게 된다. 이를 목표가치 분석(GVA : Goal Value analysis)이라 한다. 식재료 원가율, 판매량(인기도), 판매가, 변동비의 백분율을 공식에 도입하면 다음과 같이 계산할 수 있다.

⁕ 목표가치(Goal Value) = A × B × C × D

A : 1 - 식재료 원가율
B : 메뉴 아이템별 판매량
C : 판매가(편의상 1,000원 단위)
D : 1 - (변동비율 + 식재료 원가율)

해설

⁕ 목표가치 = (1 - 식재료 원가율) × 판매량 × 판매가 × [1 - (변동비율 + 식재료 원가율)]

'대한 레스토랑'과 관련된 값을 공식에 적용하면 다음과 같다.

식재료 원가율(A)은 36.0%이다.
판매량(B)은 총 판매량 200을 10개 메뉴로 나눈 20이 된다.
판매가(C)는 평균 객단가를 1,000단위로 환산한 15.63이 된다.
변동비율은 35%이다.

$$목표가치 = (1 - 0.36) \times 20 \times 15.63 \times [1 - (0.35 + 0.36)]$$
$$= 0.64 \times 20 \times 15.63 \times 0.29 = 58.0$$

이 공식에 의하면 목표가치 58.0%를 충족시키거나 초과하는 메뉴 아이템들은 최소한 매출액의 4.0% 이상은 점포의 순이익 달성에 기여하고 있다. 반면에 목표가치 58.0% 이하인 아이템들은 경영 목표인 매출대비 4.0%의 순이익 달성에 기여하지 못하는 메뉴이다.

〈표 10-15〉 10개 메뉴의 Goal Value

메뉴	A	B	C	D	= Goal Value
⑨	0.65	82	13	0.30	211.39
⑤	0.58	34	20	0.23	90.49
②	0.68	20	18	0.33	81.19
④	0.64	20	16	0.29	58.63
③	0.64	10	24	0.29	45.02
⑥	0.66	8	18	0.31	29.25
①	0.73	8	13	0.38	28.84
⑧	0.61	4	30	0.26	19.12
⑩	0.67	12	5	0.32	13.07
⑦	0.66	2	16	0.31	6.58

'대한 레스토랑'은 10개의 메뉴에 대한 목표 가치를 공식에 적용하여 계산 후 순서대로 나열한 결과는 〈표 10-15〉와 같다. 10개 메뉴의 goal value analysis는 〈표 10-14〉와 10개의 메뉴 순수익 기여 순과 일치한다. 〈표 10-15〉에 나열된 상위 4개의 메뉴 아이템은 목표가치의 기준 지수를 충족시킨 반면에 나머지 6개 메뉴는 목표에 미달하고 있다.

1) 경영분석 도구 활용

목표 가치는 메뉴 아이템 분석은 정확하면서도 간단하게, 편견 없이 수익성을 계산할 수 있다. 가치 확인에 이용되는 모든 수치는 바로 알 수 있기 때문에 필요할 경우 계산기를 사용하여 특정 아이템의 가치를 산출할 수 있다. 이상적인 가치 지수(ideal value)를 경영자가 설정할 수 있다. 새롭게 설정된 지수는 과거의 영업결과가 아니기 때문에 경영분석을 위한 도구로 사용된다. 목표가치 분석은 현장에서 메뉴를 상품화하기 전에 분석을 통해 활용할 수 있다.

예를 들어 키친 매니저가 새로운 메뉴를 개발하여 추가할 것을 건의하였다. 식재료 원가와 판매가를 확인하여 목표가치 분석에 의해 새로운 아이템을 추가하는 것에 대한 가능성여부를 판단할 수 있다.

목표가치 분석의 공식인 A × B × C × D = 58.0에서 A, C, D를 알고 있으므로 B = 58.0 / (A × C × D)로 계산할 수 있다. 목표 가치를 충족시킬 수 있는 판매량을 산출하여 달성 가능하다고 판단되면 새로운 메뉴를 추가하여 영업할 수 있다. 일정기간이 경과한 후 판매량을 초과하였다면 계속 영업하여 기대하였던 판매량은 증가할 것이다. 이는 판매가(selling price)와 식재료 원가(food cost)를 조정하여 추가적인 수익을 만들 수 있다.

예제

'대한 레스토랑'의 키친 매니저가 새로운 메뉴 ⑪번을 4,500원의 원가를 들여 개발하였다. 이를 15,000원에 파는 것을 고려한다면 승인해야 될까? 희망하는 판매량(B)은 목표가치 공식에서 다음과 같이 계산할 수 있다.

해설

메뉴 ⑪번의 식재료 원가율은 30%이다(4,500원 / 15,000원).
목표가치 분석의 공식인 A × B × C × D = 58.0은
(1 − 0.3) × B × 15 × [1 − (0.35 + 0.3)] = 58.0이 된다.
그러므로 B = 58.0 / (0.7 × 15 × 0.35) = 15.8 → 16(무조건 절상)

매출대비 4.0% 이상의 순이익을 달성하는 목표가치인 58.0을 충족시키기 위해서는 새로운 ⑪번 메뉴는 16개 이상 판매되어야 한다. 키친 매니저와 경영진은 새로운 메뉴 ⑪번을 추가할지 여부에 대해 몇 가지로 구분하여 고민할 수 있다.

첫째, 매출 목표인 16개 이상 판매가 가능하면 새로운 메뉴를 추가하여 영업하고, 그렇지 않으면 다른 메뉴를 개발해야 한다.

둘째, 메뉴를 추가하여 영업하다가 일정기간이 경과된 후 목표 가치를 확인할 수 있다. 기대한 대로 판매량이 16개를 초과하여 운영되면 계속 영업하고, 16개 이하가 판매되면 판매가(15,000원)를 인상하거나 식재료 원가(4,500원)를 낮추어야 한다.

셋째, 판매가 또는 식재료 원가 조정이 여의치 않으면 차림표에서 제외시켜야 된다.

2) 목표가치 분석방법

목표가치 분석은 기존의 2개 변수의 평균값을 이용하여 새로운 변수를 활용하였다. 고정비와 변동비를 새로운 변수로 사용하였으며, 분석을 통해 약한 메뉴(losers, dogs, sleepers)는 교체 여부를 결정해야 한다. 낮은 목표 가치를 나타내는 비인기 메뉴는 어느 한 가지의 문제나 결점이 있는 것이 아니라 복합적으로 여러 명의 일행이 방문하여도 선택되지 못하는 메뉴들이다. 그러므로 아이템을 교체하여 차림표에서 제외시키는 것이 바람직하다.

목표 가치를 분석하기 위해 필요한 고정비와 변동비를 어떤 방법으로 산출할 것인가. 메뉴 아이템은 어떻게 배분할 것인가 등 구체적으로 언급되지 않았다. 정기적으로 재고조사를 실시하여 레스토랑의 실정에 맞는 식재료 원가를 고정비와 변동비로 산출하여 그에 따른 배분과 계산이 이루어져야 한다. 따라서 점포의 특성에 맞는 메뉴분석과 지수개발이 선행되어야 한다.

CASE STORY 외식현장에서

** 원가관리는 레스토랑의 취약 부문만큼 강한 역할을 한다

효과적인 원가관리는 조직의 구성원들로부터 시작되어야 한다. 점포의 경영자나 소유주 등은 각종 프로그램의 표준을 정해 추진하고자 노력하며, 어떠한 형태의 관리도 제 기능을 발휘할 수 있기를 희망한다.

외식 경영의 절차는 고객이 구매하려는 것과 레스토랑에서 판매하려는 식재료가 일치해야 한다. 창고에 보관 중인 양을 정확하게 파악하여 새로운 식재료의 구매 결정에서부터 검수와 저장, 불출, PREP, 준비, 분량 나누기, 주문받기, 계산과 영수증 발행, 주방에서 홀로 음식이동, 은행입금, 매출계정 생성 등으로 분류된다. 이러한 기능은 중복되거나 동시에 수행되기도 하지만 상호 연관되어 있기 때문에 반드시 감독되어야 한다. 그렇지 않으면 실제원가와 표준으로 하는 원가에서 차이가 발생하여 그 원인을 발견하지 못할 수도 있다.

한편 체인으로 확장하여 프랜차이즈화할 수 있다. 규모의 경제성을 실현하여 매출과 이익에 대한 성장을 도모할 수 있다. 이러한 연결고리는 개별 독립점포보다 강한 경쟁력을 가진다. 하지만 매니저들은 한두 가지 기능에 대해서는 원가관리를 잘하지만 여러 요소가 결합되면 관심이 소홀해진다. 이러한 기능들은 2개의 범주로 나누어질 수 있다. 다이닝 홀(FOH : front of the house)과 주방 및 창고(BOH : back of the house)가 그것이다.

원가관리의 노력이 주방에 초점을 맞추었다면 다이닝 룸에 대해서는 소홀할 수밖에 없다. 재무적인 목표를 달성하는 데 문제가 발생할 수 있으며, 때론 누구의 실수가 아니면서도 예기치 못한 문제나 특정 부문이 발생할 수 있다. 고객들은 서빙된 음식에 대해 계산하지 않거나, 매출이 보고되지 않을 때는 관리감독이 어렵게 된다. 목표로 하는 양과 분량, 음식물 쓰레기 등은 계속적으로 파악되어야 한다.

원가관리의 모든 정보는 조직구성원 모두에게 활용되어야 한다. 고객 수와 메뉴별 인기도 등 매출분석 자료는 매니저가 직원의 근무시간 편성표를 작성하는 데도 활용된다. 따라서 구매담당자는 식재료 구입 양과 재고, 저장 등을 알 수 있다.

주방의 매니저는 조리해야 할 음식 수를 결정할 때 이용할 수 있다. 경영자들은 같은 정보를 해석하여 촉진활동을 전개하며 광고, 홍보, PR 등을 추진하는 데도 실제 영업결과를 표준으로 예산을 짤 수 있다. 이러한 정보는 내부기록과 보고서로 재해석될 수 있다. 하지만 모든 기능들을 다 감독하여 확인할 수는 없다. 원가와 매출의 기록은 눈과 귀와 같으므로 레스토랑 조직의 한 사람 한 사람이 업무를 수행하는 데 필요한 정보자료가 된다.

Chapter 11

메뉴가격 결정방법

모든 분노에는 이유가 있지만, 좋은 이유인 경우는 드물다.

– *Benjamin Franklin*(정치인, 과학자, 저술가)

[Chapter 11] 메뉴가격 결정방법

인생은 양파와 같다. 한 꺼풀씩 벗기다 보면 눈물이 나다.
– Cark Sandburg (미국 시인)

1. 가격결정 원리

영리목적 기업들 대부분은 가격을 결정할 때 원가에서 적정 이윤을 가산하는 방법을 사용한다. 레스토랑 경영에서 가격은 목표로 하는 매출액과 방문 고객 수를 결정하는데 직접 영향을 미친다. 최적의 가격을 선택하는 것은 충분한 이익을 기반으로 수익에 기여할 수 있기 때문이다. 고객이 받아들이는 적정한 가격결정은 비싸지도 않으면서 품질이 우수하고, 가치 있는 혜택을 제공할 수 있을 때 가능하다.

어떠한 기업이든지 원가를 고려하지 않는 영업활동은 계속하기가 어렵다. 메뉴가격을 결정하는 데 있어 원가가 유일한 것은 아니지만 발생 가능한 모든 요인들을 고려하여 매출과 이익에 기여하는 바를 확인해야 한다. 일부 원가는 메뉴별로 정확하게 계산되어 아이템별로 배분할 수 있지만 또 다른 원가는 경영자의 주관적인 평가에 따라 전체적인 메뉴에서 할당되고 있다. 이러한 원가요소를 고려하여 정확하게 인식되어야 한다.

많은 경영자들은 고객유치에 어려움을 호소하고 있다. 갈수록 치열해지는 경쟁상황에서 어떠한 방법으로 이윤을 창출할 수 있을까? 식재료비와 인건비, 기타 경비 상승 속에서 훌륭한 직원들을 확보하는 것도 어렵다. 각종 규제와 행정제도, 경쟁자는 늘어나 어려움을 가중시키고 있다. 이러한 요소들은 점포경영과 이익을 향상시키는 데 영향을 미치므로 이를 극복할 수 있는 방안을 필요로 한다.

경영자들이 레스토랑에서 관심을 가지는 것은 판매가격이 어떻게 결정되는가이다. 인상을 고려할 때는 고객의 반발을 염두에 두고 냉정하게 평가할 수 있어야 한다.

그들은 반발하거나, 외면, 무반응을 보이게 된다. 특히 무반응을 가진 고객들을 잘 살펴야 실패를 줄일 수 있다.

메뉴의 가격 결정은 성공과 불확실성이 공존하기 때문이다. 가격이 너무 높게 결정되면 고객을 내쫓는 결과를 가져올 수 있지만 평균보다 낮으면 저가로 안전성을 의심하게 된다. 그러므로 주관적인 방법으로 가격을 결정하면 위험하다고 하겠다. 각 메뉴의 아이템과 시장상황, 운영에 맞는 콘셉트, 경쟁자, 특화할 수 있는 차별성 등을 고려하여 객관적인 평가를 통해 결정되어야 한다. 판매믹스는 전반적인 수익성을 좌우하게 된다. 마케팅촉진전략으로 효율적인 결과를 나타낼 수 있다. 각 아이템은 원가와 인기도, 수익성에서 차이가 있기 때문에 준비하고 조리하는 데 필요한 노무비와 경비 등을 고려해야 한다. 따라서 원가에 적정이윤을 가산하는 단순한 일이 아니라, 재무적인 측면과 기업 상황, 환경을 고려해서 결정해야 한다.

2. 가격인식

1) 가격에 대한 인식 : 시장지향성과 수요지향성

레스토랑의 가격은 해당 업소에서 제공하는 메뉴의 전문성이나 독점여부, 점포운영의 콘셉트에 따라 시장 지향적(market-oriented)이거나 수요 지향적(demand-oriented)인 가격으로 형성된다. 가격을 결정할 때는 지향성에 따라 큰 차이가 있기 때문에 이를 파악하여 적용할 필요성이 있다.

(1) 시장 지향적(market-oriented) 가격

시장 지향적 가격은 경쟁업소의 대응가격에서 시작된다. 보통의 메뉴는 주변에서 쉽게 볼 수 있는 흔한 아이템이다. 생활 필수품처럼 곳곳에서 유사한 업종으로 판매되기 때문에 가격 결정은 반드시 경쟁상황을 고려해야 한다.

햄버거, 샌드위치, 바비큐, prime rib은 대부분의 차림표에서 쉽게 찾을 수 있다. 이러한 업소들은 생활 주변에서 쉽게 찾을 수 있기 때문에 차별성을 느끼지 못할 수 있다. 경쟁상황을 고려한다면 충분한 수요가 형성되기 전에 독점적으로 새로운 메뉴를 출시하여 시장을 선점하는 것이 전략이 된다. 이러한 시장 지향적 가격은 시장 상황을 고려하여 유동적으로 결정되지만 경쟁자의 출현으로 자연스럽게 낮아지게 된다.

(2) 수요 지향적(demand-oriented) 가격

기존의 외식기업들은 일정한 수요와 고정고객들을 확보하고 있다. 신규창업자들은 이상적인 수요가 발생하지 않는다면 수용하는 데 한계가 있기 때문에 가격을 조정해야 한다. 레스토랑에서 제공할 수 있는 수용력을 초과할 경우 수요에서 한계가 발생하게 된다. 이러한 메뉴들은 전문점이거나 특화되어 일정기간 독점적 지위를 확보할 수 있다. 반면에 수요가 없다면 마케팅믹스 전략을 통해 메뉴에 변화를 주거나 가격을 인하해야 한다.

시장 지향적인 가격보다 유연하게 결정될 수 있지만, 고객들의 관심과 선호도에 따라 아이템은 차림표에서 추가하거나 제거할 수 있다. 가격은 수요와 공급의 원칙에 따라 자연스럽게 시장원리에 의해 결정된다.

2) 점포에 대한 인식 : Eat out, Dine out

레스토랑을 찾는 고객들은 일반적으로 가격에 따라 업소의 등급을 구분하는 경향이 있다. 특정 레스토랑에서 식사할 경우 가격이 비싼 고급 업소인지, 중간 가격대인지, 저렴한 업소인지 구별하여 평가하고자 한다. 이러한 기준은 식사를 위한(eat out) 레스토랑인가 외식을 위한(dine out) 레스토랑인가에 따라 달라질 수 있다.

(1) eat-out 업소(식사장소)

고객은 외식을 특정한 업소에서 식사하는 장소(eat-out)로 생각한다면 생리적인 배고픔을 해결하는 레스토랑으로 인식할 것이다. 업소에서 먹는 비용은 가계부의 주식과 부식비의 예산에서 지출되는 것으로 기록된다. 생활형편에 따라 민감하게 반응하기 때문에 의식적인 가격(conscious price)이 된다.

(2) dine-out 업소(외식장소)

고객이 특정 업소를 외식장소(dine-out)로 생각한다면, 해당점포를 단지 배고픔을 해결하는 레스토랑이 아니라, 사회적 욕구를 충족시키는 공간으로 활용할 것이다. 레저나 오락, 친교, 문화생활 등을 즐기는 휴식공간으로 식사비용은 가계부의 레저 및 문화생활비로 지출될 것이다. 식재료비의 엥겔지수에서 보다 자유로우며, 비용에 관대해질 것이다.

3. 판매가격 결정

1) 최고가격 대 최저가격

레스토랑의 경영자들이 고민하는 것 중의 하나가 메뉴를 얼마로 결정할 것인가이다. 고객들이 기꺼이 지불할 수 있는 가장 높은 가격을 받는 것이 이상적이지만 그러한 가격대를 형성하여 고객들을 끌어들이기는 쉬운 일이 아니다. 가격을 지불할 때 고객들은 음식이나 접객서비스 등에 민감하게 반응하며, 더 많은 것을 요구한다.

미국의 유명한 외식전문가인 Michael Weinstein은 다점포 경영자 컨퍼런스에서 고객들이 지불할 수 있는 가장 높은 가격을 받기보다 적정한 이익이 보장되는 가장 낮은 가격을 권장하고 있다. 가장 높은 가격은 업소에서 제공하는 음식의 품질과 양을 기준으로 복합적인 서비스가 제공되었을 때 가능하다. 이에 반해 적정 이익이 보장되는 낮은 가격은 영업하면서 고객들이 지불하고 싶은 가격으로 유도하는 것이다. 가치 면에서도 만족할 수 있으며 적절한 가격에 많은 양(portion)과 사이즈, 양질의 식재료에서 가능하다.

고객들에게 얼마의 가격을 받을 것인가 하는 문제는 항상 고민의 연속이다. 특정 가격의 결정은 입지와 경쟁자, 고객층, 콘셉트, 접객능력, 부가서비스 등 복합적으로 영향을 미친다. 특히 경쟁자의 경영환경과 수요에 따라 고려하게 되는데 수요가 공급을 초과하면 높은 객단가로 공헌이익을 극대화할 수 있다. 하지만 상황은 변화하기 때문에 점포를 찾는 고객이 정체되면 메뉴와 서비스에 대한 불평불만이 증가하여 예전에 받았던 가격을 고수할 수 없게 된다.

대부분의 고객들은 점포의 이미지와 메뉴의 종류, 맛, 가격, 가치에 따라 전체적인 분위기를 결정하게 된다. 또한 전체적으로 카테고리(category)에 맞게 조화가 이루어지기를 기대한다. 이는 비싼 점포인가, 중간, 저렴한 점포인가에 따라 달라질 수 있다. 경영자가 결정한 가격이 고객들의 인식에 따라 높은 가격으로 판단되면 해당 업소의 메뉴를 구매하지 않을 수 있다. 반대로 가격이 너무 낮으면 전체적인 이미지를 실추시켜 평균 객단가는 낮아지게 된다.

가격은 궁극적으로 시장의 수요와 공급에서 결정된다. 너무 많이 받으면 다른 업소로 발길을 돌리지만 지불할 가치가 있다고 판단되면 고객은 기다리게 된다. 낮은 가격을 책정하는 것은 저가(bargain)의 이미지를 심어줄 수 있다. 주변 업소에 비해 가장 낮은 가격을 책정한다 하여 고객들을 더 많이 끌어들이거나 더 많은 이익을 올릴 수 있는 것은 아니다. 경쟁 업소와 할인은 가격 전쟁(price war)을 일으킬 수 있다. 이러한 점포들은 수익이 낮아져 이미지가 실추될 수 있기 때문에 적정한 가격을 결정하는 것이 전략이다.

2) 희망 객단가(desired check average)

레스토랑을 오픈하여 운영하다 보면 처음에 결정한 각 메뉴의 가격을 조정하게 된다. 처음 가격을 계속 유지할 수도 있지만, 고객평가에 의해서 가격은 자연스럽게 조정된다. 고객들은 오픈하기 전에 업주가 결정한 가격을 따르지만, 그 메뉴와 가격에 대한 평가는 결국 고객에게서 이루어진다. 고객들은 고급, 중급, 저급으로 업소를 분류하고, 그 업소의 등급에 따라 지불하는 가격대를 평가한다. 본인이 선택한 메뉴에 대한 가격은 업소의 객단가이지만 품질을 결정하게 된다.

희망하는 객단가(desired check average)는 각 메뉴의 가격 결정에 많은 영향을 미친다. 입지에 따라 영업성과가 좌우되는 현장에서 특정 지역(입지)에 맞는 콘셉트로 오픈할 경우, 그 업소를 이용하는 고객들과 메뉴는 비슷한 성향을 보일 수 있다. 그러므로 경영자는 오픈하기 전에 '나는 객단가를 어느 정도로 유지하겠다'는 목표를 설정해야 한다. 목표로 하는 객단가가 바로 희망 객단가가 된다. 객단가는 '기간(일, 주, 월, 년) 중 총매출에서 계산할 수 있다. 그 매출을 올리기 위해 서빙한 직원 수로 나누어 계산할 수 있다.

예제

'대한 레스토랑'을 오픈하면서 희망 객단가를 20,000원으로 설정하였다. 10개의 메뉴로 오픈한 후, 500명의 고객에게 서빙하여 925만 원의 매출을 올렸다. 당신이 경영자라면 어떻게 할 것인가?

해설

경영자들은 레스토랑을 오픈하기 전에 입지와 콘셉트를 고려하여 희망 객단가를 결정하게 된다. 결정된 객단가를 달성하기 위해서는 무엇보다도 운영하는 각 메뉴의 가격을 결정할 때 설정한 희망 객단가를 반영하는 것이 중요하다.

경영자가 오픈한 레스토랑의 희망 객단가를 20,000원으로 유지하려면,

첫째, 운용하는 전체 메뉴 수의 2/3 수준(메뉴 수의 60~75%)의 판매가격은 희망하는 객단가의 ±10%에서 결정해야 한다.

즉, 10개의 메뉴로 운영하는 '대한 레스토랑'이 20,000원 정도의 객단가를 희망한다면, 운영하는 전체 메뉴 수(10개) 2/3 수준인 6~7개 메뉴의 판매가격은 18,000~22,000원 범위 내에서 결정해야 한다.

둘째, 메뉴판(차림표)을 만들 때 고객의 소비심리와 소비행태를 고려해야 한다.

일반적으로 소비자는 보다 적게 지출하려는 성향을 보인다. 때문에 지갑에서 적게 지출하는 방향으로 의사결정을 하므로 메뉴판(차림표)를 만들 때는 소비자의 심리적 요소와 행태를 고려해야 한다. 즉 메뉴의 포맷에 따른 focal point와 시선이동 등을 종합적으로 판단하기 때문에게 각종 기법을 동원하여 메뉴판은 제작되어야 한다.

결론적으로 오픈 후 영업을 통해 확인된 '대한 레스토랑'의 객단가는 18,500원이다(925만 원 / 500명). 목표로 하는 희망 객단가 20,000원에서 1,500원이 부족하다. 목표 달성을 위해서는 객단가가 다음과 같이 결정되어야 한다. 메뉴판(차림표)을 다시 디자인하는 것이다. 객단가에 1,500원이 부족하다는 의미는, 현재의 메뉴판(차림표)은 '대한 레스토랑'을 이용하는 고객들의 희망 객단가 20,000원에 못 미치는 방향으로 디자인되어 있다는 것이나. 둘째, 메뉴판(차림표)을 다시 작성하여 객단가의 상향조정을 유도해야 한다. 이러한 내용은 제9장 메뉴디자인과 심리학에서

확인할 수 있다.

셋째, 차림표의 디자인은 고객이 주문한 메뉴(음식)선택에 직접 영향을 미친다. 경영자는 차림표를 디자인할 때 가격 대비 가치를 중시하므로 희망하는 객단가를 자연스럽게 상승하도록 유도해야 한다. 결론적으로 메뉴의 가격을 일방적으로 인상하려 하지 말고, 전문요리나 업소의 특성을 고려하여 경쟁력 있는 아이템으로 개발해야 한다. 이는 자연스럽게 객단가를 높이는 방법이 되며 새로운 아이템으로 변화를 수용하면서 전문점으로서 이미지를 심어주어 목표를 달성할 수 있다.

4. 식재료 원가율과 가격결정

비현실적으로 결정된 식재료 원가율에서 목표로 하는 매출액을 달성하기 위해서는 여러 가지 문제점을 야기할 수 있다.

'대한 레스토랑'의 식재료 원가율 목표를 40%라 한다면 모든 메뉴 아이템에 대한 가격을 원가의 2.5배는 받아야 전체적으로 경영하는 데 어려움이 없다. 직원 식사나 기타 손실을 고려하지 않을 경우 이론적으로는 40% 달성이 가능하다지만 실제 공짜로 제공하는 아이템이나 음료, 성금, 후원금 등 손익계산서 항목에 나타나지 않은 비용이 발생할 수 있다. 이는 판매가격을 결정할 때 식재료 원가율 한 가지만을 고려해서는 안 되는 이유이다.

모든 메뉴에 대해 같은 금액의 이익을 가산할 수는 없다. 고객이 지불하려는 가격 이하의 값을 책정하는 것은 저항을 줄이는 방법이다. 일부 아이템들은 고가로 책정되어 고객의 반응을 보면서 서서히 내리지만 그러한 전략은 쉽게 싫증을 느낀다. 전략적으로 특정메뉴를 저가로 책정하여 유인할 수 있어야 고객의 관심을 끌 수 있다. 하지만 모든 메뉴는 이익 지향적으로만 결정될 수는 없다는 어려움이 있다.

소고기 수프 1인분의 원가가 100원이라면 식재료 원가율 40%를 적용하여 250원은 팔아야 이익이 생긴다. 일반 업소에서는 사이드메뉴 원가를 고려하지 않은 스테이크가 10,000원이라면 식재료 원가율을 고려하여 25,000원 이상은 받아야 한다. 그러나 고객들은 매우 비싸다고 생각할 것이다. 이와 같이 식재료 원가율을 달성하기 위해서는 모든 메뉴 가격에서 이익을 일률적으로 추가하여 결정하는 것은 경쟁전략이 되지 못한다. 고객은 가격을 지불할 때 자신에게 합당한 가치를 제공해 주기를 원한다. 이익을 차림표에 있는 모든 메뉴에 공통적으로 적용하는 것은 고객가치를 무시하는 것이다.

편의식품(convenient food)으로 요리하는 아이템들은 서빙하는 과정이 짧거나 준비할 시간이 줄어든다. 팩이나 병, 캔에 들어 있는 식재료는 따로 준비할 필요가 없다. 원가 면에서 싸지만 전체적으로는 품질을 저하시켜 매출액 증가를 기대하기 어렵게 한다.

5. 가격결정방법

메뉴 가격은 식재료 원가와 판매량, 마케팅 능력에 따라 달라질 수 있기 때문에 타당성 있는 근거를 통해 결정되어야 한다. 경영자의 지식과 경험, 노하우에 의한 주관적 가격결정은 실패할 확률이 높다.

최근 마케팅 전문가들은 가격결정에도 심리학, 경제학을 통한 분석을 사용하고 있다. 투명하면서도 신뢰할 수 있는 계산으로 객관성을 확보해야 한다. 여기에는 경쟁에 의한 가격결정과 직관적, 심리적, 시행착오에 의한 가격결정으로 분류할 수 있다. 현장에서는 수요자와 공급자, 경쟁 상황관계 등에서 결정된다. 이러한 방법을 반영한 주관적, 객관적 방법을 제시하면 다음과 같다.

1) 주관적 결정방법

가격이 경영자의 주관적 판단에 의해 결정되는 방법이다. 여기에는 경쟁자, 직관적, 심리적, 시행착오 가격법으로 분류된다.

(1) 경쟁자 가격결정

가격을 결정하기 위해서는 경쟁시장의 분석으로 나타난 상권 내 동종 업체의 운영방식이나 규모, 직원 수, 메뉴 등을 세부적으로 파악해야 한다. 경쟁자 가격을 참고하여 같은 가격대 또는 인하가격을 결정하는 것이 보통이지만 이는 독창적이지 못한 결정이다. 경쟁자를 분석하는 데 있어 가격만을 고려했기 때문에 비효율적인 방법이라 하겠다.

고객은 특정점포를 선택하기 위해서 가격 외, 음식의 질이나 분위기, 접객 서비스 능력, 입지와 규모, 평가 등을 참조하여 결정하게 된다. 각 점포마다 원가와 판매량은 조금씩 다르므로 단순히 모방이나 가격에 동조하는 것은 바람직하지 못한 방법이다. 따라서 자사가 추진할 수 있는 자원을 바탕으로 특색 있는 방법으로 결정되어야 한다.

(2) 직관적 가격결정

직관에 의한 가격결정은 경쟁업체의 메뉴와 분위기, 접객서비스 등을 확인하지 않고 경영자의 개인적 능력과 경험에 의존해 시행하는 방법이다. 경영자들은 자신이 기억하는 경험을 토대로 이 정도면 기꺼이 지불할 수 있다고 판단하여 자신에게 유리한 방법으로 결정하게 된다. 그렇기 때문에 점포에서 제공할 수 있는 음식의 품질이나 서비스 능력, 상품의 특이성, 가치 등 고객은 다르게 평가하여 결정한다는 점을 모를 수 있다.

(3) 심리적 가격결정

가격을 결정할 때 구매자의 심리적 요인들을 고려해야 한다. 경영자들이 사용하는 심리적인 가격결정법은 단수가격, 중량단위, 세트메뉴 등으로 분류할 수 있다. 고객은 자신이 선호하는 기호와 인지도, 심리적 특성에 따라 구매 결정에 영향을 미친다.

가. 단수가격 결정법

몇 개의 숫자 조합으로 구매충동을 자극하는 방법이다. 많은 기업들은 금액의 끝자리에 9를 가장 많이 사용하고 있다. 990원, 9,900원, 99,000원 등 1만 원, 십만 원, 백만 원이 안 되는 싼 가격으로 인식하게 하는 방법이다. 또한 4,500원에서 4,900원으로, 9,500원에서 9,900원 등 단위가 바뀌지 않게 인상하면 고객들은 덜 주목하여 가격인상을 느끼지 못하게 할 수 있다.

나. 중량단위 결정법

포장단위로 판매하는 편의품이나 레토르트(retort)식품을 재료로 하여 판매하는 방식이다. 슈퍼마켓이나 편의점의 수박 반쪽 판매는 고객들이 계량해 놓은 포장단위로 구매하기만 하면 된다. 샐러드 바에서도 먹은 분량에 대해서만 비용을 지불하므로 불필요한 비용을 줄일 수 있다.

레스토랑에서는 자신이 선호하는 메뉴를 선택하여 중량단위로 계산하여 식사한다. 카페 아모제는 음식 가격을 중량단위로 계량하여 판매한다. 포장 판매 시 측정 무게에 따라 최종 음식가격을 결정하게 된다.

다. 세트메뉴 결정법

세트메뉴는 일정한 가격에 여러 가지 다양한 메뉴를 함께 제공하는 방법이다. 각각의 음식은 따로 주문할 때보다 저렴하므로 고객들은 자신의 기호와 선호도를 고려하여 여러 가지를 맛볼 수 있다. 특히 인기 있는 메뉴와 인기 없는 메뉴를 세트로 묶어 판매함으로써 재고의 소진과 매출액 증가에도 도움이 되는 가격결정방법이다.

(4) 시행착오에 의한 결정법

시행착오에 의한 가격결정은 고객들의 인식에 기초한다. 고객의 평가와 코멘트, 아이디어를 반영하여 기꺼이 지불할 수 있는 가격을 결정하게 된다. 친근하게 보일 수도 있지만 판매 후 고객평가에서 결정되기 때문에 실용적인 방법이 못 되고 있다. 특히 인상보다는 인하를 고려한다는 점에서 구매 후 불만족한 고객을 어떻게 재방문시킬 것인가에서 의문점이 생길 수 있다. 따라서 차림표에서 유사하거나 경쟁하는 메뉴는 획기적인 가격으로 변화를 주어야 효과를 볼 수 있다.

2) 객관적 가격결정방법

객관적인 가격결정은 메뉴의 가격에서 원가율, 식재료비, 인건비를 합한 비율을 근거로 결정하는 방법이다. 레스토랑에서 주로 사용하는 방법으로 팩터에 의한 가격결정과 프라임 코스트법, 실제 원가법으로 분류할 수 있다.

(1) 팩터(factor)에 의한 결정방법

팩터(factor)에 의한 가격결정은 레스토랑에서 가장 오랫동안 사용되어 온 방법이다. 식재료비의 몇 %를 적정한 판매가로 결정할 것인가? 이 방법은 아이템을 일률적으로 적용하기에는 어려움이 있지만 계산이 간단하기 때문에 널리 이용되고 있다.

예제

스테이크의 식재료 비율은 40%이다. 식재료비가 6,000원일 경우, 판매가격은 얼마인가?

해설

* 판매가 = 식재료 원가 × 팩터
  팩터 = 100% / 식재료 원가율(%)
  팩터 = 100% / 40% = 2.5
  판매가 = 식재료 원가 × 팩터 = 6,000원 × 2.5 = 15,000원이 된다.

팩터에 의해 가격이 결정되었다면 경영자의 경험과 노하우에서 조정될 수 있다. 일정한 판매가격이 결정되었다면 계산하기 쉬운 가격 단위나 거스름돈이 발생하지 않는 단위로 조정할 필요성이 있다. 따라서 경쟁력을 확보할 수 있거나 고객을 유인할 수 있는 가격으로 조정되어야 한다.

(2) 프라임 코스트법

레스토랑 경영은 식재료비(food cost)와 인건비(labor cost)가 가장 높은 비중을 차지한다. 이것을 프라임 코스트(prime cost)라 한다. 식재료비에서 메뉴를 생산하는 데 직접적으로 요구되는 인건비를 포함시켜 계산하는 방법이다. 원재료비와 인건비를 합한 것으로 매출 및 이익증대를 위해 지출된 비용과 효율적인 관리를 위한 지표로 사용된다. 하지만 전체의 60%가 넘어가면 경영에 어려움이 생길 수 있다.

예를 들어 원 재료비 30%를 25%로 낮출 수 있다면 경쟁력을 가지지만 내점하는 고객을 위해서는 상품력에 소홀해서는 안 된다. 특정 아이템을 생산하는 데 요구되는 직접 인건비만을 산출하느냐 전체 인건비의 몇 %를 적용하는가에 따라 프라임 코스트는 달라질 수 있다.

예제

스테이크를 만드는 데 들어가는 전체 식재료 비율은 40%이다. 재료원가는 6,000원, 인건비는 전체의 30%인 6,600원이다. 이를 바탕으로 판매가를 계산하시오.

해설

＊ 판매가 = 프라임 코스트 × 팩터

팩터 = 100% / (1 − 프라임 코스트율)

프라임 코스트 = 재료 원가(₩6,000) + 직접인건비(₩6,600 × 1/3)

= ₩6,000 + ₩2,200 = 8,200원

프라임 코스트율 = 식재료 원가율(40%) + 직접 인건비율(30% × 1/3)

= 40% + 10% = 50%

팩터 = 100(%) / (100 − 50%) = 2.0

판매가 = 프라임 코스트(₩8,200) × 팩터(2.0) = 16,400원이 된다.

(3) 실제 원가법

주관적인 방법과 객관적인 방법은 음식을 준비하고 조리 및 서빙하는 과정에서 소비되는 경비와 이윤까지 포함하는 방법이다. 표준 레시피에서 식재료비를 산출하며, 주요 변동비와 인건비를 결정한 후 손익계산서에 나타난 변동 원가와 고정원가, 이익을 매출액 비율로 산출할 수 있다. 이러한 방법은 메뉴가격에 대한 비용과 이익이 포함된다는 장점이 있다.

＊ 판매가(100%) = 식재료 원가 + 인건비 + 변동비 + 고정비 + 이익

예제

스테이크의 식재료 비율이 40%이다. 식재료 원가가 6,000원으로 인건비는 전체의 30%인 6,600원이다. 식재료 원가와 인건비를 제외한 변동비는 매출액의 10%이다.

고정비는 매출액의 15%, 희망하는 이익은 매출액의 15%로 가정하여 판매가를 계산하시오.

해설

판매가 계산에 필요한 정보를 수집하며 고정비, 변동비, 이익이 차지하는 비율을 계산한다. 해당 메뉴 아이템에 대한 식재료 원가와 인건비를 표시한다. 식재료 원가: ₩6,000, 인건비 : ₩6,600, 변동비 : 매출액의 10% 고정비 : 매출액의 15% 희망하는 이익은 매출액의 15%가 된다.

가. 식재료 원가와 인건비가 판매가(100%)에서 차지하는 비율을 계산한다.
식재료 원가와 인건비 비율
= 100% − [변동비(10%) + 고정비(15%) + 이익(15%)]
= 100% − 40% = 60%

나. 공식을 이용하여 판매가를 결정한다.
₩6,000 + ₩6,600 + [변동비(10%) + 고정비(15%) + 이익(15%)] = 판매가(100%)
₩12,600 + (0.4 × 판매가)] = 판매가(1)
0.6 × 판매가 = ₩12,600
판매가 = 21,000원이 된다.

6. 가격결정과 간접원가

메뉴에 대한 가격결정은 합리성을 전제로 하고 있다. 전통적으로 식음료 원가에서 인건비 부문과 기타 경비에서 이익을 가산하는 정량적 방법으로 계산할 수 있다. 이러한 원가는 특정 메뉴의 계산에서도 가능하다. 레스토랑의 경영환경은 고객들에게 부가가치(added value)가 높은 혜택을 제공하거나, 수요와 공급에 영향을 미치는 간접요인들을 고려해야 한다. 이는 레스토랑에서 차지하는 점포의 규모와 위치, 분위기, 레이아웃, 고객구성, 입지 등을 통해 결정된다.

1) 외식기업 위치

특정 시장의 상권에서 차지하는 각 점포의 위치와 규모, 공간은 선도기업(leader)이거나 후발기업(follower, copycat)으로 평가된다. 선도기업은 상권 내 차지하는 위치가 대표점포로 인정되기 때문에 안정된 수익을 창출할 수 있다. 가격결정에도 쉬울 뿐 아니라 시행하는 데도 어려움이 없다. 시간이 지나 경쟁이 가속화되더라도 적절한 가격정책의 변화로 지역을 대표하기 때문에 좋은 이미지를 심어줄 수 있다. 모든 산업에서 공통적으로 적용되며, 대표성을 가진다는 것은 그만큼 경영이 쉬워진다는 것이다.

반면에 후발 기업들은 동종 업계에서 확실한 자리를 구축하기 위해서는 메뉴 선택에서부터 레스토랑의 분위기, 직원능력, 가격, 상품력 등 선도기업을 능가할 경쟁력을 가지고 있어야 성장할 수 있다.

2) 서비스능력

개별 점포의 서비스 능력은 레스토랑에서 제공하는 실제 음식과 품질, 양, 가격 면에서 차이가 없을 경우 결정행동에 영향을 미친다. 품격 있는 고급 레스토랑과 셀프서비스를 제공하는 점포에서도 서비스 능력은 비교되며 직원들의 접객능력은 차이가 있다. 맞춤형 서비스(personalized service)는 눈에 보이지 않는 고객가치까지 포함되어야 가격에서 저항을 줄일 수 있다. 따라서 심화되는 경쟁시장에서 고객 욕구를 충족시키기 위한 노력과 서비스 개선의 노력은 계속되어야 한다.

3) 분위기

레스토랑의 분위기와 장식은 고객의 감성을 자극하여 음식을 맛있게, 즐겁게, 행복하게 한다. 현대인들이 살아가기 위해 꼭 먹어야 되는 음식은 생활의 중요한 영역으로 새로운 경험과 즐거움이 되어 하나의 문화로 정착되었다. 식사 후 지불하는 금액이 많고 적음과 관계없이 훌륭한 음식은 동행인의 품위와 위신 등을 신뢰할 수 있게 한다.

고객은 가치 있는 혜택을 원한다. 아름답게 장식된 매장에 카펫이 깔렸으며, 조명이나 음향, 환기 등 설비가 잘 갖추어진 쾌적한 다이닝 룸에서 좋은 사람들과 식사하고 싶어 한다. 고풍스럽거나 앤티크(antique), 빈티지(vintage)풍으로 할 수도 있지만 단순하면서도 캐주얼하게, 질리지 않게 하는 것이 중요하다. 분위기가 사치스러울수록 가격은 높지만 고객들은 그러한 레스토랑에서 지불하는 비용은 거부감이 적다.

4) 고객 구성

외식업 가격체계는 업소를 찾는 고객의 사회적 지위나 경제력의 구성요소에 따라 달라진다. 평균적으로 객단가가 높을수록 업소를 찾는 고객군은 제한적이다. 예를 들어 특정 점포의 점심 메뉴는 전문직 종사자들을 끌어들이기 위한 촉진전략에도 청소년이나 어린아이를 동반한 가족들이 방문할 수 있다. 표적고객을 끌어들이기 위한 노력은 레스토랑의 메뉴와 가격대, 분위기, 접근성, 쾌적함 등에서 결정되지만 경영자들은 자사고객의 분포를 파악하여 결정해야 한다.

5) 입지

평균 객단가가 낮은 외식기업들은 인구 밀집도가 높으며, 교통이 혼잡한 지역에 위치하고 있다. 이러한 지역은 환승역, 다운타운에 위치하기 때문에 회전율이 중요하다. 고객이 오래 머물러 있다면 목표로 하는 매출액을 달성하는 데 어려울 수 있다.

반대로 풀 서비스를 제공하는 레스토랑은 식사시간별 방문고객 수는 적지만 평균 객단가는 높게 결정된다. 위치하는 점포가 중심가의 2블록이거나 산, 강가 등 한적한 곳에 위치하면서도 찾아오는 고객으로 접대용 방문객이 많다. 따라서 점포의 위치는 경쟁자보다 중요한 전략적 요소가 될 수 있지만 점포의 크기와 메뉴종류, 가격대에 따라 경쟁력은 달라진다.

6) 쾌적함(amenities)

고객들은 레스토랑의 조명과 음향, 소음, 환기 등이 잘 갖추어진 쾌적한 시설과 직원들의 접객태도, 용모, 복장, 언어 등 서비스 면에서 훌륭한 점포를 선호한다. 분위기가 잘 갖추어져 있다면 메뉴가격이 높더라도 가치 있는 점포로 인식될 것이다.

모든 것이 유사한 2개 이상의 레스토랑에서 한 업소가 라이브 뮤직을 제공한다면, 그 업소에서 느끼는 고객가치와 만족도는 달라질 수 있다. 대리주차(valet parking)나 예약서비스, 위생적인 테이블, 수저의 품질과 방석종류 등이 세련되었거나 색깔이 어울리면 높은 수준으로 인식할 것이다. 가격과 메뉴에서도 거부반응이 없어지며, 주변사람들에게 즐거운 마음으로 구전하게 될 것이다.

7) 음식 내보이기(product presentation)

'보기 좋은 떡이 먹기에도 좋다'는 속담이 있다. 고객은 음식을 입으로 먹지만 먹기 전에 눈으로 먼저 먹는다. 눈에 좋게 비친 음식을 즐기는 것이 문화이기 때문에 데커레이션이 중요해졌다. 보기 좋게 담아 세련된 직원을 통해 서빙되면 고객은 우수한 품질로 인식하게 된다. 메뉴를 개발하는 단계부터 푸드 스타일링 전문가를 참여시켜야 하는 이유가 여기에 있다. 음식을 담을 수 있는 그릇을 유리나 도자기로 사용하는 경우가 많다. 비용측면에서 높게 지출되지만 투자의 한 방법으로 인식한다. 시각적(visual)인 면과 청각적(audio) 요소를 고려하여 그 효과를 증대시킬 수 있다. 접시에 지글지글 소리내어 타오르는 스테이크의 향기는 코부터 즐거움을 준다.

한식 전문점은 돌솥을 이용하여 방금 한 밥을 서빙한다. 횟집은 고기모양의 대나무와 돌 접시에 회를 서빙한다. 과일이나 꽃, 나무 등 천연색으로 가니시(garnish)를 사용하기도 한다. 그릇이나 집기, 도구 등 천연재료를 사용하면서 예술적 가치를 높이고 있다. 여기에 사용되는 원가는 고객이 지불하는 요금으로 계산되지만 고객은 이를 비싸다고 느끼지 않는다. 투입된 원가는 지불하는 가격 면에서 적은 비용으로 높은 이익의 만족도를 줄 수 있다.

8) 희망 객단가(desired check average)

주 메뉴의 가격이 낮게 책정되었다면 희망하는 객단가를 달성하기 어렵다. 고객에게 제공하는 요리는 하나씩 주문되지만, 추가적인 주문을 기대할 수 있는 비율은 그만큼 제한적이다. 객단가를 높이기 위한 방법으로 음료나 알코올성 음료를 메뉴에 맞게 추천하거나 설명할 수 있는 소믈리에를 비치하는 것도 하나의 전략이 된다.

9) 가격 탄력성(price elasticity)

기업은 자사의 고유명성이나 지위, 전국적 인지로 시장에 당당히 존재하면서 경쟁력을 가지기를 희망한다. 제공되는 음식 종류나 고객 수, 서비스 방법 등은 가격을 결정하는 데 중요한 요소가 된다. 매일 특정 시간대에 웨이팅 라인(waiting line)을 형성하는 업소나 수요가 초과하는 업소는 그렇지 않은 업소에 비해 가격 탄력성이 낮다. 공급이 수요를 초과하는 점포의 판매량은 가격변화에 매우 민감하므로 탄력적으로 적용해야 한다.

전문적인 요리나 독창적인 아이템으로 지역을 대표한다면 독점적인 가격을 결정할 수 있다. 이러한 가격으로 점포의 가치가 인정된다면 고객은 기꺼이 비용을 지불할 것이다.

7. 가격 조정

천재지변이나 이상기후로 인해 식재료비가 증가하면 경영자들은 가격을 조정하려 한다. 인상된 메뉴의 수요가 급감하지만 어쩔 수 없이 올려야 되는 경우가 있다. 객단가가 상승하면 고객 수는 정체를 보이거나 감소하게 된다. 경영자는 인상요인이 발생할 때마다 매번 인상할 수는 없다. 이러한 요인은 중저가 점포 경영자의 가격결정에서 어려움의 원인이 된다. 평균적으로 높은 객단가의 고급 레스토랑은 이용하는 고객들의 수입이 안정적이기 때문에 별 저항이 없다. 그들은 식재료의 종류와 품질, 접객력을 중시하기 때문이다. 하지만 중저가의 레스토랑 고객들은 가격에 민감하게 반응한다.

1) 가격인상에 대한 관심

외식업소에서 추진하는 가격인상은 매우 세심하며 정교하게 이루어져야 한다. 인상에 대해 고객이 느끼지 못하도록 하는 것이 좋은 전략이다.

(1) 인상폭을 적게 인지하도록 한다

고객이 가격에 민감하게 반응하지 못하게 하는 전략이다. 메뉴판에서 고가격을 눈에 띄지 않는 곳에 위치시킨다든지 4,500원을 4,900원에 5,500원을 5,900원 등으로 결정하는 방법이다.

(2) 차림표 디자인 변경 시 전체적인 인상 금지

가격인상 요인이 발생하면 차림표에서 일괄적으로 적용하는 경영자가 있다. 이러한 전체인상은 고객들에게 즉각적인 거부반응을 일으키게 한다. 메뉴판을 다시 디자인하는 데에는 인상하지 않는 것처럼 보이게 하려는 의도가 있다.

경쟁시장에서 가격을 결정할 때 공격적으로 시행하는 것이 효과적이다. 경쟁자보다 확실하게 높이거나 낮추는 것은 빠른 반응을 가져온다. 방어하는 가격도 있다. 경쟁자의 공격가격을 방어하기 위해 한시적, 일시적으로 낮추는 전략이다. 이익을 창출하기 위해서는 상대적인 고가격으로 책정하여 맛과 품질을 향상시키거나 저가격으로 결정하여 경쟁자가 따라오지 못하게 해야 한다.

(3) 차림표상에 줄을 긋고 인상된 가격 표시 금지

가격을 인하할 때는 줄을 긋고 표시하는 것이 상대적으로 저렴하게 느껴질 수 있다. 이는 인하된 가격을 특별한 가격으로 인식하게 하기 위함이지만 인상을 고려할 때는 절대로 줄을 긋고 표시하면 안 된다. 고객은 인하에 무반응이지만 인상에는 즉각적으로 반응하는 습성이 있다.

(4) 자릿수가 변하는 인상

자릿수가 바뀌는 가격인상은 하지 말아야 한다. 1,000원에서 10,000원, 10,000원에서 100,000원으로 바뀌는 것은 좋은 전략이 못 된다. 자릿수만큼 큰 인상은 고객들에게 엄청난 거부반응을 일으키게 한다. 상대적으로 비싸게 느껴지기 때문에 절대 추진하면 안 된다.

(5) 불가피한 인상은 사이드 메뉴로 보완

메뉴분석 후 개선하거나 새로운 식재료를 추가하여 가격을 인상할 수 있다. 메뉴를 포지셔닝(positioning)하는 것은 사이즈나 사이드메뉴를 추가하여 그 위치를 변화시킬 수 있기 때문이다. 고객에게 충분한 가격대비 가치를 줄 수 있어야 인상에 대한 반발이 줄어든다.

(6) 인상된 메뉴 아이템 위치조정

고객이 메뉴를 선택할 때 고정하는 위치는 상대적으로 저렴한 메뉴의 가격이나 고가격을 먼저 주시한다. 심리적으로 높은 가격 옆에 낮은 가격을 제시하면 중간가격을 선택하게 된다. 전체적으로 쉽게 적응할 수 있는 색상이나 글씨체, 그림의 테크닉을 강조하여 조정해야 저항감을 줄일 수 있다.

(7) 인상 대비 밑반찬 가짓수와 양 조정

경쟁이 심화된 시장에게 저렴하면서도 품질 높은 점포로 인식되어야 살아남을 수 있다. 다양한 방법으로 전략을 추진할 수 있지만 필요한 메뉴의 양에 대한 사이즈나 밑반찬 수를 조절하는 방법으로 고객의 거부반응을 줄일 수 있다. 직접적인 인상보다 탄력적으로 운영함으로써 전체적인 점포이미지를 완화시킬 수 있다.

(8) 메뉴아이템 전체에 대한 가격인상 금지

차림표(메뉴)를 다시 작성할 경우 메뉴 전체에 대해 가격인상을 하지 말아야 한다. 필요시 인기 있는 몇 개의 아이템에서 소액으로 인상하는 것이 효과적이다.

(9) 원가 변동이 큰 메뉴는 '시가'로 표시

원가에 대한 변동성이 큰 값비싼 식재료나 생물인 해산물, 송이버섯, 활어회 등은 시장의 현재가격(market price)으로 표시하여 고객에게 충분히 설명되어야 한다.

(10) 차림표의 오름차순, 내림차순 금지

점포의 차림표를 보면 많은 업소들이 내림차순 또는 오름차순 등의 일렬로 표기하고 있다. 가격은 고객이 느끼는 심리적 요소를 고려해야 하기 때문에 싸게 느낄 수 있게 하는 것이 전략이다. 아이템을 선정하여 구매를 결정하는 짧은 시간에도 개인적인 기분이나 감정상태, 동행인 등에 따라 변할 수 있다.

순서대로 진열된 메뉴종류는 왼쪽, 가격은 오른쪽에 기입하면 고객은 쉽게 확인하여 비교할 수 있다. 하지만 각 메뉴에 대한 설명이나 사용된 식재료의 영양성분, 조리방법 등에 관심을 가지는 고객이 증가하고 있다. 그들을 위한 부가적인 설명으로 이해를 도울 수 있으면 가격저항을 줄일 수 있다.

8. 가격 할인

매출을 늘리기 위한 경영자들의 노력은 다양한 형태로 나타나고 있다. 이 중 대표적인 전략이 가격 할인이다. 레스토랑협회에 의하면 외식업 경영자의 대부분(96%)은 가격 할인이나 쿠폰을 사용하고 있는 것으로 조사되었다. 할인을 자주 하면 정상가격이 기준가격보다 비싸게 느껴진다. 할인이 거듭될수록 가격전략 효과는 떨어지며, 매출이 떨어질 때마다 재할인의 유혹을 벗어나기가 쉽지 않다.

경영자들은 할인이 지출비용 대비 효과적(cost-effective)인지 의심스러워한다. 할인을 자주 하면 일관된 가격정책을 유지하기가 힘들게 된다. 이로 인해 혜택을 받지 못한 소비자들은 불평을 가질 수 있다. 할인받던 사람들도 나부터 제외된 것처럼 오해할 수 있다. 또한 할인된 가격만을 좇아다니는 영양가 없는 고객들 때문에 점포의 품격을 낮추게 되어 전체적으로 이미지를 손상시킬 수 있다.

1) 가격 할인 시 고려사항

레스토랑에서 가격을 할인할 때에는 다음과 같은 사항에 유의해야 한다.

(1) 할인의 적절성과 효과성

레스토랑에서 할인을 추진하는 것은 매출을 증대시키기 위해서이다. 새로운 고객을 유인할 수 있다는 자신감과 새로운 메뉴 출시에 따른 광고와 홍보, 점포의 행사안내 등을 알리는 역할 차원에서 이용되어야 한다. 또한 할인전략을 사용하였을 때 고객반응에 따른 유효성과 효과를 검증해야 한다.

(2) 할인으로 인한 재정적 영향

경영자는 할인으로 인해 발생할 수 있는 재정적 문제점을 고려해야 한다. 매출은 늘어나지만 실질적인 순이익은 감소할 수 있다. 특히 숙련된 직원을 확보하기 어려운 시점에서 높은 인건비와 근무자의 잦은 이동은 그 효과에 의문이 생기게 한다. 할인으로 인한 과다한 업무는 식재료 원가가 늘어나는 만큼 업무량도 많아져 효율적인 경영이 되지 못할 수 있다. 수요를 증대시킬 수는 있지만 가격에 덜 민감한 고객들에게는 부정적으로 보일 수 있다.

양질의 메뉴상품과 청결, 위생을 중시하는 현대사회의 소비자들은 건강 지향적인 구매패턴을 보인다. 할인을 통해 낮아진 판매가격은 새로운 수요를 창출하여 매출액을 증대시키는 데 긍정적인 면도 있지만 기존 고객들의 불신으로 성공전략이 되지 못할 수도 있다. 따라서 할인으로 낮아진 순이익을 달성하기 위해서는 더 많은 매출을 발생시켜야 하기 때문에 업무가 많아져 직원들의 근무만족도가 떨어지게 된다.

2) 할인과 식재료 원가

할인으로 인해 높아진 식재료 원가율과 낮아진 판매 이익을 회복하기 위해서는 반드시 판매량을 증가시켜야 한다. 할인으로 식재료 원가율이 상승하면 손익분기점(BEP)도 상승하게 된다. 높아진 변동비는 고정비율이 감소해야 역전될 수 있기 때문에 반드시 판매량의 증가에서 보충되어야 한다.

3) 추가 매출(Trigger point : TP)

경영자들은 현재의 가격 할인이 이익과 평균 객단가에 미치는 영향을 주시해야 한다. 모든 할인은 판매량을 증대시키기 위해 진행하지만 추가 매출(trigger point)을 달성해야만 행사실시 전의 이익과 동일해진다. 할인판매로 감소된 이익을 보전하고, 더 많은 이익을 달성할 수 있는 전략은 추가 매출(trigger point)을 올려 손익분기점을 변경하는 것이다.

경영자들은 할인을 통해 추가 매출을 달성해야 하는 판매량을 추정할 수 있다. 할인 전의 매출에 적용하였을 때 요구되는 매출을 더하여 할인 후 요구되는 총매출액을 산출한다. 이와 같이 할인행사 전에 요구되는 총매출액 산출은 현재의 경쟁상황이나 과거의 매출흐름 쿠폰사용 등을 고려하여 적정 할인율을 결정할 수 있다. 재무적인 면에서 할인에 성공하려면 반드시 총 매출액을 증가시켜야 변동비 상승 이상으로 고정비율을 감소시킬 수 있다.

4) 가격 할인 사례

(1) 가격 할인과 정상가격

예제

'대한 레스토랑'에서 할인행사를 실시하였다. 메뉴 하나를 정상가격에 주문하면 두 번째 메뉴는 50% 할인된 가격으로 판매한다(buy one get a second at half price). 할인행사 기간 중에 판매되는 주 메뉴(entree) 수량을 추정하여 고객에게 서빙된 메뉴 중 10%가 할인된 가격으로 제공되었다면, 총 매출에서 5%의 매출감소가 일어나는지 분석하시오.

〈표 11-1〉 가격 할인 전의 손익분기 (단위 : 1,000원)

구 분	매 출	비율(%)
매 출	1,000	100
변동비		
식재료 원가	(380)	(38)
일반경비	(160)	(16)
	(540)	(54)
공헌이익	460	46
고정비		
인건비	(280)	(28)
운영비	(180)	(18)
	(460)	(46)
순이익(손실)	0	0

해설

손익분기점 : 460천 원 / 0.46 = 1,000천 원

Entrees의 10%는 50% 할인된 가격

Entrees의 90%는 정상가격(100%)

총매출 = (0.1 × 0.5) + (0.9 × 1.0) = 0.95(95%)

100% − 95% = 5% 감소하게 된다.

〈표 11-1〉은 '대한 레스토랑' 매출할인을 실시하기 전의 손익분기점을 보여준다. 이론적으로 5%의 매출감소는 식재료 원가율 2%를 상승시키는 결과가 있다. 할인 전의 매출 1,000천 원은 할인으로 인해 950천 원의 매출에 그치는 것과 같다. 동일 수량의 음식을 서빙하였을 때 총 식재료 원가는 380천 원이 된다. 새로운 식재료 원가율은 식재료 원가 380천 원을 차감한 매출액인 950천 원으로 나누면 할인 전의 38%에서 2% 상승한 40%가 된다.

〈표 11-2〉 할인 후 매출이 동일한 경우의 손실 (단위 : 1,000원)

구 분	매 출	비율(%)
매 출	1,000	100
변동비		
식재료 원가	(400)	(40)
일반경비	(160)	(16)
	(560)	(56)
공헌이익	440	44
고정비		
인건비	(280)	(28)
운영비	(180)	(18)
	(460)	(46)
순이익(손실)	(20)	(2)

〈표 11-2〉는 가격 할인이 손익분기점에 미치는 영향을 예시한 사례이다.

할인으로 인해 고객 수는 증가하였지만 총 매출액은 증가하지 않았다. 모든 기타 비용이 일정하지 않다면 2%의 손실이 발생하게 된다. 하지만 실제 할인행사를 위한 마케팅 비용의 증가로 인해 2%보다 훨씬 많은 손실이 발생하게 된다. 따라서 매출이 증가하지 않아 고정비율이 동일하기 때문에 총 변동비는 54%에서 56%로 2% 증가한다. 경영자들은 할인 전보다 수익구조를 악화시키지 않기 위해서는 추가 매출의 증가분을 추정할 수 있다. 〈표 11-3〉은 할인 후의 손익분기점을 나타내고 있다.

〈표 11-3〉 가격 할인 후의 손익분기점 (단위 : 1,000원)

구 분	매 출	비율(%)
매 출	1,045	100
변동비		
식재료 원가	(418)	(40)
일반경비	(167)	(16)
	(585)	(56)
공헌이익	460	44
고정비		
인건비	(280)	(27)
운영비	(180)	(17)
	(460)	(44)
순이익(손실)	0	0

추가 매출(TP)을 산출하기 위한 계산은

$$\frac{1}{1 - \text{할인후의 변동비율}} \times \text{변동비율의 변화(\%)}$$

할인 전과 할인 후의 변동비율은 각각 54%와 56%이다.

$$\frac{1}{1-0.56} \times (0.56 - 0.54) = \frac{1}{0.44} \times (0.02) = 0.0454 \text{ 또는 } 4.54\%$$

0.0454 × 1,000천 원 = 45.4천 원

할인 후 새로운 손익분기점 = 1,000천 원 + 45.4천 원 = 1,045.4천 원

즉, 할인 후 변동비율이 54%에서 56%로 2% 상승하였을 경우, 고정비율은 46%에서 44%로 감소하게 된다. 새로운 손익분기점에 달성하기 위해서는 매출이 4.54% 증가해야 하는데 매출을 평균 객단가로 나누어 계산할 수 있다.

해설

'대한 레스토랑'에서 할인행사를 통해 100명의 고객에게 서빙하였다. 할인 전 평균 객단가는 10,000원이다(1,000천 원 / 100명).

고객에게 서빙된 주 메뉴(entree) 중 10%는 50% 할인된 가격으로 판매되었다면 할인으로 인해 변화된 평균 객단가는 9.5천 원(950천 원 / 100명)이다. 할인 후 손익분기점을 달성하려면 10명의 새로운 고객을 유치해야 한다(1,045천 원 / 9.5천 원).

'대한 레스토랑'에서 할인을 통한 이익을 기대한다면 110명보다 더 많은 고객을 점포로 유치해야 한다. 성공적인 촉진전략으로 고객이 몰려 매출의 20%를 증가시켜야 한다. 재무적인 면에서는 〈표 11-4〉와 같은 결과를 나타낼 수 있다.

공헌이익은 44%로 일정하지만, 총 매출이 20% 증가하면서 고정비율은 5.7% 감소한 38.3%로 줄어든 결과를 나타낸다. 할인을 고려하는 경영자는 할인율이 높고 이용고객이 많을수록 변동비율은 상승하게 된다. 따라서 새로운 손익분기점의 변화도 커진다는 것을 알아야 한다.

예제

'대한 레스토랑'에서 할인행사로 15%의 고객이 할인된 가격을 이용하였다면, 식재료 원가는 41%로 증가하게 된다. 계산방법은 다음과 같다.

Entrees의 15%는 50% 할인된 가격
Entrees의 85%는 정상가격(100%)

총 매출 = (0.15 × 0.5) + (0.85 × 1.0) = 0.925(92.5%)
100% − 92.5% = 7.5% 감소하게 된다.

이러한 계산은 7.5%의 매출 감소를 의미한다. 할인 후 매출은 925천 원이 되어야 하며, 식재료 원가율은 380천 원을 925천 원으로 나눈 41.1%가 된다. 할인을 이용한 고객의 비율이 늘어날수록 증가하게 된다.

할인행사에 쿠폰을 사용하는 고객이 많으면 재무적인 면에서 업소의 매출달성에 치명적인 결과를 낼 수 있다. 할인효과를 상쇄시키기(soften) 위해 행사기간 중에도 정상가격의 메뉴를 이용하는 고객이 많아야 부족분을 상쇄시킬 수 있다.

〈표 11-4〉 할인 후 20%의 매출증가 이익 발생 (단위 : 1,000원)

구 분	매 출	비율(%)
매 출	1,200	100
변동비		
식재료 원가	(480)	(40)
일반경비	(192)	(16)
	(672)	(56)
공헌이익	528	44
고정비		
인건비	(280)	(23.3)
운영비	(180)	(15)
	(460)	(38.3)
순이익(손실)	68	5.7

(2) 가격 할인에서 정상가격과 무료(공짜)

예제

'대한 레스토랑'에서 메뉴 하나를 정상가격에 주문하면, 2번째 메뉴 아이템은 무료로 제공한다(buy one get one free)는 프로모션을 실시하였다. 고객에게 서빙된 Entree 중 20%가 무료로 제공되었으며, 총 100명의 고객에게 서빙하였다. 식재료 원가율은 할인 전 38%에서 47.5%가 증가하였다. 이러한 결과는 할인 후 손익분기점 달성을 위해 26%의 매출이 증가해야 한다. 매출목표를 달성하려면 260천 원의 추가 매출을 달성하기 위해 할인 전의 고객 수보다 약 58명의 고객을 더 많이 유치해야 달성할 수 있다.

해설

Entrees의 20%는 무료
Entrees의 80%는 정상가격(100%)

총 매출 = (0.2 × 0) + (0.8 × 1.0) = 0.8(80%)
100% − 80% = 20% 매출 감소

새로운 매출 : 1,000천 원 − 200천 원 = 800천 원
평균 객단가 : 800천 원 / 100명 = 8천 원
식재료 원가율 : 380천 원 / 800천 원 = 47.5%

추가 매출(TP) 목표

$$\frac{1}{1-0.635} \times (0.635 - 0.54) = \frac{1}{0.365} \times (0.095) = 0.26(26\%)$$

매출 증가 : 1,000천 원 × 0.26 = 260천 원
할인 후 총매출 : 1,000천 원 + 260천 원 = 1,260천 원
판매량 변화 : 1,260천 원 / 8천 원 = 157.5 = 158개

이상의 자료를 근거하여 경영자들은 촉진(promotion)활동을 통한 매출액 증가가 이익을 고려하여 고객을 유인하고 있는지 실제 고객 수를 점검해야 한다. 적극적인

촉진행사를 병행하였는데도 58명의 추가 고객을 유인하지 못하면, 할인 전보다 재정 상황을 악화시키기 때문에 할인율은 조정하거나 행사를 중지해야 한다.

5) 할인율 결정

추가 매출(TP)목표는 불변의 숫자가 아니라 할인을 이용한 음식 비율과 사이드 메뉴에 대한 판매믹스에 따라 높아지거나 낮아질 수 있다. 할인이 과도하거나 과소한 경우 추가적인 매출이나 고객 수 증가, 이익증대에 기여하지 못할 수 있다.

① 과도한 할인의 경우 고객 수와 매출이 증가하여도 이익은 감소할 수 있다. 할인되는 금액은 매출증가와 이익을 발생시켜도 최적화하는 데 영향을 미친다. 따라서 할인 후 시장상황에 따라 조정되어야 한다.

② 과소한 할인의 경우 고객들을 유인하지 못하는 결과를 나타낼 수 있다.

결론적으로, 가격 할인은 위험한 전략이다. 점포를 이용하는 고객 수가 정체를 보이거나 감소할 경우 추가적인 매출증가나 성공을 보장할 수 없다. 할인을 제공하기 위해 발생하는 원가부분은 할인 후 손익분기점을 상향시킨다. 따라서 할인되는 금액은 이익 창출을 위한 재무적 이점을 달성하기 위해 시장상황에 맞게 조정되어야 한다.

CASE STORY 외식현장에서

** 모든 거래는 기록되어야 한다. 원가 절감과 메뉴분석을 위해 회계감사를 실시해야 한다

레스토랑을 경영할 때 모든 거래를 기록한다는 것은 원가관리나 메뉴분석에서 중요한 역할을 하기 때문이다. 식재료나 음료가 어떠한 형식으로 기록 없이 사용되었다면 도난당했는지, 무료로 제공되었는지, 고객에게 제값을 받고 판매하였는지 알 수가 없다. 주방에서 음식을 준비하고 바에서 음료를 가져오기 위해서는 해당 상품에 대한 일련번호가 매겨진 고객 전표가 있어야 한다. 따라서 판매시점 정보시스템(POS system)에 항상 입력시켜야 한다.

조리사와 바텐더에게 인쇄된 전표 외의 목록에 의해 주문되는 것은 어떠한 형태에도 따르지 않도록 규정해야 한다. 비 현금거래나 직원식사, 임원식사 등에서도 마찬가지다. 경영진을 포함하여 그 누구도 이러한 방침에 예외 규정을 두어서는 안 된다. 출력된 고객전표가 사용되었다면 일련번호가 있어야 특정 서버가 서명하였는지 확인할 수 있다. 식사별로 분실된 전표는 추적하여 반드시 찾아야 한다. 잘못된 전표나 빈 전표가 발견되면 즉시 경영자에게 보고하여 시정되어야 한다.

거래가 기록되어 입력되면 원가관리의 목적은 이루어진 것이다. 회계감사는 언제나 가능하며, 현장의 절도나 음식물 쓰레기, 과분량, 과소분량의 여부를 파악해야 한다. 이를 통해 구매량과 판매량, 창고에 보관 중인 재고를 비교할 수 있다. 이러한 정보는 조리에 필요한 준비과정과 재고수준을 평가할 때 사용된다. 어느 경우든 거래의 기록은 메뉴와 매출을 분석하는 데 중요한 자료가 된다. 경영자들은 어떤 메뉴가 팔려 매출액에 도움이 되는지 전체적인 식재료의 원가와 객단가, 매출, 총이익이 어떻게 구성되어 영향을 미치는지 파악해야 한다.

하지만 거래를 기록하기 위해 무리하게 비싼 POS 시스템을 구입할 필요는 없다. 이중으로 복사되는 전표 시스템은 아직도 유용하게 사용되고 있다. 무엇이든지 규정에 따라 제대로 시행된다면 그 효과를 볼 수 있다. 주방이나 바에서 사용된 전표의 사본(soft check)은 고객이 사용한 원본(hard check)과 동일해야 한다. 이러한 기록은 판매량과 수량, 상대적 인기도, 가격, 식재료와 직원 관리 등으로 광범위하게 예측하여 준비할 수 있기 때문이다.

Chapter 12

식재료 구매관리

인간은 모두가 약점과 실수투성이다.
어리석은 행동에 대하여 서로 용서해야 한다. 이것이 자연의 제1법칙이다.

– *Voltaire* (프랑스 작가)

[Chapter 12] 식재료 구매관리

어려운 일을 시작할 때 어떠한 태도를 갖느냐에 따라 그 성패가 달라진다.
– *William James (미국 철학자)*

1. 식재료 원가관리

식재료 원가관리는 구매, 검수, 저장, 재고, 출고, 조리, 다듬기, 서빙 등 업무 전반의 관리과정을 말한다. 체계적인 식재료 관리는 기업활동의 궁극적 목표인 동시에 이익창출과 관련되어 있다. 원가관리는 레스토랑 운영과 관련하여 구성원들이 가져야 할 올바른 인식과 규정된 업무를 수행하는 것이다. 조리에 필요한 식재료를 필요한 시기에, 일정 기준의 품질과 수량을 적정한 가격으로 준비하여 주방운영에 지장이 없도록 효율적으로 관리하는 기술을 의미한다. 이러한 관리는 식재료 품목을 명확하게 파악하는 데서 시작된다.

식재료 관리의 궁극적인 목적은 원가절감과 최상의 메뉴를 고객에게 제공하여 점포이익을 가져오는 것이다. 이를 효율적으로 관리하기 위해서는 조리계획을 세워서 분류하고 사용량을 산정해야 한다. 따라서 주문과 검수, 저장, 불출 등 그 업무를 합리적으로 수행하게 된다.

1) 효과적인 식재료 관리

① 손실을 방지며, 목표이익을 달성할 수 있다.
② 민감한 식재료 가격의 변동에 신속하게 대응할 수 있다.
③ 실질적인 원가계산으로 불필요한 낭비를 줄일 수 있다.
④ 영업의 경영성과에 관심을 가질 수 있다.

⑤ 원가절감에 대한 중요성과 필요성으로 원가의식이 강화된다.
⑥ 목표달성을 위해 조직원 간 협조와 업무능률을 향상시킬 수 있다.
⑦ 재고관리로 적정량을 유지할 수 있다.
⑧ 정확한 검수를 통해 식재료 관리가 이루어진다.
⑨ 인기 메뉴와 비인기 메뉴를 구별할 수 있다.
⑩ 고객의 기호와 선호도를 파악하여 전략을 수립할 수 있다.

2) 식재료 관리원칙

① 표준량과 목표(Standard recipe)를 작성하며 메뉴 아이템별 조리법을 결정하여 불필요한 낭비를 줄여야 한다.
② 고객의 기호와 선호도를 파악하여 메뉴를 정비하고 불필요한 식재료 구입을 차단한다.
③ 식재료는 곧 현금이라는 인식을 갖는다.
④ 원가계산을 철저히 해야 한다.
⑤ 적정재고 수준을 유지하여 과잉재고를 방지한다.
⑥ 냉장, 냉동, 상온에 맞게 저장관리를 철저히 한다.

3) 식재료 관리절차

식재료 관리는 원재료 관리만이 아니라 완성된 요리가 상품가치를 유지한 채 고객에게 정확하게 제공되는지 확인하는 것이다. 조리에 사용되는 식재료가 실제 양보다 증가하거나 과실이 있는 경우 문제가 발생될 수 있다. 식재료 관리는 영업의 경영성과에 영향을 미치기 때문에 어떠한 경우에도 소홀해서는 안 된다.

식재료 관리절차는 〈그림 12-1〉과 같다.

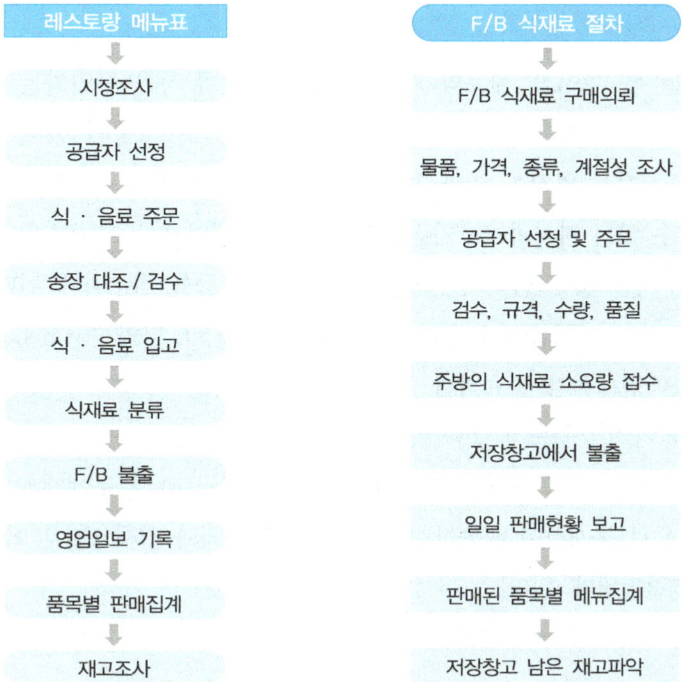

〈그림 12–1〉 식재료 관리 과정

2. 구매관리

1) 구매와 주문

외식기업에서 구매(purchasing)와 유사한 개념으로 주문(ordering)을 사용하고 있다. 혼용하여 사용하거나 잘못 사용하는 경우가 있어 이를 정의할 필요성이 있다.

구매와 주문은 2가지 관점에서 서로 다른 기능을 가진다. 개인독립 사업자나 그 임원들은 계획된 경영방침(purchasing policy)에 따라 구매를 실행할 수 있지만 시스템에 의해 구매담당자를 따로 두거나 자신이 그 일을 대신할 수 있다. 반면에 프랜차이즈 기업은 특정 상표(brand)의 종류나 등급(grade)에 따라 가맹점 주문(order)에 의해 필요량(quantities)을 본사에서 일괄적으로 판매하고 있다. 이와 같이 구매와 주문은 같으면서도 서로 다른 용도로 사용되기 때문에 독립적으로 운영해야 한다.

(1) 구매(purchasing)

구매는 모든 식 · 음료의 재료와 기자재, 가구, 비품류 등을 구입하는 단계로 품질에 따라 레스토랑의 가치를 결정하게 된다. 호텔 및 레스토랑의 전 부서는 긴밀한 협조와 의사소통으로 엄격한 통제 속에서 이루어진다. 식재료 구매업무는 상품의 품질을 파악할 수 있는 지식과 양, 가격결정에 따라 구매업무가 이루어진다. 물품은 검수실에서 청구서를 통해 품목과 수량, 가격, 불량품 등을 검수하게 된다. 공급자의 능력과 상표(brand), 등급(grade), 주문식품의 종(species), 다양성(varieties)에서 표준으로 하는 구매명세서가 필요하다.

상품종류와 가격, 신용, 배달, 할인, 반품, 허용한도 등 그 방침에 따라 공급자와 경영자(구매팀장) 간의 협상에서 이루어진다. 무엇을(what), 누구에게 얼마만큼의 양을 어떤 가격으로 구매하여 배송할 것인가, 불량품 처리와 결재조건은 어떻게 이루어질 것인가를 결정하게 된다.

(2) 주문(ordering)

주문이란 어떤 상품을 만들거나 판매하는 사람에게 그 상품의 생산이나 수송, 서비스를 제공하는 요구나 청구를 의미한다. 기업이나 가맹점의 매니저는 구매 권한이 없다. 사전에 승인받은 공급자로부터 특정 아이템에 대해 필요량을 주문할 권한만 있을 뿐이다. 이와 같이 구매하여 재고로 보관할 양을 결정하지만 위임받을 수도 없다. 구매권한은 위임하여서도 안 된다.

하지만 호텔 체인의 구매담당자나 외식기업, 프랜차이즈, 독립점포 등의 주방장(chef)은 구매와 주문 모두를 할 수 있는 권한이 있다.

2) 효율적인 구매 프로그램(efficient purchasing program)

구매와 관련된 프로그램을 효율적으로 관리하기 위해서는 다음과 같은 표준을 필요로 한다.

① 표준 구매명세서(standard purchase specifications)

② 표준량의 목표(standardized recipes)

③ 표준수율(standardized yields)과 분량 관리(portion control)

④ 실제 서빙되는 분량의 정확한 원가(accurate cost)

3) 식재료 구매관리

(1) 식재료 구매관리

식음료 관리과정에서 요구되는 구매는 원가관리를 위한 기본활동 단계이다. 적정한 물품을 구매하는 것만을 의미하는 것이 아니라, 식음료 사업을 계획하고 조정, 지휘, 통제하는 일련의 경영활동으로 레스토랑의 기능을 유지하기 위해 필요하다.

식재료 구매는 최소비용으로 최적의 상품을 구입하는 것이다. 계절의 변화와 물가의 변동에 따라, 국가의 경제상황과 천재지변으로 인한 이상기후, 새로운 병원체의 등장에 따라 가격결정은 영향을 미친다. 공급자를 선정하는 것은 다양한 요인에서 결정되기 때문에 구매담당자는 복잡한 유통구조와 식재료를 선별할 수 있는 지식을 가져야 한다. 생산에서 레스토랑에 도착하기까지 여러 단계를 거치는데 그 특성과 기능성, 영양성분, 유통기한, 변패정도의 냄새, 색깔 등 정확한 점검과 관리감독이 이루어져야 한다.

구매활동을 원활하게 수행하기 위해서는 조리의 시작인 다듬기에서부터 고객의 입으로 들어가는 순간까지 전 과정을 파악해야 한다. 그렇게 함으로써 합리적이며 효율적인 구매관리를 가능하게 한다. 정기적으로 시장을 조사하며 구매품목에 대한 특성과 새로운 식재료 출현, 트렌드를 통해 산업에서 요구하는 신제품을 만드는데 일조해야 한다. 여러 단계의 복잡한 구조와 이를 해결할 수 있는 시스템과 표준이 있어야 구매관리를 원활하게 수행될 수 있다.

(2) 구매관리활동

구매의 관리기능은 사용자 부문에서 요구하는 필요량을 적절한 시기에 적정한 가격으로 구입하고, 제때에 공급하여 생산에 지장이 없도록 하는 것이다. 제품의 생산적인 측면에서 기술은 고도화되고 있다. 업무내용은 복잡해져 IT기술과 접목한 새로운 트렌드가 증대되고 있기 때문에 전반적인 관리과정이 중요하다.

구매관리 기능을 효율적으로 수행하기 위해서는 단순히 요구되는 자재구입만을 의미하는 것이 아니라 경영활동 전반에 연결된 이익원천으로 제공될 수 있어야 한다. 보다 창조적인 구매방법을 위한 활동에는 과학적 접근방법이 필요하다.

① 구매과정의 가치를 통해 시장을 조사하며, 품질의 용도에 따라 가장 적정하고 효과적인 방법을 찾아야 한다.
② 공급자의 납품능력과 기한준수, 신용 등을 관리해야 한다.
③ 적정 재고가 필요한 제품은 최소한의 위험성이 없도록 관리되어야 한다.
④ 공급자를 둘 이상 복수로 관리하는 것이 좋다. 외식기업은 자연환경과 재해, 이변 등에 따라 식재료의 공급은 영향을 받기 때문이다.
⑤ 적절한 수송수단과 유통구조가 갖추어져야 한다.
⑥ 최적의 구매비용으로 구입할 수 있어야 한다.
⑦ 사용 중에 발생할 수 있는 불량품은 유효적절하게 처리할 수 있어야 한다.
⑧ 능률적인 구매관리기능을 수행하기 위해서는 전 조직원들이 정보를 교류해야 한다.
⑨ 유리한 조건의 구매방법을 선택해야 한다.
⑩ 공급자의 정직함과 성실함, 규정과 법규를 준수하는 마인드를 확인해야 한다.

4) 구매관리과정

식재료 구매는 정기적으로 정확한 시장조사를 통해 용도에 적합한 합리적인 가격으로 이루어져야 한다. 표준으로 하는 구매명세서는 품질과 가격, 양, 규격, 중량, 특성, 납품시기 등을 기술하여 효율성을 극대화할 수 있다. 구매의 일관성을 유지할 수 있으며, 절차를 간소화하여 재고관리와 원가절감을 기대할 수 있다.

특히 규정과 규격에 미달되는 식재료의 반품처리 등을 해결할 수 있어야 한다. 식재료의 유효기간이나 보존상태 등 기능성에 따라 저장과 구매시점이 달라질 수 있다. 이러한 관리과정의 특성을 제시하면 다음과 같다.

(1) 적정재고량 파악

주방에서 필요한 수량보다 오버해서 품목을 주문하며, 식재료 재고량을 유지하는 것은 예기치 못한 고객주문에 대비하기 위해서이다. 이를 위해 구매담당자는 판매량에 따른 정확한 재고량과 다음날 판매할 수 있는 예약상황을 파악해야 한다. 이러한 준비가 갖추어져야 구매 의뢰 시 신속하게 제공할 수 있다.

과소 재고량은 고객이 주문한 특정 음식을 제공하지 못해 불만을 가중시킬 수 있다. 서비스의 질을 떨어뜨릴 뿐 아니라 다음 방문 시 메뉴에 대한 확신을 심어주지 못하게 된다. 반대로 과잉 재고량은 불필요한 원가를 발생시킬 뿐 아니라 현금회전이 제한되어 유동성위기를 초래할 수 있다.

(2) 구매량 결정

구매량은 수익에 영향을 미친다. 담당자는 업장의 주방이나 홀 책임자를 통해 식재료 품목과 수량, 재고량을 파악해야 한다. 이때 청구서를 작성하며, 특정 품목을 총괄하는 소요량의 기록으로 구매량을 결정하게 된다.

(3) 품질기준 설정

구매담당자는 필요량이 결정되면 각각의 품목에 대한 품질기준을 설정하여 공급자를 선정하게 된다. 품목에 대한 기준을 잘 알고 있으면 결과적으로 레스토랑이 요구하는 기준과 역할 차원에서 유리한 계약을 할 수 있다.

(4) 공급자 선정

적정 기준에 의해 구매할 식음료 품목이 선정되었다 하더라도 지속적으로 믿을 수 있는 품질을 제공받는 것과 공급자를 관리하는 것은 쉬운 일이 아니다. 거래를 위한 견적서 작성과 실제 납품되는 내용의 일치여부는 공급자의 도덕성과 정직함, 올바른 마인드 등의 신뢰성과 관련되어 있다.

(5) 구매가격 결정

구매한 물품의 가격을 결정하는 단계이다. 식재료는 계속적으로 레스토랑을 운영하는 데 필요한 생산성과 수익성에 영향을 미친다. 최소비용으로 최대의 물품을 구매하려는 것은 구매담당자의 기본적인 능력과 역할만은 아니다. 적정한 가격을 통해 좋은 제품을 유지하면서 정직하게 공급받을 수 있는 능력이 중요하다.

(6) 결재조건과 납품시기 결정

구매담당자와 공급자는 상호 간에 원원할 수 있는 협상과 결재조건, 방법, 시기, 운송수단, 반품처리 등을 결정하는 단계이다. 계약서 내용은 구체적으로 기술되어야 한다. 공급자의 물품공급이 완료되었다 하더라도 계약서 내용과 일치 여부를 확인하는 절차가 필요하다. 불량품에 대한 반품처리와 조건 등은 상호 간에 발생할 수 있는 분쟁요소를 사전에 제거하는 방법이다.

(7) 송장(invoice) 점검

구매담당자는 구체적이면서 세부적으로 기록된 송장을 통해 그 내용을 비교할 수 있다. 물품내역과 가격 결정에 따른 일치 여부를 확인해야만 검수할 수 있는 자료가 된다.

(8) 검수작업

구매 주문서에 의해 배송된 물품을 확인하는 단계이다. 내용의 일치여부와 다른 물품이나 규격, 용량 등을 발견하였을 때 즉각적으로 반품 처리할 수 있는 과정이다.

(9) 기록 및 기장관리

주문서 사본이나 구매 청구서, 물품인수 원장, 검수 또는 반품에 대한 보고서를 작성하여 비치하는 단계이다.

5) 구매 책임자의 역할

구매 결정에 대한 궁극적인 책임은 최고경영자에게 있다. 규모가 작은 외식업소에서는 점장(GM)이 구매와 운영의 전반적인 책임을 진다. 반면에 개인독립점포는 대표자가 그 업무를 대신한다. 규모가 커지면 구매만을 전담하는 조직이나 구매담당자가 이러한 업무를 수행하게 된다. 레스토랑 내 매니저(line manager)는 협조하는 직원(advisory personnel)으로서 그 역할을 도와주게 된다. 구성원들은 식음료 매니저에게 조언하는 입장이면서 구매에 관한 품질이나 양, 가격 등 정보를 제공해야 한다. 이러한 정보는 직원 모두가 공유해야 원가관리가 가능해진다.

구매담당자는 발주업무를 담당하는 단순한 주문자가 아니라, 전체적인 구매과정을 관리하는 중요한 직책을 말한다. 식음료에 관한 전문성과 지식, 숙련된 업무를 수행하는 능력을 갖추어야 한다. 따라서 레스토랑의 구매 담당자를 선발할 때 다음과 같은 조건을 고려해야 한다.

(1) 구매담당자의 업무조건

① 식재료의 원산지와 지리적 표시, 자연환경, 계절성, 국가의 경제상항 등 변동 사항을 수시로 파악해야 한다.
② 표준으로 하는 구명세서의 내역을 확인하고 기록할 수 있어야 한다.
③ 구매방법이나 절차, 공급자, 시장상황, 발주, 검수, 저장, 재고관리 등의 기본적인 지식을 수행할 수 있어야 한다.
④ 식재료의 특성과 기능에 따른 능력이 있어야 한다.
⑤ 식재료의 표준수율을 파악할 수 있어야 한다.
⑥ 긴급구매, 당용구매, 수시구매, 일괄구매, 집중구매, 단기구매, 장기구매 등을 알고 있어야 한다.
⑦ 레스토랑 경영의 가치분석에 따른 창의적인 구매를 실행할 수 있어야 한다.

(2) 구매담당자의 자격요건

급변하는 산업구조와 자연환경 속에서 불연속성(discontinuity), 불확실성(uncertainty),

예측 불가능성(unpredictability), 난기류(turbulence), 역동성(dynamics), 풍요로운 사회(affluent society), 삶의 질(quality of life)이 변화되는 시점이다. 창의적이면서도 효율적인 업무를 수행할 담당자가 갖추어야 할 자격요건은 다음과 같다.

① 정직하고 성실한 인품을 가지고 있어야 한다.
② 뇌물, 사기, 횡령 등 불법행위를 배척할 수 있는 강인한 정신을 필요로 한다.
③ 예상치 못한 상황에 따른 임기응변과 대응능력을 가지고 있어야 한다.
④ 식재료의 기능과 특성을 파악하는 지식이 있어야 한다.
⑤ 적극적인 자세와 긍정성, 정확성, 근면성, 책임성의 사고와 원칙을 가지고 있어야 한다.
⑥ 구매와 관련된 경험과 사회적인 유대관계가 강화되어야 한다.
⑦ 편견 없는 대외적 인간관계 속에서 신뢰할 수 있는 품성이 있어야 한다.

3. 공급자 관리

레스토랑 경영에서 공급자는 신중하게 결정되어야 한다. 구매명세서에 근거하여 상호 발전적인 관계를 영위할 수 있는 신뢰성을 전제하고 있다. 각종 주문에 따른 긴급한 상황에서도 신속한 공급과 원활한 의사소통, 정확한 계산, 기업가적인 마인드 등을 추구하는 공급자를 선택해야 한다.

1) 공급자 선정 시 평가요인

특정한 공급자를 선정하기 위해서는 다음과 같은 요인들을 충족시켜야 한다. 각 평가요소에 대한 재무적 능력과 인력구성, 물품의 다양성, 기동성, 일관성을 유지하는 것이 중요하다.

① 다양한 품질을 확보하며, 적절하게 공급할 수 있어야 한다.
② 적정한 가격을 지속적으로 공급할 수 있는 능력을 가져야 한다.
③ 신속한 배송과 다양한 구색을 갖추고 있어야 한다.
④ 경영방침과 운영상의 매뉴얼이 규정되어야 한다.

⑤ 물품공급의 일관성을 유지하고 있어야 한다.

2) 공급자 선정 시 고려사항

기업의 공급자를 선정할 때는 다양한 요인에 의한 정성적 평가와 정량적 평가가 함께 이루어져야 한다. 평가요소에 가중치를 두어 차등화할 수 있으며, 정직하고 성실한 공급자를 선정해야 한다. 따라서 공급자를 선정할 때 다음과 같은 요인들을 고려할 수 있다.

① 공급될 물품의 원산지, 브랜드 명, 등급, 종, 규모, 유효기간, 저장방법
② 최소 주문량과 공급 가능성
③ 공급자의 신용에 따른 결재 조건과 방침
④ 일별, 주별, 월별, 분기별 배달능력
⑤ 담당자의 지식과 전문성, 서비스능력
⑥ 판매 후 불량품, 수정사항과 반품 등 즉각적인 처리능력
⑦ 공급자의 명성과 신뢰성

3) 적절한 품질 구매

구매와 관련된 품질은 해당 상품이 원래 의도한 용도(intended use)대로 사용이 적합(suitability)한가를 결정하는 것이다. 용도에 적합하면 상품의 품질이 일정기준을 충족했다고 할 수 있다. 고객이 판단하는 품질 결정은 최초에 점포를 개점할 때부터 시작된다. 레스토랑 경영의 품질표준과 목표결정은 표준화된 구매명세서를 바탕으로 구체적으로 작성할 수 있다. 식재료의 품질이나 규모, 크기, 무게 등에 따라 세부적으로 기술되어야 한다.

품질과 가격관계는 가치(value)에서 결정된다. 경영에 필요한 식재료를 구입하기 위해서는 최적의 고객가치에서 품질을 제공할 수 있어야 한다. 경영자나 구매담당자는 식재료의 가격과 그 상품의 품질을 평가하게 된다. 품질과 관련된 표준구매명세서는 다음과 같은 사항이 기술되어야 한다.

① 품질에 대한 최적의 필요조건을 정확하게 기술해야 한다.

② 레스토랑은 고객욕구(needs)를 명확하고 제시해야 한다.

③ 고객의 실질적인 필요(wants)와 욕구(needs)를 현실적으로 반영해야 한다.

4) 적정량의 물품구매

레스토랑에서 필요로 하는 식재료를 정확하게 구매하는 것은 품질의 표준명세서를 개발하는 데서 시작된다.

(1) 과다한 식재료 주문의 문제점

너무 많은 식재료를 주문할 경우 다음과 같은 문제점이 발생된다.

① 과도한 현금이 재고로 잠겨 현금 흐름을 어렵게 한다.

② 이자, 보험료, 임대료 등 창고 관리비용에 따라 원가 상승 요인이 발생된다.

③ 식재료의 부패와 손상으로 품질을 저하시킨다.

④ 절도, 도난 등 도둑맞을 가능성이 높아진다.

⑤ 재고를 관리하는 데 추가적인 인건비 등이 들어간다.

(2) 주문량 결정 시 고려사항

필요한 주문량을 결정할 때 여러 가지 요인을 고려하게 된다. 조리에 필요한 준비단계부터, 현금의 보유능력, 품질기준, 절도 및 부패 가능성, 저장공간의 한계, 위치선정 등을 종합적으로 평가하여 결정하게 된다.

주문량을 결정할 때 고려하는 일반적인 사항은 다음과 같다.

① 과다 재고(overstocking)와 재고 부족 가능성

② 배달 주기

③ 주문기간과 사용 정도(use level)

④ 식재료 부패성과 저장기간

⑤ 저상고의 규모와 온도(냉장, 냉동)

⑥ 시장의 경제상황에 따른 공급량과 가격변동성

⑦ 다량 주문 시 공급자의 할인가능 여부

⑧ 시장의 현금 흐름과 자사의 재정상태
⑨ 신용과 결재조건
⑩ 신속하게 배송할 수 있는 공급자 능력과 거리, 근접성 등을 말한다.

4. 경제적 주문량 결정

레스토랑 경영은 식재료 구매 물품에 대한 경제적인 구매량을 필요로 한다. 저장비용과 주문비용이 최소가 되는 시점에 발주하는 경제적 주문량(EOQ : economic order quantity)을 말한다. 발주량의 증가는 연간 주문비용은 감소하지만 연간 저장비용은 증가한다. 발주량이 감소하면 연간 주문비용은 증가하지만 연간 저장비용은 감소한다. 이러한 식재료의 주문량에 대한 정량적 접근방법으로 경제적 주문량(EOQ)을 권장하고 있다.

경제적 주문량은 물품의 조달과정에서 소비되는 비용과 유지비용이 일치하는 시점이다. 즉 구매량으로 비용을 최소화하는 것이다. 비용의 합계가 최소가 되는 시점의 주문량에서 가장 경제적인 효과를 나타내는 주문방식이다. 물품구매를 위해 소비되는 비용을 최소화하며, 1회에 필요한 경제적 주문량을 결정하기 위해 다음과 같은 공식을 활용하고 있다.

* 경제적 주문량 = $\sqrt{\frac{2FS}{CP}}$

F : 발주비용 즉, 1회 주문에 소요되는 고정비
S : 연간 매출액 또는 소요량, 판매량
C : 재고 유지 및 관리비용(재고총액 대비 백분율)
P : 단위당 구매원가와 구매가격

예제

'대한 레스토랑'의 특정 아이템에 대한 연간 사용량이 1,000kg이다. 관리 비용이 재고가치의 15%이며, 단위당 구매원가는 12원, 주문에 소요되는 고정비가 8원이다.

관리비용과 주문 최소화를 위한 경제적인 주문량은 얼마인가?

해설

① 경제적 주문량 = $\sqrt{\frac{2FS}{CP}} = \sqrt{\frac{2 * 8 * 1,000}{0.15 * 12}} = \sqrt{\frac{16,000}{1.8}}$ = 94.3kg이 된다.

② 대한 레스토랑의 1년간 주문 횟수는?

1,000(kg) / 94.3(kg) = 12.7 = 약 13회

③ 1년간 주문 횟수를 날자 간격으로 제시하면 다음과 같다.

365일 / 13회 = 28(일 / 회)

1) 정기발주방식

정기발주방식(fixed order period system)은 일정 기간마다 정기적으로 발주하는 방식을 말한다. 정기 실사방식(periodic inventory system)으로 발주하는 주기와 최대 재고수준에 영향을 미친다.

고가 물품에서 재고부담이 크거나 공급기간(lead time)이 길어 수요예측이 불가능한 물품 구매에 적합하다. 발주시기는 주 1회, 월 1~2회, 분기별 등 시간적 단위로 설정하여 소비량의 현시점에 산출하여 발주하게 된다. 이러한 발주방식의 계산식은 다음과 같다.

* 정기발주량 = 최대 재고량(발주 중의 소비량 + 공급기간 중의 소요량 + 안전 재고량) – 현재 재고량 – 발주 후 미납품량
* 적정 발주주기 = 경제적 발주량 / 소요량

2) 정량발주방식

정량발주방식(fixed order quantity system)은 재고량이 일정수준의 발주점에 도달하게 되면 경제적 발주량을 통해 발주하는 방식이다. 발주시점(order point system) 혹은 계속실사방식(perpetual inventory)이라 한다. 재고부담이 낮은 저가 물품 구매

에 적합하다. 항상 수요가 있기 때문에 일정 재고량을 확보하고 있어야 한다. 특히 수요예측이 어려워 사장될 우려가 있는 물품주문에 유리하게 적용할 수 있다.

발주량과 발주시점에 의해 결정된다. 입고되기 전까지의 기간인 공급기간(lead time)에 소비되는 재고량과 이 기간을 대비하여 안전한 재고유지와 합계만큼 재고량이 있을 때 주문하게 된다. 발주량과 발주시점이 정해지는 재고량으로 발주 점에 도달하였을 때 미리 정해놓은 경제적인 발주량으로 주문하게 된다.

5. 구매관리양식

구매관리는 식재료의 유통과 현금 흐름을 통제하기 위해 사용되는 양식이다. 레스토랑에 따라 차이가 있지만 다음과 같은 양식들을 사용하게 된다.

1) 표준 구매명세서(standard purchase specifications)

특정 품목에 대해 요구되는 품질기준과 요건, 규격, 무게, 수량 등을 간략하게 기술한 양식이다. 구매 담당자와 공급자 간의 거래교환을 원활하게 수행하기 위해 작성하고 있다. 미국 외식산업협회는 다음과 같이 구매명세서 작성에 필요한 내용을 기술하고 있다.

- 거래되는 이름 또는 통용되는 이름(sliced apples)
- 수량, 무게, 통(6/#10 cans)
- 연방정부 또는 업계의 등급(USDA choice)
- 용기의 크기(no. 10 cans)
- 원산지(michigan bing cherries)
- 종(種)(york imperial apples)
- 스타일(solid pack pie apples)
- 수(크기)(spiced apple rings 30 count per no. 10 can)
- 검수 시 상태(fresh, frozen)
- 가격표시 단위(case, 6/#10 cans)

- 기타 특정 요소(특별한 무게, 물을 뺏을 때 무게, 포장재, 숙성 정도, 수명기간 등)

2) 구매요구서(purchase requisition)

창고에 저장하는 물품을 메뉴에 맞게 구매를 의뢰하는 것으로 청구할 때 구매부서에 보내는 양식을 말한다.

3) 일일 시장리스트(daily market list)

일일 시장리스트는 주방에서 매일매일 요구되는 아이템을 주문할 때 작성하여 구매부서에 보내는 양식을 말한다.

4) 구매 발주서(purchase order)

구매 발주서는 청구서에 의해 요청된 아이템을 구매하기 위해 작성하는 양식이다.

CASE STORY 외식현장에서

** 식·음료 자재에 대한 월간 재고조사는 반드시 이루어져야 한다

현대와 같이 경쟁이 심화되는 경영환경에서 많은 기업들은 실제 재고조사를 하지 않는 경우가 있다. 월말 창고에 남아 있는 실질적인 재고를 파악하는 것으로 어떤 물품이 얼마나 판매되어 남아 있는가를 확인하는 것이다. 월간 손익계산서에 사용된 식재료와 판매된 식재료를 정확하게 반영하기 위해서는 반드시 재고조사를 실시해야 한다.

경영자들은 점포 내 운용되는 실제 상황을 각종 원가율과 백분율을 통해 제시할 수 있다. 재무적인 실사를 통해 식재료와 음료, 기타 자재의 편법이나 불법을 방지할 수 있다. 정확한 비율을 산출할 수 있으며, 업체의 월간 손익계산서를 통해 확인할 수 있다.

대차대조표상의 재고와 반제품은 기간 중 사용되지 않았거나, 창고에 보관 중인 도자기, 은기류, 유리제품류 등 기타 자재를 반드시 화폐량으로 표시해야 한다. 창고에 저장 중인 물품들은 불출되어 사용되기 전에는 기업의 자산임을 명심해야 한다.

손익계산서상에 해당 품목이 누락되었다면 기업의 이해 당사 간 제공된 모든 정보는 경영성과나 재무적 정보에서 믿을 수 없게 된다. 식재료 원가는 어떻게 산출되었는가가 중요하다. 당월에 구입한 총량일 수도 있지만 어디에 보관되어 있는가에 따라 기간 중 구매한 총량은 소비한 총량에서 실제 원가를 상회하거나 부족할 수도 있다.

1년에 한 번, 연말에 가격 변화를 적용하여 실제 재고조사를 실시할 경우, 실시하지 않은 11개월 동안의 각종 보고서와 기간 중에 발생한 이익이나 손실은 그만큼 부정확하게 된다.

손익계산서에 직원 식사를 별도로 유지하지 않는다면, 실제 재고조사를 실시하는 업체라도 식재료 원가는 과다 계상될 수 있다. 무료 식사를 제공하거나, 할인된 가격으로 식사를 제공하는 레스토랑에서 두드러지게 나타난다. 만약 직원에 대한 무료식사가 전체적인 복지차원에서 이루어진다면 소비된 식재료 원가는 직원 임금으로 계산할 수 있다. 식사로 인해 소비된 식재료가 전체의 2~3% 원가부분을 차지할 수 있기 때문이다. 따라서 별도의 원가를 표시할 수도 있지만 고객들에게 팔린 진짜 식재료 원가를 산출할 수 있다.

재고조사는 월 1회 이상 실시해야 한다. 모든 물품에 대한 실제 재고조사를 의미하는 것은 아니다. 특정 아이템을 주문할 때 해당 품목의 현 재고가 얼마나 남아 있는지 숫자를 세어야 한다. 주문 물품이 자주 배달될수록 해당 품목을 많이 접하게 된다. 채소나 신선육, 해산물 등 부패하기 쉬운 물품은 통조림이나 말린 식재료와 같이 오랫동안 보관하는 물품에 비해 주문횟수가 많아진다. 따라서 실제 재고조사는 업소의 전체적인 원가관리 프로그램의 일환으로 이루어져야 한다.

일부 레스토랑에서는 전체적인 매출분석 없이 꾸준하게 매주 일정량을 주문하고 있다. 경우에 따라 월 단위의 정기적인 조사 필요성을 느끼지 않을 수도 있다. 창고에 저장되어 있는 물품의 양은 각 요일마다 다를 수 있기 때문에 주말에 팔기 위한 금요일의 보관량이 많아지게 된다. 매주 주문하는 물품이 일정할지라도 월말에 이루어지는 재고조사는 해당 월이 끝나는 날에 따라 차이가 있다. 실제 사용 수준에서 얻을 수 있는 각 품목들의 정보는 정기적인 조사를 통해 확인할 수 있다.

외식기업의 매니저들은 월말 재고조사를 귀찮아한다. 지루한 활동으로 생각하며 시간과 인원, 지출 비용이 많이 들어가 능률적이지 못하다고 생각한다. 하지만 새로운 주문을 위해서는 저장된 재료를 조사해야 한다. 필요한 시간과 비용을 투자하지 않으면 다음과 같은 문제점이 발생할 수 있다.

첫째, 다음 주문까지 식재료의 종류에 따라 떨어지는 품목이 있을 수 있다. 주문과 배송기간은 해당 식재료의 대체품을 필요로 한다. 주문받은 음식의 표준 양과 일관된 맛을 계속 유지할 수 없게 된다.

둘째, 너무 많은 품목들을 저장하게 되어 부패성이 강한 식재료의 신선도를 떨어뜨리게 된다. 양질의 조리와 맛에 대한 평가를 떨어뜨리게 한다.

셋째, 재고관리의 잘못은 지나친 자본을 묶어두게 하여 현금유동성 위기를 가지게 한다.

넷째, 많은 저장재료는 절도와 도난의 가능성을 높인다.

Chapter 13

검수 · 저장 · 출고와 재고관리

인간은 위대한 업적에서 변하는 것이 아니라 자신의 의지에 따라 변화한다.

– *Henrik Ibsen* (노르웨이 작가)

[Chapter 13] 검수·저장·출고와 재고관리

사업의 비결은 다른 사람들이 모르는 그 무엇인가를 아는 것이다.
– Ariston Onassis(그리스 해운업자)

1. 검수관리

1) 검수관리 개요

검수는 주문한 식재료에 따라 배달된 원장을 확인하여 물품을 받아들이는 관리활동을 말한다. 구매과정에서 검수절차가 생략되거나 시행되지 않는다면 물품관리를 위해 투입된 노력은 헛되고, 구매목적을 달성하기가 어렵게 된다. 계약된 물품이 정확하게 그 내용물과 수량, 규격, 용량, 가격으로 배송되었는가를 확인하는 단계이다.

검수는 식재료와 함께 보내온 송장(invoice)과 견적서(price quotation) 내용을 비교함으로써 이루어진다. 담당자들은 주문한 품질상태와 자사가 규정하는 조건을 숙지해야 한다. 식재료의 품질이나 수량, 가격, 유통기한 등이 구매명세서의 표준과 비교하여 일치한가 여부를 통해 받을 것인가 반품시킬 것인가를 결정하게 된다.

2) 검수절차

식재료 검수절차는 외식업체의 규모와 인원 수, 서비스 방식에 따라 약간의 차이가 있을 수 있다. 이러한 단계는 다음과 같다.

① 1단계 : 구매 발주서대로 도착하였는지 식재료를 확인하여 대조한다.
② 2단계 : 주문명세서를 확인하여 실물을 대조한다.
③ 송 장 : 식재료의 양과 질, 수량, 가격, 유통기한 등을 확인한다.

④ 검수일지 작성 : 송장을 근거로 수령일보를 작성한다.
⑤ 입 고 : 구매한 식재료가 제자리에 입고되었는지 확인한다.

3) 검수 시 유의사항

식재료 검수에 대한 유의사항은 다음과 같다.

① 검수와 관련된 테스트와 기기는 구매자와 공급자간 양측에서 공정하고 타당하다고 인정되어야 분쟁의 소지가 없어진다. 실험이나 계량의 필요성, 검수조건, 수단 등에 따라 구매자가 이해할 수 있어야 원원할 수 있다.
② 검수형태의 정밀성은 구매물품의 중요성에 따라 적절하게 결정되어야 한다. 너무 소홀하거나 너무 많은 비용을 지출하여서는 안 된다.
③ 검수는 배달 후 즉각적으로 이루어져야 한다. 시간이 지연되면, 검수를 거치지 않고 곧바로 사용부서로 넘겨질 수 있다.
④ 검수결과와 내용을 기록하고 서명함으로써 관련 내용의 책임여부를 분명하게 할 수 있다.
⑤ 검수부서는 거래에 필요한 정보를 제공함으로써 구매 협조자로서 그 역할을 다하게 된다.

4) 검수방법

납품된 식재료는 검수라는 관문을 통과해야만 다음 행선지로 이동할 수 있다. 기업에서 납품된 모든 아이템들을 일일이 검사하는 것은 시간과 비용의 낭비일 수도 있다. 납품업자를 불신하는 것으로 보일 수 있지만 식재료가 레스토랑에서 차지하는 중요성에 비추어볼 때, 일일검수는 반드시 이루어져야 한다. 검수방법을 소개하면 다음과 같다.

(1) 전수검수법

전수검사법(total inspection)은 납품된 모든 아이템을 일일이 하나씩 검수하는 방법이다. 식재료가 소량이거나 고가품, 희귀물품 등 특별한 경우에 사용할 수 있다. 물품의 전부를 검수하기 때문에 시간과 비용이 많이 들어간다는 단점이 있다.

(2) 발췌검수법

발취검수법(calculated sampling inspection)은 품질관리를 위해 생산의 각 단계인 제품 중에서 필요한 샘플을 발췌하여 검사하는 방법이다. 같은 조건으로 제조된 집단 속에서 랜덤으로 한 샘플링 시료를 발췌하여 검수한다. 통계학적으로 미리 정한 기준과 비교하여 전체적인 합격여부를 판단하게 된다.

원가 면에서 중요도가 낮거나 대량으로 납품되는 아이템 등을 일일이 검수하는 것은 시간과 비용이 발생된다. 따라서 납품된 몇 개의 샘플만을 뽑아 사전에 선정된 아이템의 표준과 비교하여 평가하게 된다.

(3) 검수관리활동

물품에 대한 표준명세서를 가지고 검수활동의 정기적인 점검이 이루어져야 한다. 수량이나 무게, 내용, 기능적 특성까지 포함하여 확인할 수 있으며, 그 기능을 요약하면 다음과 같다.

① 정확한 계량을 위해 설비된 시설과 도구, 척도의 사용여부에 대한 점검이 이루어져야 한다.
② 저장 및 검수 공간이 확보되어야 한다.
③ 검수 담당자의 직무수행에 대한 정기점검과 순환이 필요하다.
④ 위생적이면서도 청결한 관리가 이루어져야 한다.
⑤ 검수담당자는 원가마인드가 갖추어져 있어야 한다.

(4) 검수담당자의 자격조건

실제 영업현장의 검수과정은 빈번하게 일어나는 문제점에 대해 관대해지는 경향이 있다. 구매와 검수는 각기 다른 사람에 의해 그 업무가 수행되어야 하는데도 인력문제로 한 사람이 그 일을 다 하고 있다. 도난이나 절도 등을 예방하는 차원에서 인사관리 기능과 역할에 대한 교육이 필요하다. 검수 담당자의 자격조건은 다음과 같다.

첫째, 지식(intelligence)이 있어야 한다. 식재료에 대한 세부적인 내용과 명세서상의 제품특성, 기능, 성능 등 전문적인 지식과 경험이 있어야 한다.

둘째, 성실성(integrity)이다. 시장의 흐름과 동향, 트렌드 등을 분석하여 거래처의 평판이나 신용 등을 관리할 부지런함이 있어야 한다.

셋째, 관심(interest)이다. 시장의 신제품이나 가격정보, 물품의 평가와 상태, 실험능력 등을 지속적으로 파악할 수 있어야 한다.

넷째, 정보(information)이다. 시장동향과 경쟁사, 국가적 경제상황 등의 정보를 파악할 수 있어야 한다. 원가관리의 최고핵심은 식재료임을 감안할 때 검수관리 활동의 중요성은 검수에서 시작된다.

2. 저장관리

1) 저장관리 개념

저장관리(storing)란 검수를 거쳐 입고된 식재료를 손실 없이 보관하여 출고가 원활하게 이루어지도록 관리하는 방법이다. 생산에 지장이 없도록 적정재고가 유지되어야 하며, 도난이나 부패를 방지하는 능률적인 재고관리가 선행되어야 한다. 저장시설에 대한 정기적인 점검과 환기, 햇빛 등 쾌적한 시설유지가 필요하다.

식재료 보관은 영양과 맛, 위생, 안전 등 고유의 특성을 살려서 보존되어야 한다. 특히 안전한 저장과 손실 방지를 위한 부패와 원활한 유통은 창고 관리자의 책임과 역할 차원에서 중요하다. 이를 위한 권한과 책임을 부여하며, 제도적으로 효율적인 관리가 이루어지도록 해야 한다.

2) 저장관리 목적

저장관리 목적은 다음과 같다.

① 도난이나 절도, 폐기에 따른 식재료 손실을 최소화함으로써 적정재고를 유지할 수 있다.

② 식재료 출고가 올바르게 이루어져야 한다. 청구서는 반드시 서식으로 작성되어야 하며, 권한을 위임받은 자가 서명함으로써 형식을 갖춘 요청서가 된다.
③ 입고 및 출고된 식재료에 대해 매일 총계로 계산하여 관리되어야 한다.
④ 물품 청구서에 의한 식재료 출고는 특별한 사유가 없는 한 그것이 사용되는 시점에서 이루어지도록 해야 한다.

3) 저장관리 시 유의사항

① 물품의 저장위치를 명확하게 하기 위해 재고위치를 표시해야 한다. 물품별 태그(tag)를 부착하여 쉽게 찾을 수 있게 해야 한다.
② 재료의 명칭과 규격, 용도, 기능과 종류를 분류하여 저장해야 한다.
③ 품질보존 차원에서 최적상태로 사용 가능하도록 해야 한다.
④ 저장기간 단축과 재고자산 회전율을 높여야 한다.
⑤ 저장공간을 효율적으로 활용할 수 있는 시스템을 갖추어야 한다.

4) 저장관리방법

① 저장공간은 식재료의 사용빈도에 맞게 배치되어야 한다. 어떤 것이 능률적이며, 출고될 것인지 관리되어야 한다.
② 보안관리를 위해 책임과 권한을 위임받은 특정인에게 열쇠를 관리하게 하며, 저장고 출입통제권을 주어야 한다.
③ 폐기물은 저장 공간의 넓이와 시간에 따라 위생차원에서 즉각적으로 폐기되어야 한다.
④ 저장 관리인은 다음과 같이 식재료를 관리해야 한다.
- 항상 깨끗한 상태로 유지해야 한다.
- 식재료의 기능에 따라 건조, 냉장, 냉동상태로 유지되어야 한다.
- 상품은 폐기 전에 출고되어 사용될 수 있도록 회전되어야 한다.
- 적정한 온도가 유지되어야 한다.
- 저장에 필요한 모든 시설은 정상적인 기능을 발휘할 수 있도록 해야 한다.

3. 출고관리

1) 출고관리

출고(issuing)란 식재료 관리활동에서 이루어지는 마지막 단계이다. 저장된 식재료를 사용부서에 공급하는 단계로 적정 재고량을 유지하는 담당자의 권한 내에서 각 부서별로 출고되는 행위를 말한다.

2) 출고관리 절차

(1) 식재료 청구서 내용에 의한 출고관리

출고는 반드시 식재료 청구서(food requisition)에 의해 이루어져야 한다. 식재료 인출에 필요한 청구서(storeroom requisition)는 재고 및 출고 상황을 파악할 수 있으며, 월별 식음료 원가율을 계산하는 데 사용된다.

(2) 출고업무 처리과정

저장고에서 출고되는 모든 식재료는 담당자의 원활한 업무처리를 위해 원산지 표시와 식품의 구분표시를 분명하게 해야 한다.

(3) 식재료 청구서

식재료 청구서는 제출된 수령 의뢰서 순서에 따라 출고가 이루어져야 된다. 예측하지 못했던 식음료 행사를 준비한다든지 긴급한 식재료 반입과 출고 등 예외적인 상황이 발생할 수 있다.

(4) 물품취급에 따른 업무 효율성

출고 관리자는 식재료를 취급할 때 업무 효율성을 고려해야 한다. 위생적인 관리를 위해서는 손수레, 행거 등을 이용하는 것이 바람직하다.

(5) 식재료 출고 이후의 관리

청구서에 따라 물품을 출고시킨 뒤 그 내용을 장부에 기록하며, 접수한 직원의 서명을 받아 관리해야 한다. 물품청구서는 원가관리 부서에서 보내지는 것 외, 사본을 보관하며, 형태별, 품목별로 종합적으로 집계해야 한다.

3) 출고관리 방법

모든 식재료는 공정한 검수과정을 통해 창고에서 저장된다. 저장된 재료는 각 식음료 부서로 출고될 때까지 물품청구서 양식에서 이루어진다. 일부 식재료는 기능과 특성, 종류, 상황에 따라 다음과 같이 분류할 수 있다.

첫째, 검수과정에서 직접 출고되는 직접 출고재가 있다.

둘째, 일시적으로 저장창고에 보관되었다가 출고되는 임시 출고재가 있다.

셋째, 식재료를 장기적으로 보관해 두었다가 출고하는 저장 출고재가 있다.

4. 재고관리

1) 재고관리 개념

식재료 원가에 대한 마인드가 바뀌면서 재고는 기업의 1일간, 주간, 월간 매출액을 달성하는 데 영향을 미친다. 대기업이 외식업으로 뛰어들면서 규모의 대형화와 전문화, 시스템화로 발전을 선도하고 있다. 개인독립 점포들도 그날 구입한 식재료는 그날 소진하는 정책으로 최고의 메뉴를 만들고 있다. PC를 이용한 전산화로 재고관리 기법이 발달한 것도 사실이지만 궁극적으로 식재료를 남기지 않는 정책이 그 역할을 하였다. 또한 신선하고 위생적인 구매관리를 위한 경영관리자의 인식전환도 한몫을 하였다.

최근 경쟁이 심화되면서 이익창출의 어려움은 가속되고 있다. 이러한 환경 속에서 다양한 원가관리 기법이 개발되고 있으며, 차별화의 한 방법으로 재고관리에 관심을 두고 있다. 재고관리는 촉진전략과 연관되어 있기 때문에 각 점포의 경쟁력이 될 수 있다.

(1) 재고관리 목적

레스토랑에서 재고관리를 체계적으로 수행해야 하는 목적은 다음과 같다.

① 재고량 및 품질 상태를 파악할 수 있다.

② 식재료의 원가와 미실현된 식재료비용을 파악할 수 있다.

③ 유동자산의 가치를 파악할 수 있다.

④ 재고 회전율을 파악할 수 있다.

(2) 재고관리 기능

재고관리 기능은 다음과 같다.

① 가능한 재고는 가장 적게 보유하는 것이 좋다.

② 상품의 기능에 대한 품질과 안전을 보호할 수 있다.

③ 실제 조사량과 수요를 예측한 양의 차이를 파악할 수 있다.

④ 재무보고서 작성에 필요한 재고금액을 파악할 수 있다.

⑤ 여러 가지 식재료 항목과 용도를 파악할 수 있다.

⑥ 자주 이용되지 않는 식재료를 파악할 수 있다.

⑦ 식재료 재고를 보충할 시점을 알 수 있다.

⑧ 예상하지 못한 문제점으로부터 안전하게 보관할 수 있다.

2) 재고관리 방법

(1) 실사 재고 조사법

식재료비를 정확히 계산하려면 기초 재고량과 기말 재고량, 기간 중 매입량을 모두 파악해야 매출이익을 달성할 수 있다. 기초 및 기말 재고량은 직원들의 노동력으로 파악된 저장고에 남아 있는 물품 하나하나를 합한 수량이다.

실사에 의한 재고 조사법은 이용 가능한 재고를 파악하는데 한 달에 1회 정도 실시해야 한다. 때론 분기별, 회기별로 끝나는 시점에 실시하기도 하는데 가능한 월간 재고조사를 실시하는 것이 좋다.

※ 총 식재료비 = 총 재고량(기초재고량 + 당기 매입량) - 기말재고량

(2) 계속기록법

계속기록법은 저장고로 유입되는 식재료의 입고와 출고시점에 기록함으로써 정확한 재고량을 파악할 수 있다. 이를 위해 파 스톡(par stock), 구매 소요시간, 재주문시점, 재주문량에 대한 이해가 필요하다.

가. par stock

파 스톡(par stock)이란 바(Bar) 등 주류 영업장에서 물품 공급을 원활하게 수행하기 위해 또는 신속한 서비스를 목적으로 사용된다. 일정 수량의 재고를 저장고에서 인출하여 영업장의 진열대나 기타의 장소에 보관하며, 필요할 때마다 사용하는 재고를 말한다. 저장되어 있는 적정 재고량의 기준은 다음과 같다.

첫째, 항상 보유하고 있어야 할 특정 아이템에 대한 재고량을 의미한다.

둘째, 보유하고 있어야 할 아이템의 최대와 최소량을 말한다.

셋째, 주문한 아이템이 입고되었을 때 최대량을 말한다.

나. 구매 소요기간(lead time)

특정 아이템을 주문했을 때 도착할 때까지 걸리는 공급기간을 말한다.

다. 재주문시점(recorder point)

재주문시점을 결정하는 데 요구되는 정보는 구매에 필요한 소요기간, 기간 동안의 양, 구매주기 등을 고려해야 한다.

(3) 계속기록법 사례

예제

특정 메뉴 아이템의 구매 주기는 1주일이다. 월 평균 소비량은 120kg이며, 구매에 소요되는 기간은 1주일이다.

해설

가. 최소 보유량 : 42kg(28kg + 14kg)이다.
   7일 동안 사용할 수 있는 양 : 28kg(월 120kg / 30일 = 4kg / 일)
   안전재고 : 14kg(7일 동안 사용할 수 있는 양의 50%)

나. 최대 보유량 : 162 kg(120kg + 28kg + 14kg)이다.
   월평균 소비량 : 120kg
   7일 동안 사용할 수 있는 양 : 28kg(월 120kg / 30일 = 4kg / 일)
   안전 재고 : 14kg(7일 동안 사용할 수 있는 양의 50%)

다. 재주문 시점 : 42kg(28kg + 14kg)이다.
   7일 동안 사용할 수 있는 양 : 28kg(월 120kg / 30일 = 4kg / 일)
   안전재고 : 14kg(7일 동안 사용할 수 있는 양의 50%)

특정 메뉴 아이템의 상한선은 162kg, 하한선은 42kg이다. 따라서 하한선이 재주문 시점이 된다.

3) 재고가치 평가

식재료 가격은 구매시점에 따라 다를 수 있다. 상이한 가격으로 입고된 아이템에 대해서는 출고가격을 입고 가격으로 계산하는 혼동이 생길 수 있다. 저장고에서 출고된 아이템 순서에 따라 이용되는 평가방식은 다음과 같다.

(1) 선입선출법(FIFO : first in first out)

선입선출법은 먼저 입고된 식재료를 먼저 출고시키는 방법이다. 입고된 수량의 전량이 다 소진될 때까지 그 아이템으로 출고원가를 적용할 수 있다. 원재료, 재고품, 반제품, 완제품 등의 재고자산에서 출고단가를 결정하는 방법으로 매입순법이라고도 한다. 여러 단가의 재고품이 실제로는 어떤 순서로 출고되든, 장부상 먼저 입고된 것부터 순차적으로 출고된 것으로 간주하여 단가를 결정하는 원가주의 평가방법이다.

재고품은 비교적 최근에 입고된 물품원가로 구성되며, 출고품 가격은 먼저 입고된 원가에서 결정되어 표시된다. 단가가 서로 다른 수종의 동일계열 재고품이 있을 경우 장부상의 잔고 난에 종류별로 분류해야 헷갈리지 않는다.

선입선출법은 다음과 같은 장점이 있다.

첫째, 미실현 손익을 포함하지 않은 재고자산 원가는 실제기록에 의해 조직적으로 계산된다.

둘째, 재고품의 평가액이 현재의 시가에 가깝게 기록된다.

셋째, 장부상 처리가 실제 재고품의 흐름과 다르더라도 재고관리상 편리하게 이용될 수 있다.

넷째, 디플레이션(deflation) 때 이익이 과다계상되지 않는다.

다섯 인플레이션(inflation) 때 과다이익을 계상할 수 있다.

여섯째, 동종의 물품을 동시에 출고할 때는 각기 다른 수종의 단가를 적용하게 되어 계산이 복잡할 수 있다.

(2) 후입선출법(LIFO : last in first out)

후입선출법은 나중 입고된 것이 먼저 출고된 것으로 계산하는 방식이다. 주로 높은 인플레이션 상황에서 적용하며, 제품이나 원재료의 재고품을 출고할 때 구입순과 반대로 나중에 사들인 것부터 출고한 것처럼 계산하는 방법이다.

해설

후입선출법은 단가 5원으로 구입한 원재료 100개와 그 후 6원으로 구입한 원재료 50개의 재고품 중에서 가공을 위해 70개를 출고하였다면 50개 단위의 단가 6원, 20개 단위의 단가 5원으로 계산하는 방법이다.

재고품의 기말재고와 기초재고가 같을 경우 당기의 총 구입원가를 당기의 총 출고량으로 나누어 계산할 수 있다. 수익과 비용이 기간적 대응원칙에 적합할 뿐 아니라, 인플레이션으로 화폐가치가 하락하는 시기에 최신 구입한 원가에 의해 재고품이 평가되기 때문에 재고 자산의 평가 이익은 계산되지 않는다는 장점이 있다.

(3) 이동평균법(Moving average method)

이동평균법은 입고되는 가격에서 앞서 입고된 가격을 더하여 2로 나눈 평균으로 얻어진 가격을 출고가격으로 계산하는 방법이다. 매입 시 구입 수량과 금액을 앞의 잔액에 가산하여 새로운 평균 단가를 산정하여 출고 단가를 계산하게 된다. 재고자산 가액이 평균화되기 때문에 매출 원가는 매입가액에 따라 받는 영향력이 적다. 하지만 많을 경우 평균 단가를 산출함에 따라 단수가 생기며 그 처리가 복잡하다는 단점이 있다.

(4) 가중평균법(weighted average method)

가중평균법은 회계연도 초에서 말까지 출고 또는 소비된 총 식재료의 원가를 계산할 때 사용하는 방법이다. 대체로 재무회계의 목적으로 이용하는데 구매가격의 합을 구매수량으로 나누어 계산할 수 있다. 단가에 수량을 가중치로 곱하여 평균 단가를 산출하는 방법이다. 재고자산을 평가하거나 식재료의 소비가격을 계산하는 데 사용된다.

(5) 지수평활법(exponential smoothing)

정기적인 발주에서 재고 관리와 수요예측을 위한 수요량을 추정하는 데 사용된다. 과거의 수요 측정값을 최근의 실적으로 수정하여 새로운 수요 값으로 계산할 수 있다.

4) 전산시스템 활용

최근 전자상거래의 활성화로 컴퓨터를 이용한 전산시스템을 적극 도입하고 있다. 거래관계를 통한 물품 명세서와 표준목표, 수율, 실제원가 등 가격과 중량, 규격, 사용수준 등에 따른 정보를 축적할 수 있다. 이러한 시스템은 다음과 같은 장점이 있다.

① 필요한 물품정보를 실시간 제공할 수 있다.
② 식재료의 표준명세서에 대한 장부상의 기록을 확인할 수 있다.
③ 공급자의 정보와 품목, 가격, 신뢰정도 등을 파악할 수 있다.
④ 구매가격이나 단위, 규격, 품종 등을 확인할 수 있다.

⑤ 물품의 사용정도를 기록하여 제공할 수 있다.
⑥ 효율적인 주문으로 거래관계를 원만하게 유지할 수 있다.
⑦ 정확한 재고조사로 식재료 수량 등을 파악할 수 있다.
⑧ 신속한 재고조사가 가능하다.
⑨ 재고상품의 품질상태를 확인할 수 있다.
⑩ 구매활동을 위한 수준을 확인할 수 있다.

CASE STORY 외식현장에서

** 깐부치킨, 4평 매장서 10년 만에 청담동 입성

2006년 용인시 성복동에 문을 연 규모 13㎡(약 4평)짜리 컨테이너 가게로 시작한 깐부치킨이다. 이곳에서 만든 전기구이는 유난히 기름기가 적고 껍질이 바삭바삭해 순식간에 소비자의 입맛을 사로잡았다. 옛날 통닭을 연상시키는 담백한 치킨은 날개 돋친 듯 팔리면서 그 비법을 전수받아 가게를 열고 싶다는 사람들이 늘어났다. 하나둘씩 매장이 늘어나 어느새 서울과 경기 지역 주요 상권에 247개를 거느리는 프랜차이즈 기업이 되었다.

작은 가게에서 출발했지만 카페형 치킨 전문 프랜차이즈 업체로 성장한 깐부치킨(김승일)은 창업 10년 만에 서울 강남 중심가에 입성한다. 최근 본사를 청담동 7층짜리 빌딩으로 옮겨 사옥 1층에 연면적 198㎡(약 60평) 규모의 안테나숍을 열었다. 이곳은 새로운 메뉴를 개발하고 고객들의 검증을 거친 후 체인점에 공급할 예정이다.

이 회사는 다른 치킨 점과 달리 배달을 안 한다. 갓 튀겨내 그 자리에서 먹는 게 최고라고 생각하는 대표자의 신념이 있기 때문이다. 66㎡(약 20평) 이상 규모의 매장에 번화한 상권 입점을 원칙으로 하기 때문에 창업 초기 비용이 많이 들어간다. 신선한 치킨 맛 덕분에 매장당 연평균 매출액은 4억 4,000만 원으로 매우 높다. “날씨가 안 좋거나 주문이 밀리면 배달시간이 지체될 수밖에 없고 치킨 맛을 유지하기 어렵다”며 “치킨은 더 이상 야식이 아니다. 매장을 방문해 금방 튀겨낸 치킨과 맥주를 함께 즐겼으면 한다”고 설명했다.

치킨 맛을 지키기 위해 튀김기 안에 무조건 한 마리만 넣는다. 3마리까지 가능하지만 차가운 닭이 많이 들어가면 기름 온도가 낮아져 제대로 튀겨지지 않기 때문이다. 식재료 신선도를 지키기 위해 가맹본부가 냉장고를 매일매일 관리해 주는 게 특징이다. 재고관리뿐 아니라 물류센터에서 직접 닭 손질과 염지(닭을 양념에 담가 숙성하는 공정)까지 맡아 맛의 통일성을 유지한다. 엄격한 식재료를 관리하기 위해 무리한 매장 확장을 지양한다. 회사가 정한 매장 수의 상한선은 300개를 목표로 한다.

이천의 물류센터에서 통제 가능한 지역만 가맹점을 준다. 오픈된 주방에서 조리하고 철저하게 위생 관리하며, 깔끔하고 쾌적한 매장 분위기 덕분에 여성 고객들의 호응이 높다. 인기 메뉴는 고단백 저지방 안심으로 만든 순살 크리스피와 순살 파닭, 담백한 전기구이, 스파이시 포테이토, 부산 어묵 등이다.

10년 동안 숨 가쁘게 달려온 탓에 슬럼프에 빠졌던 김 대표는 지난 3월 잠시 회사 매각을 검토했지만 일주일 만에 철회한 후 다시 공격 경영에 나섰다. 배우 소지섭을 모델로 TV 광고를 진행했으며 청담동 새 사옥의 시대를 열었다. 초심으로 돌아간 깐부치킨은 새 메뉴 개발에 착수했다.

깐부는 친구를 뜻하는 파생어로 매장이 늘어나면서 가맹점주들을 위해 브랜드 인지도를 높일 필요가 있다고 판단하여 광고를 시작하였다.

출처: 매일경제신문, 전지현 기자, 2016. 7. 12

참고문헌

강무근(2004). 호텔주방관리가 조리사의 직무만족에 미치는 영향. 컨벤션학회, 6 : 31-49.

강무근(2001). 관광외식 원가관리. p. 242.

고상동 · 임경환 · 금경호(2008). 호텔레스토랑 식음료 경영실무. 백산출판사.

고석면 · 유양호 · 우성근 · 강용관(2009). 호텔회계. 대왕사.

구로구청 자료실, 구로구 젊은 창업가 위한 아이디어 경진대회, 2015. 12. 12.

국회예산정책처, 자영업자의 실태와 대책, 2016년 3월호.

김윤태(2006). 호텔 · 외식메뉴관리론. 대왕사.

나정기(1995). 메뉴관리론. 백산출판사.

나정기(2008). 식음료 원가관리 이해. 백산출판사.

박범호 · 채규학 · 김동헌(2001). 회계원리. 법경사.

백남길(2012). 외식마케팅. 백산출판사.

소비자 리포트, 노쇼 줄이기와 소비자 에티켓, 2016년 4월호.

이진미(2010). 외식원가관리. 백산출판사.

장세진(2006). 글로벌경쟁시대의 경영전략. 박영사.

조동훈(2008). 호텔회계원리. 한올출판사.

주간동아, 장사의 神은 따로 있다, 소자본창업 절대 안 망하는 법, 2016. 2. 3.

최정길(2007). 원가관리. 무역경영사.

최진현 · 김달곤 · 박상규(2007). 회계 둘러보기. 무역경영사.

허용덕 · 문성열 · 이재형 · 김금란(2009). 최신 호텔회계. 백산출판사.

홍기운 · 진양호 · 김장익(2008). 최신식품구매론. 대왕사.

동아일보, 월세, 외식비 지출비용이 높아진다. 2016. 3. 10.

매일경제신문, 깐부치킨, 4평 매장서 10년 만에 청담동 입성. 2016. 7. 12.

머니투데이(2011. 12. 14).

식품외식경제(2011. 3. 1).

연합뉴스(2011. 11. 13).

한국일보, 2016. 7. 7(http://hankookilbo.com).

Doerfler, W.(1978). Menu Design for Effective Merchandising. The Cornell H.R.A. Quarterly, Nov.

International Monetary Fund, 2015. 12. 30.

Kasavana, S. & Miller, L.(1984). Computer Systems for Foodservice Operations. New York: Van Nostrand.

Kasavana, M. L. & Smith, D.(1982). Menu Engineering : A Practical Guide. Lansing, MI: Hospitality Publishers.

Kasanava, M. L. & Smith, D.(1990). Menu Engineering. Okemos, MI: Hospitality Publications Inc.

Miller, Jack, E.(1980). Menu: Pricing and Strategy. CBI Books.

Ninemeier, J. D.(1995). Planning and Control for Food and Beverage Operations. 3rd ed., p. 95.

Pavesic, D. V.(1983). Cost-Margin Analysis : A Third Approach to Menu Pricing and Design. International Journal of Hospitality Management, 2(3) : 127-134.

Pavesic, D. V.(1998). Fundamental Principles of Restaurant Cost Control, p. 61.

Pavesic, D. V.(1985). Prime Numbers : Finding Your Menu's Strengths. The Cornell Hotel and Restaurant Administration Quarterly, 26(2) : 55-61.

Wacker, J. G.(1985). Effective Planning and Cost Control for Restaurant : Making Resource Requirements Planning Work. Production & Inventory Management, 26(1) : 55-70.

저자약력

송수근

한국관광대학교 외식경영과 교수
육군사관학교 졸업
세종대학교 대학원 호텔경영학 석사
Iowa주립대학교 대학원 호텔외식경영학 석사·박사 수료

백남길

세종대학교 글로벌지식교육원 교수
세종대학교 외식경영학 박사
세종대학교 호텔관광경영학부 일반대학원 외식경영학과 외래교수
세종대학교 호텔관광경영학부 외식경영학과 외래교수
한국관광대학교 외식경영학과 호텔조리과 겸임교수

외식조리원가관리

2012년 2월 25일 초 판 1쇄 발행
2023년 9월 10일 개정판 4쇄 발행

지은이 송수근 · 백남길
펴낸이 진욱상
펴낸곳 백산출판사
교 정 편집부
본문디자인 오행복
표지디자인 오정은

저자와의 합의하에 인지첩부 생략

등 록 1974년 1월 9일 제406-1974-000001호
주 소 경기도 파주시 회동길 370(백산빌딩 3층)
전 화 02-914-1621(代)
팩 스 031-955-9911
이메일 edit@ibaeksan.kr
홈페이지 www.ibaeksan.kr

ISBN 978-89-6183-540-4 93590
값 23,000원